Hella Brumme, Peter Dietze, Eckart Haenchen

Rosen kompakt

Sorten, Verwendung, Pflege

435 Farbfotos
42 Zeichnungen

Ulmer

Inhalt

Romantica ®Rose 'Concerto' 94

Rosen kennen & verwenden

Die Kombination von Gräsern mit Rosen schafft Abwechslung.

Rosengruppen und die wichtigsten Rosenklassen

Alte Strauchrosen

Albarosen oder Weiße Rosen. *R.* × *alba* L. ist eine Art-Hybride, deren Abstammung bis heute nicht geklärt ist. Man vermutet, dass schon die Römer Albarosen in ihren Gärten pflegten. Im Mittelalter waren sie bereits weit verbreitet.

Bourbon-Hybriden. Bourbonrosen sind aus einer Zufallskreuzung aus *R. chinensis* und *R. damascena* auf der Insel Ile de Bourbon entstanden.

Zentifolien. Zentifolien entstanden im 16. Jahrhundert in Holland. Wegen ihrer großen Blüten und starken Füllung bezeichnete man sie auch als Kohlrosen. Alte Meister bildeten sie oft in ihren Stillleben ab. Sie gehören zu den behüteten Schätzen des Europa-Rosariums.

Damaszenerrosen. Damaszenerrosen entstammen nach neueren Erkenntnissen aus (*R. gallica* × *R. moschata*) × *R. fedtschenkoana*. Kreuzfahrer brachten sie im 13. Jahrhundert nach Europa. Die

Albarose z.B. 'Jeanne d'Arc'

Zentifolie z.B. 'Petite de Hollande'

Bourbonrose z.B. 'Bourbon Queen'

Damaszenerrose z.B. 'York & Lancaster'

Gallicarose z.B. Rosa gallica 'Splendes'

Portlandrose z.B. 'The Portland Rose'

Moosrose z.B 'Baron de Wassenaer'

Remontantrose z.B. 'Hippolyte Jamain'

älteste Rosensorte 'York and Lancaster' wird hier eingeordnet.

Gallicarosen. Die älteste von Menschen angebaute Rosen-Art wird seit dem 12. Jahrhundert vor Chr. bei den Persern und Medern kultiviert. Seit dem 13. Jahrhundert werden Gallicarosen in Europa angebaut.

Moosrosen. Moosrosen sind Mutationen von *R. centifolia*. Blütenstiele und Kelch sind dicht bemoost. Sie wurden schon zu Beginn des 18. Jahrhunderts in England kultiviert.

Portlandrosen. Die meist öfterblühenden Portlandrosen spielten eine große Rolle in der Züchtung. Ihre Abstammung von *R. gallica* und der herbstblühenden Damaszenerrose gilt heute als erwiesen.

Bengalrose z.B. 'Old Blush'

Remontant-Hybriden. Die Rosenklasse entstand Mitte des 19. Jahrhunderts. Sie gilt als Bindeglied zwischen Alten und Modernen Rosen.

Bengal-Hybriden. Bengalrosen sind Abkommen von *R. chinensis*, wegen ihrer Blühfreudigkeit werden sie auch als Mo-

Multiflora-Hybride z.B. 'Francis'

Wichuraiana-Hybride z.B. 'Weiße New Dawn'

Alpina-Hybride z.B. 'Inermis Morletii'

natsröschen bezeichnet. In wärmeren Gebieten bilden Bengalrosen Sträucher bis 2 m Höhe.

Kletterrosen

Multiflora-Hybriden. Die vielblütigen, meist einmalblühenden Multiflora-Rambler eignen sich ausgezeichnet zum Bewachsen von Bäumen oder Sträuchern. Diese bieten den langen Trieben Halt, sodass die Rosen von Jahr zu Jahr höher wachsen können.

Wichuraiana-Hybriden. Wichuraianarosen haben weiche und biegsame Triebe. Die Blüten sitzen in Büscheln und die Blütezeit ist relativ spät. Die biegsamen Triebe lassen sich gut an Bögen oder Laubengängen ziehen.

Macrantha-Hybride z.B. 'Raubritter'

Alpina-Hybriden. Alpina- oder auch Pendulina-Hybriden sind auch noch unter dem Begriff Boursault-Rosen bekannt. Sie sind fast stachellos, äußerst frosthart und gesund. Die einmalige zeitige Blüte wird durch eine wunderschöne Laubfärbung im Herbst ergänzt.

Noisette-Hybride z.B. 'Celine Forestier'

Setigera-Hybride z.B. 'Bijou des Prairies'

Sempervirens-Hybride z.B. 'Félicité et Perpétue'

Kordesii-Hybride z.B. 'Blossomtime'

Macrantha-Hybriden. Macrantha-Hybriden können auf Grund ihres breit gelagerten Wuchses als Strauch oder Kletterrosen gepflanzt werden. Sie sind Einmalblüher, jedoch hält sich die Blüte über mehrere Wochen.

Noisette-Hybriden. Die 1802 aus einer Chinarose und einer Moschusrose entstandene 'Champney's Pink Cluster' diente den Gebrüdern Noisette als Grundlage für die Züchtung der heutigen Noisetterosen. Viele Sorten blühen noch im Spätsommer und sie haben einen kletternden Wuchs.

Sempervirens-Hybriden. Die in milden Wintern auch bei uns immergrünen Rosen sind nicht immer frosthart. Sie werden jedoch wegen ihrer besonderen

Öfterblühende Kletterrose z.B. 'Rosarium Uetersen'

Kletternde Sports von Beetrosen z.B. 'Climbing Super Star', der kletternde Sport einer Tee-Hybride.

Schönheit noch heute angebaut. Einen leicht schattigen Standort können die Sorten vertragen.

Setigera-Hybriden. *R. setigera*, die breitwüchsige, bis 3 m hohe Strauchrose war Stammmutter dieser Klasse. Die sehr frostharten, aber nicht von Sternrußtau freien Nachkommen können als Strauch- und Kletterrosen gepflanzt werden.

Kordesii-Hybriden. In den fünfziger Jahren des letzten Jahrhunderts entstand diese Klasse aus *R. wichuraiana* und *R. rugosa*. Sie bildeten die Grundlage für die wertvolle Entwicklung in Richtung Moderner Kletterrosen. Die Sorten bringen auch im Herbst reichen Flor. Nur die Wuchshöhe ist bis auf wenige Ausnahmen zu gering.

Öfterblühende Kletterrosen. Kordesii-Hybriden wurden mit anderen wüchsigen, kletternden und öfterblühenden Rosenklassen in allen möglichen Kombinationen gekreuzt und die öfterblühenden Sämlinge ausgelesen. Eine Einordnung nach der Abstammung ist nicht mehr möglich.

Kletternde Sports von Beetrosen. Durch Mutation veränderte Wachstumsmerkmale lassen aus Beetrosen Kletterrosen entstehen. Im Gartenbau verwendet man dafür das englische Wort Climbing Sport.

Beetrosen

Bodendecker. Unter diesem Begriff hat man Rosen-Arten und -Sorten zusammengefasst, die bei entsprechender Pflanzdichte in der Lage sind, die Bodenfläche dauerhaft abzudecken.

Bodendeckerrose z.B. 'Bassino'

Polyantharose z.B. 'Coral Cluster'

Floribundarose z.B. 'Bordure Nacrée'

Tee-Hybride 'Kleopatra'

Polyantha-Hybride z.B. 'Bella Weiss'

Teerose z.B. 'Lady Hillingdon'

Floribundarosen. Floribundarosen werden auch als Beetrosen bezeichnet. Sie eignen sich sehr gut für repräsentative Flächenbepflanzung.

Polyantha-Hybriden. Polyantha-Hybriden sind die nächsten Nachkommen der Polyantharosen. Sie entstanden durch Einkreuzung großblumiger Rosen-Sorten.

Polyantharosen. Polyantharosen sind von niedrigem Wuchs und sehr reich blühend. Zahlreiche kleine Blüten stehen in großen Rispen. Die Klasse wurde nach

Miniaturrose z. B. 'Rosmarin'

Zwergpolyantharose z.B. 'Vatertag'

Strauchrose z.B. 'Rosario'

ihrer Abstammung von *R. polyantha (= R. floribunda)* benannt.

Teehybriden oder Edelrosen. Züchter kreuzten Teerosen mit einheimischen Sorten, um die Vorzüge der Chinesischen Rosen mit der Winterhärte und Robustheit hiesiger Rosen zu vereinen. Die Anzahl der im Handel befindlichen Teehybriden ist heute unüberschaubar groß.

Teerosen. Zu Beginn des 19. Jahrhunderts brachten Pflanzensammler verschiedene Rosen aus China nach Europa, die den Grundstein für die Züchtung der Teerosen bildeten. Sie erhielten ihren Namen nach den Teeschiffen, auf denen sie nach Europa gelangt waren.

Lambertianarose z.B. 'Heideröslein'

Moschata-Hybride z.B. 'Ballerina'

Zwergstrauchrose z.B. 'Crimson Meidiland'

Rugosarose z.B. 'Schnee-Eule'

Englische Rose z.B. 'Leander'

Canina-Hybride z.B. 'Kiese'

Minirosen

Miniaturrosen oder Zwergbengalrosen. In dieser Gruppe sind die kleinsten Rosen vereint. Es sind dankbare, bescheidene Rosen, geeignet für Steingärten und Einfassungen. Botanisch wurden die ersten Miniaturrosen als *R. semperflorens* minima klassiert.

Zwergpolyantharosen. Sie sind hervorgegangen aus zwergartigen Formen von *R. multiflora,* in die später Chinarosen eingekreuzt wurden. Die neuen Sorten haben einen kompakten Wuchs. Dadurch sind sie ausgezeichnet zur Balkon- und Kübelbepflanzung geeignet.

Moderne Strauchrosen

Strauchrosen. Unter diesem Sammelbegriff fasst man strauchförmig wachsende Rosen verschiedener Abstammung zusammen. Sie eignen sich besonders für Solitärpflanzungen.

Lambertianarosen. Diese Klasse ist nach dem bedeutenden Rosenzüchter Peter Lambert benannt. Die erste Sorte dieser Klasse war „Trier", die wahrscheinlich zu 25% von *R. moschata* abstammt. Sie ist Stammmutter von mehr als ein Dutzend öfterblühenden Strauchrosen.

Moschata-Hybriden. Der Geistliche Pemberton befasste sich gleichzeitig mit der

Moyesii-Hybride z.B. 'Eddie's Crimson'

Rubiginosa-Hybride z.B. 'Canary Bird'

Wildrose z.B. 'Rosa roxburghii'

Züchtung öfterblühender Strauchrosen. Er benutzte in noch stärkerem Maße die Sorte „Trier" als Ausgangssorte (siehe auch Lambertiana-Hybriden). Seine Züchtung und die seines Nachfolgers Bentall werden von vielen Liebhabern als Moschata-Hybriden gepflanzt.

Zwergstrauchrosen. Da viele Bodendeckerrosen sich durch ihre strauchförmige Wuchsform sehr gut als niedrige Strauchrose verwenden lassen, bezeichnet man einige davon auch als Zwerg- oder Kleinstrauchrosen.

Englische Rosen. Diese Rosenklasse wurde durch den englischen Rosenzüchter David Austin kreiert. Die neuen Züchtungen im Stil der Alten Rosen duften meist sehr stark und haben eine lange Blütezeit wie die Modernen Rosen. Die Wuchsform ist sehr unterschiedlich. Die Klassenbezeichnung ist unter werbestrategischen Gesichtspunkten entstanden.

Naturnahe Strauchrosen

Rugosa-Hybriden. *R. rugosa* wurde 1756 aus Japan eingeführt. *Rugosa*-Hybriden sind gut salzverträglich und ausgesprochen robust. Sie werden deshalb häufig zur Küsten- und Straßenschutzbepflanzung verwandt. Neue Sorten sind öfterblühend.

Canina-Hybriden. Hierzu gehören unmittelbare Verwandte der heimischen Hunds-Rose. Diese Sorten sind wie die Wildform sehr robust und dadurch für Heckenpflanzungen geeignet.

Moyesii-Hybriden. *R. moyesii* kam um 1900 aus dem gebirgigem West-China nach Europa. Keine andere Wildrose hat so außergewöhnlich leuchtende Blüten und so große, flaschenförmige Hagebutten in orangerot. Ihre Nachkommen haben diese Eigenschaften zumeist übernommen.

Rubiginosa-Hybriden. Die Apfel- oder Wein-Rose und ihre nahen Verwandten eignen sich ausgezeichnet als Ziersträucher, besonders für die Verwendung in dichten Hecken. Auf den Laubblättern befinden sich borstige Drüsen, die besonders bei feuchtem Wetter einen angenehmen Duft nach reifen Äpfeln ausströmen.

Wildrosen

Die Quelle der heutigen Sortenvielfalt hat ihren Ursprung in der Formenvielfalt unserer Wildarten. Bisher richtete man sich im Europa-Rosarium nach der Nomenklatur des Deutsch-Amerikaners Alfred Rehder, wonach die Gattung *Rosa* in 4 Untergattungen und 10 Sektionen gegliedert ist, mit insgesamt 130 Arten. Diese Klassifizierung geschah auf rein morphologischen Beobachtungen. Die heutigen biochemischen Untersuchungsmethoden machen deutlich, dass hier einige Erkenntnisse revidiert werden müssen.

Pflanzenbeschreibung

In Zusammenarbeit mit dem Europa-Rosarium der Stadt Sangerhausen stellen wir Ihnen mehr als 300 Rosenarten und -sorten aus 36 Rosenklassen vor. Ausgewählt wurde Bewährtes und Besonderes aus dem Rosensortiment sowie die wichtigsten Wildrosen.

Gegliedert nach Blütenfarben stellen die Pflanzenporträts Merkmale zur Blüte, zum Wuchs, zur Pflanzung und zur Verwendung in den Mittelpunkt. Die Pflanzenbeschreibungen sind wie folgt aufgebaut:

Beschreibung der Blüte: *Blütenfüllung* wird durch die Anzahl der Blütenblätter und den optischen Füllungsgrad beschrieben. *Blütenfarbe. Blütengröße* [cm].

Blütezeit: *Zeitraum,* wird in römischen Ziffern angegeben. *Blühverhalten,* wird durch die im Folgenden aufgelisteten Begriffe beschrieben:

- „einmal blühend“: ein Flor in der Saison
- „zweimal blühend“: üppiger Flor zur ersten Blütenzeit. Nach der Sommerpause, etwa ab Ende August setzt ein zweiter Flor ein
- „öfter blühend“: Mehrere Blühperioden in einer Vegetationsperiode
- „fast fortlaufend blühend“: ständiges Nachtreiben von Blüten

Duft: Intensität des wahrgenommenen Duftes. Wenn die Blüte nicht duftet oder Duft nicht bekannt ist, ist ein Auslassungsstrich zu sehen.

Wuchs: *Wuchsformen* werden durch die folgenden Begriffe beschrieben:

- „niederliegend“: Triebe liegen flach am Boden
- „buschig“: Triebe verzweigen sich sehr gut
- „aufrecht“: Triebe wachsen aufrecht
- „bogenförmig-überhängend“: (bogenförmig bis überhängend) Triebe biegen sich ab einer gewissen Länge nach unten
- „kletternd“: mithilfe eines Klettergerüsts können horizontale Flächen begrünt werden
- **Hinweis:** Bei vielen Rosensorten sind die Übergänge von einer zur anderen Wuchsform fließend

Pflanzung: *Stückzahl* [pro m²]. *Geselligkeit,* sie wird durch folgende Begriffe beschrieben:

- „Einzelstellung“, bereits eine Pflanze reicht als Gestaltungselement aus
- „Gruppe“, 3 bis 5 Pflanzen, zu einer Gruppe gepflanzt, erzielen eine gestalterische Wirkung zusammen
- „flächig“, je nach Raumgröße sollten diese Arten und Sorten erst auf einer Fläche, die größer als etwa vier Quadratmeter ist, eingesetzt werden

Verwendung: Beschreibt die *traditionelle Verwendung* der Sorte.

Besonderheiten: *Wissenswertes,* wie beispielsweise Frosthärte oder Frostempfindlichkeit, Hinweise auf die Abstammung oder auf die schwierige Beschaffung der Sorte könnten hier genannt werden.

Abkürzungen

Abkürzung der Autoren der Pflanzennamen: Ein fester Bestandteil des botanischen Namens einer Pflanze ist der Autor des Pflanzennamens. Er wird in diesem Buch abgekürzt abgedruckt im Anschluss an die Gattungs- und Art-Bezeichnungen der Wildrosen. Die Abkürzung der Autoren der Pflanzennamen können Sie im „Zander – Handwörterbuch der Pflanzennamen", 16. Auflage, Stuttgart 2002 nachschlagen.

var.: Varietät, Varietät mit abweichenden Merkmalen

×: Kreuzung zweier, nah verwandter Gattungen und Arten

Symbole

Blühverhalten

Blütezeit

ADR
ADR-Rose und Auszeichnungsjahr

Wuchsformen

Das Zeichen für die **Wuchsform** der Pflanze wird durch ihre **Wuchshöhe** ergänzt.

breit aufrecht, strauchförmig

aufrecht, strauchförmig

überhängend, strauchförmig

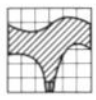
kletternd

niederliegend

Aspirin

Tantau, 1997
Floribundarose

Blüte: 25–50 Blütenblätter je Blüte. Gefüllt. Weiß. 6,0–9,0 cm Durchmesser.
Blütezeit: Juni–Oktober. Öfter blühend.
Duft: –
Wuchs: Buschig, bogenförmig-überhängend, 50–60 cm hoch.
Pflanzung: 4–5 Pflanzen/m², Pflanzabstand 45–50 cm, flächig, Gruppe.
Verwendung: Beetbepflanzung, Bodendeckerrose, Großkübel.

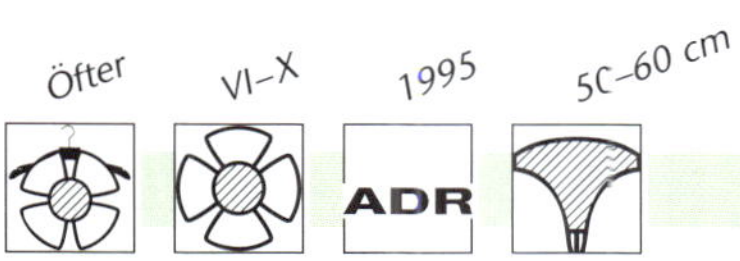

Memoire

Kordes, W. Söhne, 1992
Tee-Hybride

Blüte: 40–60 Blütenblätter je Blüte. Stark gefüllt. Hellcremeweiß. 6,0–9,0 cm Durchmesser.
Blütezeit: Juni–Oktober. Öfter blühend.
Duft: Mäßiger Duft.
Wuchs: Buschig, aufrecht, 60–80 cm hoch.
Pflanzung: 5 Pflanzen/m², Pflanzabstand 45 cm, Gruppe oder flächig.
Verwendung: Beetbepflanzung, Liebhaberpflanze, Schnittrose.

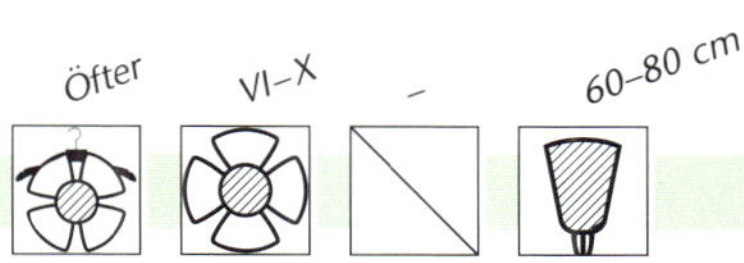

Kaiserin Auguste Viktoria
Lambert, 1891
Tee-Hybride

Blüte: 50–60 Blütenblätter je Blüte. Stark gefüllt. Gelblich weiß. 6,0–9,0 cm Durchmesser.
Blütezeit: Juni–Oktober. Öfter blühend.
Duft: Angenehmer Duft.
Wuchs: Buschig, aufrecht, 50–80 cm hoch.
Pflanzung: 4–5 Pflanzen/m^2, Pflanzabstand 45–50 cm, Gruppe oder flächig.
Verwendung: Beetbepflanzung, historische Gärten.

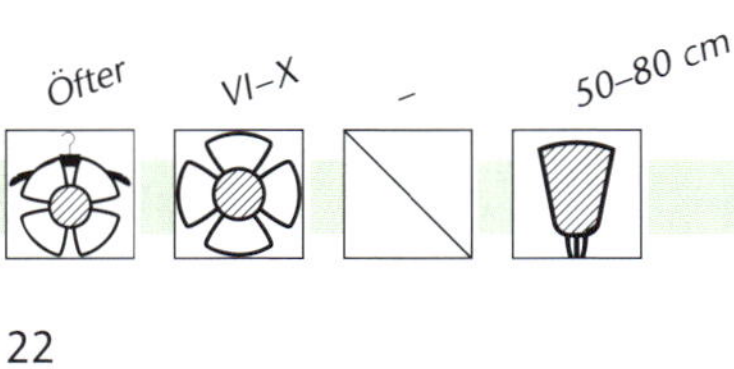

Schnee-Eule
Uhl, J., 1989
Rugosa-Hybride

Blüte: 10–25 Blütenblätter je Blüte. Leicht gefüllt. Weiß. 6,0–9,0 cm Durchmesser.
Blütezeit: Juni–Juli, August–Oktober. Zweimal blühend.
Duft: Mäßiger Duft.
Wuchs: Buschig, aufrecht, bogenförmig-überhängend, starkwüchsig, 80–120 cm hoch.
Pflanzung: 1–3 Pflanzen/m^2, Pflanzabstand 60–100 cm, Einzelstellung oder Gruppe.
Verwendung: Strauchrose, Naturnahe Gärten, Straßenbegleitgrün.
Besonderheiten: Blüte und schöne rote Früchte gleichzeitig.

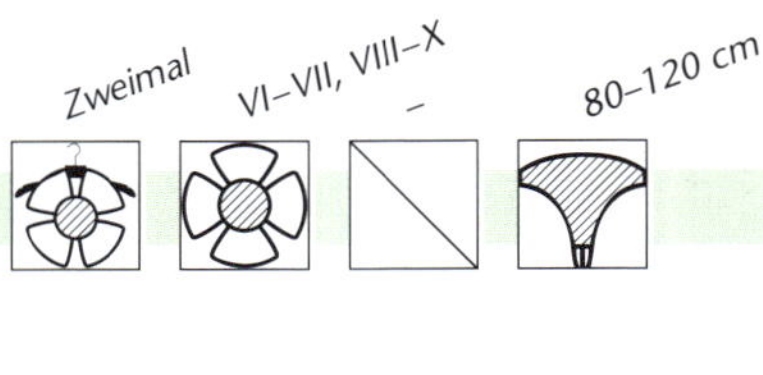

Seagull

Pritchard, 1907
Wichuraiana-Hybride

Blüte: 10–25 Blütenblätter je Blüte, ca. 50 Blüten je Stiel. Gefüllt. Weiß. 3,0–3,5 cm Durchmesser.
Blütezeit: Juli. Einmal blühend.
Duft: –
Wuchs: Bogenförmig-überhängend, kletternd, 400–500 cm hoch.
Pflanzung: 1 Pflanze/m², Pflanzabstand 100 cm, Einzelstellung.
Verwendung: Kletterrose, in Bäume kletternd.

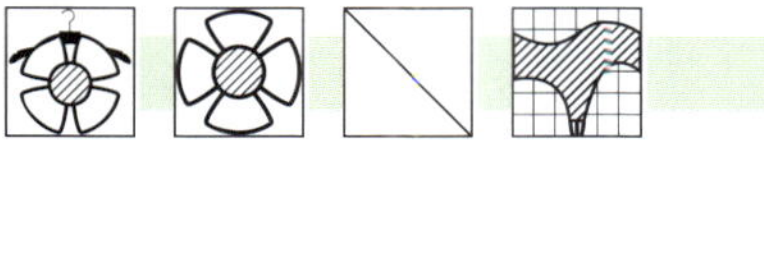

Bella Weiss

Kordes, W. Söhne, 1989
Polyantha-Hybride

Blüte: 25–35 Blütenblätter je Blüte. Gefüllt. Weiß. 3,0–5,0 cm Durchmesser.
Blütezeit: Juni–Oktober. Öfter blühend.
Duft: Sehr leichter Duft.
Wuchs: Buschig, aufrecht, 50–70 cm hoch.
Pflanzung: 5 Pflanzen/m², Pflanzabstand 45 cm, Gruppe, flächig.
Verwendung: Beetbepflanzung, Staudengärten, Rabatten, Terrassen.
Besonderheiten: Blüht bis zum ersten Frost.

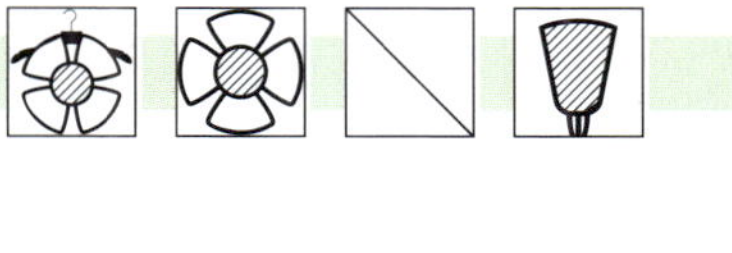

Hannovers Weiße
Noack, 1997
Bodendeckerrose

Blüte: 5 Blütenblätter je Blüte, ca. 20 Blüten je Stiel. Einfach. Weiß. 3,0–4,0 cm Durchmesser.
Blütezeit: Juni–Oktober. Öfter blühend.
Duft: –
Wuchs: Buschig, bogenförmig-überhängend, 100–120 cm hoch.
Pflanzung: 1–3 Pflanzen/m^2, Pflanzabstand 60–100 cm, Gruppe oder flächig.
Verwendung: Bodendeckerrose, Strauchrose, Kübel, Rabatten.

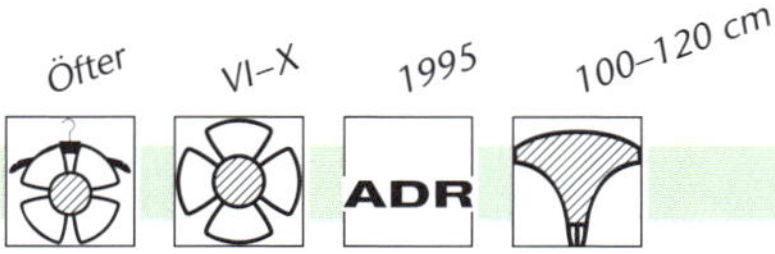

Sebastian Kneipp
Kordes, W. Söhne, 1997
Tee-Hybride

Blüte: 50–80 Blütenblätter je Blüte. Stark gefüllt. Cremeweiß, innen hellgelblich rosa. 5,0–7,0 cm Durchmesser.
Blütezeit: Juni–Oktober. Öfter blühend.
Duft: Angenehmer Duft.
Wuchs: Buschig, aufrecht, starkwüchsig, 60–100 cm hoch.
Pflanzung: 4–5 Pflanzen/m^2, Pflanzabstand 45–50 cm, Gruppe oder flächig.
Verwendung: Beetbepflanzung, Rabatten, Duftrose.

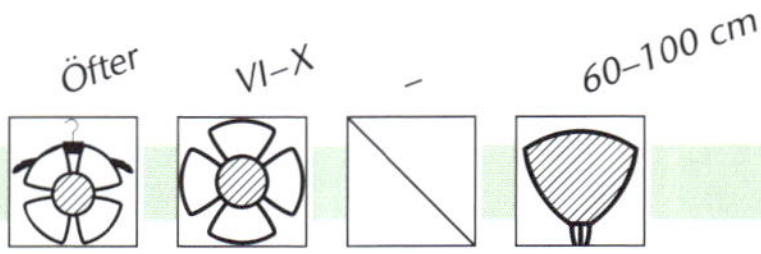

Breeze Hill
Van Fleet, 1926
Wichuraiana-Hybride

Blüte: 25–50 Blütenblätter je Blüte, 1–3 Blüten je Stiel. Gefüllt. Cremerosa, innen hellorangerosa. 3,0–6,0 cm Durchmesser.
Blütezeit: Juli. Einmal blühend.
Duft: Mäßiger Duft.
Wuchs: Bogenförmig-überhängend, kletternd, starkwüchsig, 300–400 cm hoch.
Pflanzung: 1 Pflanze/m², Pflanzabstand 100 cm, Einzelstellung.
Verwendung: Duftrose, Kletterrose, Häuserwände.

Class Act
Jackson & Perkins, 1989
Floribundarose

Blüte: 25–35 Blütenblätter je Blüte. Gefüllt. Weiß bis creme. 6,0–9,0 cm Durchmesser.
Blütezeit: Juni–Oktober. Öfter blühend.
Duft: –
Wuchs: Buschig, aufrecht, 60–80 cm hoch.
Pflanzung: 5 Pflanzen/m², Pflanzabstand 45 cm, Gruppe oder flächig.
Verwendung: Beetbepflanzung, Rabatten.

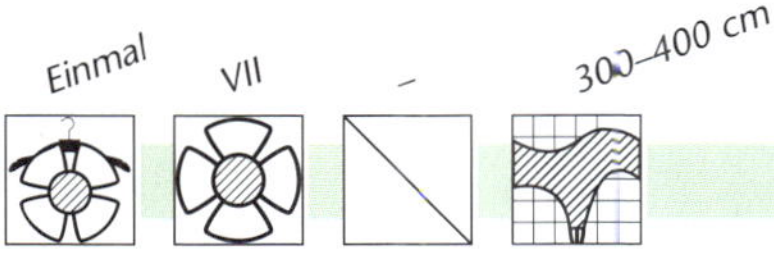

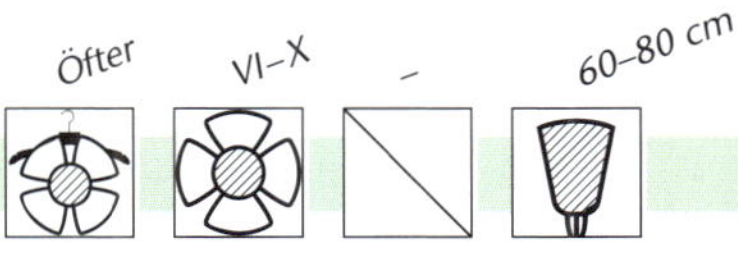

Rosa pimpinellifolia var. altaica
Thory
Wildrose

Blüte: 5 Blütenblätter je Blüte, 1 Blüte je Stiel. Einfach. Weiß – cremeweiß. 6,0–7,0 cm Durchmesser.
Blütezeit: Mai. Einmal blühend.
Duft: Leichter Duft.
Wuchs: Buschig, aufrecht, bogenförmig-überhängend, 150–180 cm hoch.
Pflanzung: 1 Pflanze/m^2, Pflanzabstand 100 cm, Einzelstellung oder Gruppe.
Verwendung: Hecken, Strauchrose, naturnahe Gärten.

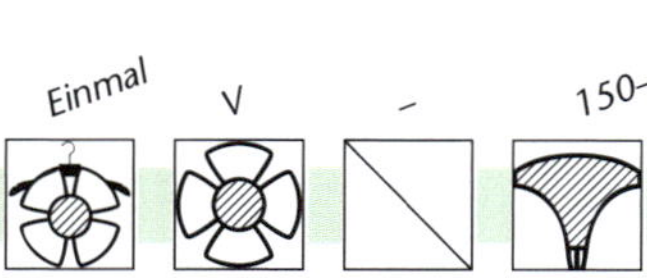

Pleine de Grâce
Lens, L., 1984
Kletterrose

Blüte: 5 Blütenblätter je Blüte, 25–50 Blüten je Stiel. Einfach. Cremeweiß. ca. 3,0 cm Durchmesser.
Blütezeit: Juli. Einmal blühend.
Duft: Leichter Duft.
Wuchs: Bogenförmig-überhängend, kletternd, starkwüchsig, 200–600 cm hoch.
Pflanzung: 1 Pflanze/m^2, Pflanzabstand 100 cm, Einzelstellung.
Verwendung: Kletterrose, in Bäume kletternd, breit ausladende Strauchrose.
Besonderheiten: Gut winterhart.

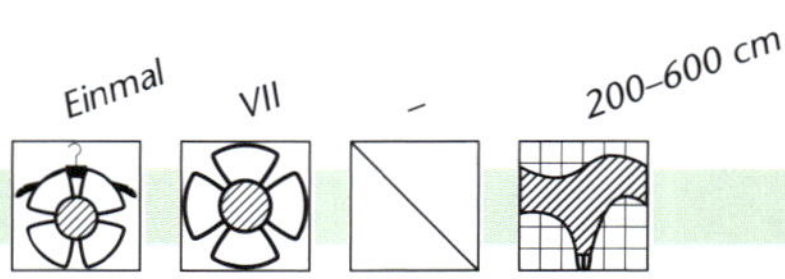

Schneeflocke

Noack, 1991
Bodendeckerrose

Blüte: 15–25 Blütenblätter je Blüte, ca. 25 Blüten je Stiel. Gefüllt. Weiß. 3,0–6,0 cm Durchmesser.
Blütezeit: Juni–Oktober. Öfter blühend.
Duft: Sehr leichter Duft.
Wuchs: Buschig, bogenförmig-überhängend, 40–50 cm hoch.
Pflanzung: 3–4 Pflanzen/m², Pflanzabstand 50–60 cm, Gruppe oder flächig.
Verwendung: Bodendeckerrose, Beetbepflanzung, Kübel, Böschungen.

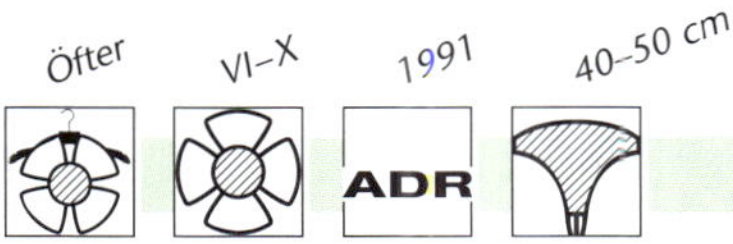

Heideschnee

Kordes, W. Söhne, 1990
Bodendeckerrose

Blüte: 5 Blütenblätter je Blüte. Einfach. Weiß. 3,0–4,0 cm Durchmesser.
Blütezeit: Juni–Oktober. Öfter blühend.
Duft: Sehr leichter Duft.
Wuchs: Buschig, bogenförmig-überhängend, 60–80 cm hoch.
Pflanzung: 3 Pflanzen/m², Pflanzabstand 60 cm, flächig oder Gruppe.
Verwendung: Beetbepflanzung, Bodendeckerrose.

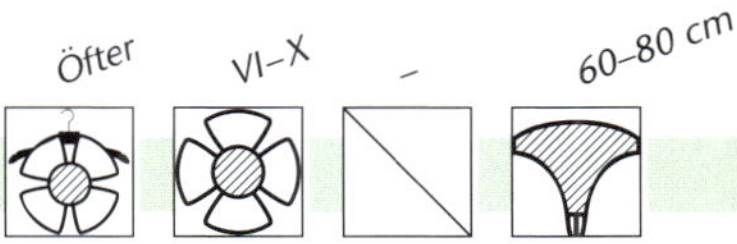

Trier

Lambert, 1904
Lambertianarose

Blüte: 10–25 Blütenblätter je Blüte, 15–25 Blüten je Stiel. Gefüllt. Cremeweiß, Blütenknospen gelblich rosa. 2,5–3,0 cm Durchmesser.
Blütezeit: Juni–Juli, August–Oktober. Zweimal blühend.
Duft: Angenehmer Duft.
Wuchs: Buschig, aufrecht, bogenförmig-überhängend, 120–150 cm hoch.
Pflanzung: 1 Pflanze/m^2, Pflanzabstand 100 cm, Einzelstellung oder Gruppe.
Verwendung: Historische Gärten, Strauchrose, naturnahe Gärten.

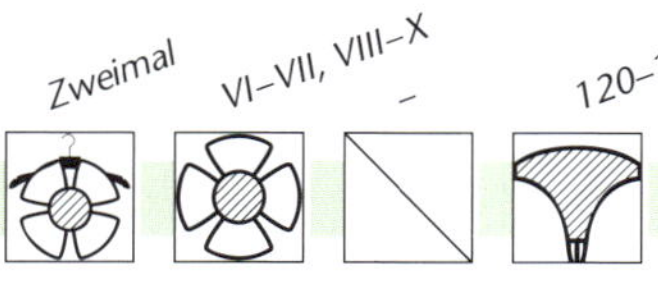

Stanwell Perpetual

Lee, J., 1838
Strauchrose

Blüte: 25–40 Blütenblätter je Blüte, 1–3 Blüten je Stiel. Gefüllt. Hellrosa bis cremerosa. 3,0–4,0 cm Durchmesser.
Blütezeit: Mai–Juni, September–Oktober. Zweimal blühend.
Duft: Leichter Duft.
Wuchs: Buschig, bogenförmig-überhängend, 120–150 cm hoch.
Pflanzung: 1–3 Pflanzen/m^2, Pflanzabstand 60–100 cm, Einzelstellung oder Gruppe.
Verwendung: Strauchrose, naturnahe Gärten.

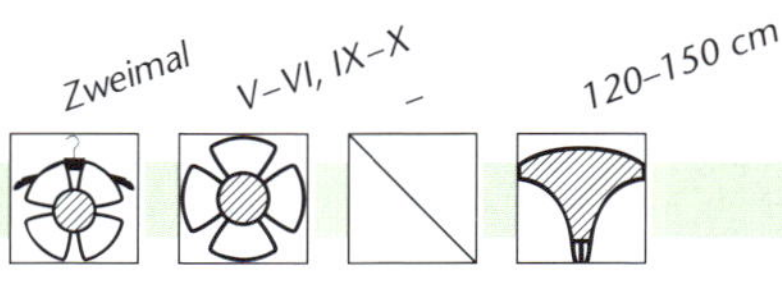

Neige d'Été

Lens, L., 1991
Moschata-Hybride

Blüte: 25–35 Blütenblätter je Blüte. Gefüllt. Hellcremeweiß. 3,0–3,5 cm Durchmesser.
Blütezeit: Juni–Oktober. Öfter blühend.
Duft: Mäßiger Duft.
Wuchs: Buschig, bogenförmig-überhängend, 100–120 cm hoch.
Pflanzung: 1–3 Pflanzen/m^2, Pflanzabstand 60–100 cm, Einzelstellung oder Gruppe.
Verwendung: Strauchrose, Rabatten, Staudengärten.

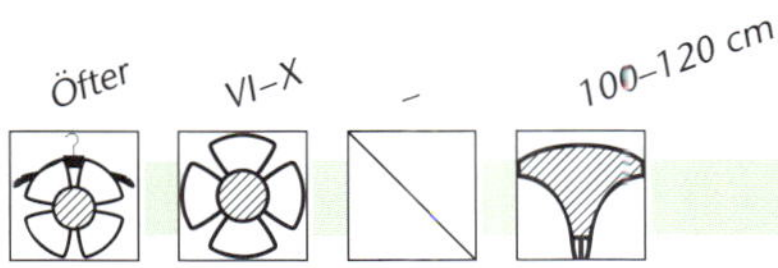

Schneewittchen

Kordes, W. Söhne, 1958
Floribundarose

Blüte: 20–40 Blütenblätter je Blüte, 3–15 Blüten je Stiel. Gefüllt. Weiß. 6,0–9,0 cm Durchmesser.
Blütezeit: Juni–Oktober. Öfter blühend.
Duft: Mäßiger Duft.
Wuchs: Buschig, aufrecht, 80–150 cm hoch.
Pflanzung: 3 Pflanzen/m^2, Pflanzabstand 60 cm, Einzelstellung oder Gruppe.
Verwendung: Beetbepflanzung, Strauchrose.

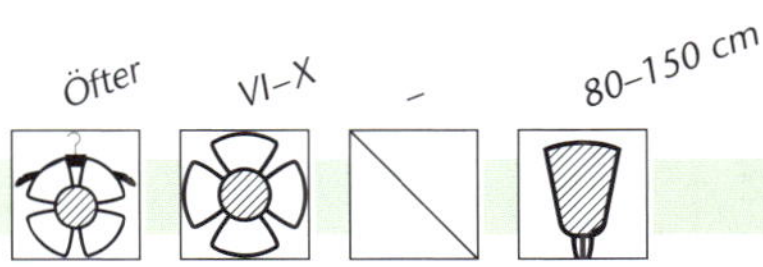

Rosa micrantha

Smith
Wildrose

Blüte: 5 Blütenblätter je Blüte, 1–4 Blüten je Stiel. Einfach. Weiß oder hellrosa, graugrün geadert. ca. 3,0 cm Durchmesser.
Blütezeit: Juni. Einmal blühend.
Duft: –
Wuchs: Buschig, aufrecht, 100–180 cm hoch.
Pflanzung: 1 Pflanze/m^2, Pflanzabstand 100 cm, Einzelstellung.
Verwendung: Vogelschutzgehölz, naturnahe Gärten, undurchdringliche Hecken bildend.
Besonderheiten: Laub duftet würzig.

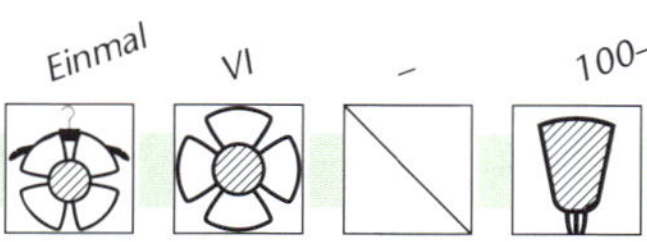

Rambling Rector

in England eingeführt, 1912
Multiflora-Hybride

Blüte: 10–25 Blütenblätter je Blüte, 25–50 Blüten je Stiel. Gefüllt. Weiß. 2,0–3,0 cm Durchmesser.
Blütezeit: Juni. Einmal blühend.
Duft: Angenehmer Duft.
Wuchs: Bogenförmig-überhängend, kletternd, starkwüchsig, 300–500 cm hoch.
Pflanzung: 1 Pflanze/m^2, Pflanzabstand 100 cm, Einzelstellung.
Verwendung: Kletterrose, in Bäume kletternd.

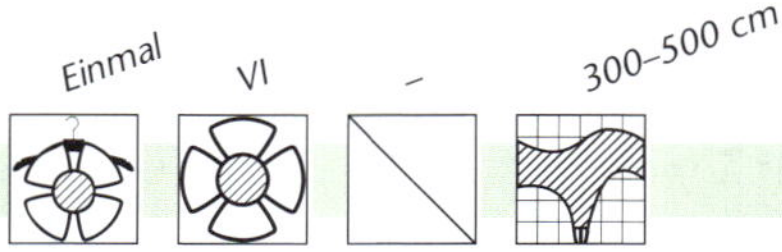

Rosa rubiginosa

L.

Wildrose

Blüte: 5 Blütenblätter je Blüte, 1–7 Blüten je Stiel. Einfach. Rosa, innen creme, geadert. 3,0–5,0 cm Durchmesser.
Blütezeit: Juni. Einmal blühend.
Duft: Mäßiger Duft.
Wuchs: Buschig, aufrecht, bogenförmig, überhängend, 200–300 cm hoch.
Pflanzung: 1–2 Pflanzen/m², Pflanzabstand 70–100 cm, in Gruppen.
Verwendung: Fruchtgehölz, Heidegärten, historische Gärten, Kletterrose, Parkanlagen, undurchdringliche Hecken bildend.
Besonderheiten: Laub duftet nach grünem Apfel.

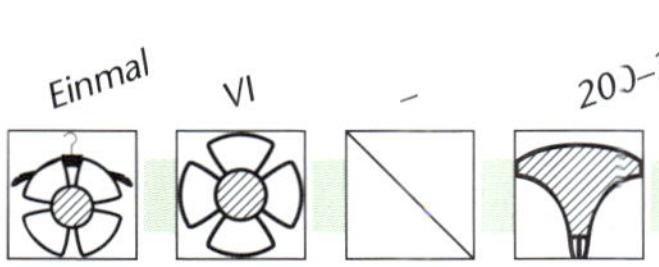

Rosa × micrugosa

Henkel

Wildrose

Blüte: 5 Blütenblätter je Blüte, 1 Blüte je Stiel. Einfach. Weiß. 4,0–6,0 cm Durchmesser.
Blütezeit: Juni. Einmal blühend.
Duft: Mäßiger Duft.
Wuchs: Buschig, aufrecht, 150–200 cm hoch.
Pflanzung: 1 Pflanze/m², Pflanzabstand 100 cm, Einzelstellung.
Verwendung: Staudengärten, Strauchrose, naturnahe Gärten.

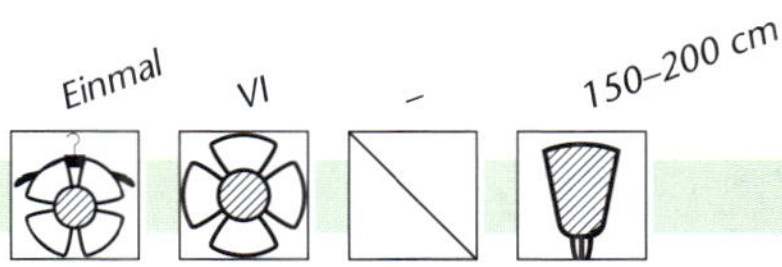

Alba Meidiland

Meilland, 1987
Bodendeckerrose

Blüte: 20–30 Blütenblätter je Blüte, 15–20 Blüten je Stiel. Stark gefüllt. Weiß. 2,5–3,0 cm Durchmesser.
Blütezeit: Juni–Oktober. Fast fortlaufend.
Duft: –
Wuchs: Buschig, bogenförmig-überhängend, 60–80 cm hoch.
Pflanzung: 3 Pflanzen/m^2, Pflanzabstand 60 cm, flächig, Gruppen.
Verwendung: Beetbepflanzung, Kübel, Rabatten.
Besonderheiten: Ideal für Straßenbegleitgrün.

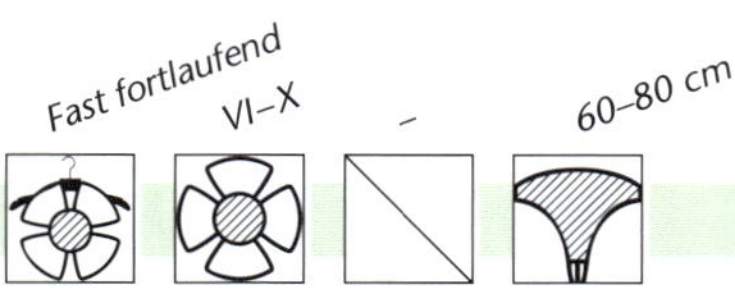

Frau Karl Druschki

Lambert, 1901
Remontant-Hybride

Blüte: 40–60 Blütenblätter je Blüte, 1–3 Blüten je Stiel. Stark gefüllt. Weiß, Knospen rosa. 9,0–12,0 cm Durchmesser.
Blütezeit: Juni–Juli, August–Oktober. Zweimal blühend.
Duft: Sehr leichter Duft.
Wuchs: Buschig, aufrecht, 100–120 cm hoch, starkwüchsig.
Pflanzung: 3 Pflanzen/m^2, Pflanzabstand 60 cm, Gruppe, flächig.
Verwendung: Beetbepflanzung, Strauchrose, historische Gärten, Staudengärten.

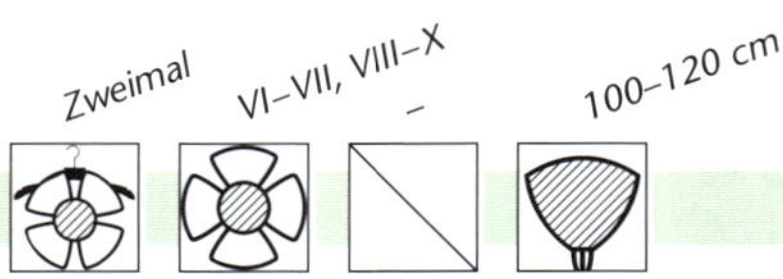

Weiße Wolke

Kordes, W. Söhne, 1993
Strauchrose

Blüte: 25–50 Blütenblätter je Blüte. Gefüllt. Weiß. 6,0–9,0 cm Durchmesser.
Blütezeit: Juni–Oktober. Öfter blühend.
Duft: Leichter Duft.
Wuchs: Buschig, aufrecht, bogenförmig-überhängend, 90–100 cm hoch.
Pflanzung: 1–3 Pflanzen/m^2, Pflanzabstand 60–100 cm, Einzelstellung oder Gruppe.
Verwendung: Staudengärten, Solitärpflanze, Strauchrose.

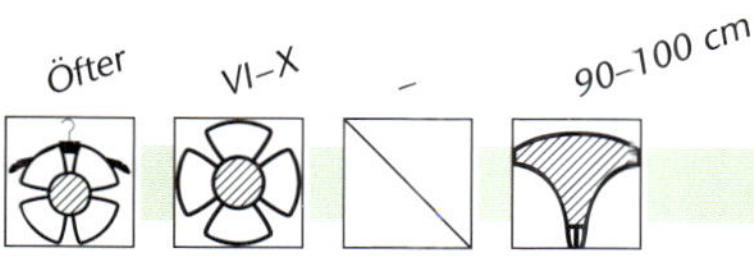

Sappho

in England, entstanden, vor 1817
Albarose

Blüte: 15–25 Blütenblätter je Blüte. Leicht gefüllt. Weiß. 3,0–6,0 cm Durchmesser.
Blütezeit: Juni. Einmal blühend.
Duft: Mäßiger Duft.
Wuchs: Buschig, aufrecht, bogenförmig-überhängend, starkwüchsig, 150–200 cm hoch.
Pflanzung: 1 Pflanze/m^2, Pflanzabstand 100 cm, Einzelstellung.
Verwendung: Historische Gärten, Strauchrose, naturnahe Gärten.

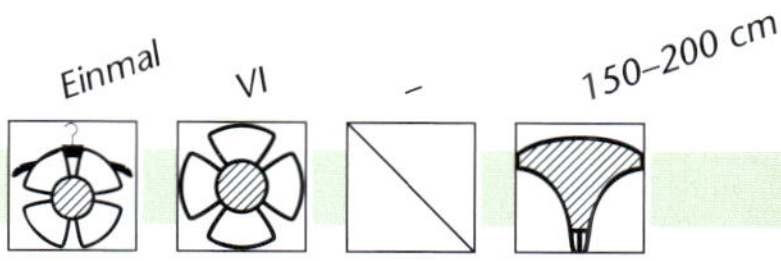

Schneezwerg

Lambert, 1912
Rugosa-Hybride

Blüte: 10–25 Blütenblätter je Blüte, 1–5 Blüten je Stiel. Gefüllt. Weiß. 3,0–6,0 cm Durchmesser.
Blütezeit: Juni–Juli, August–Oktober. Zweimal blühend.
Duft: Sehr leichter Duft.
Wuchs: Buschig, aufrecht, 90–150 cm hoch.
Pflanzung: 1–3 Pflanzen/m^2, Pflanzabstand 60–100 cm, Einzelstellung oder Gruppe.
Verwendung: Strauchrose, naturnahe Gärten.
Besonderheiten: Blüte und schöne rote Früchte gleichzeitig.

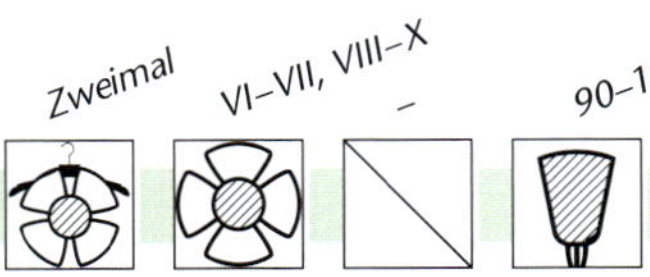

Félicité et Perpétue

Jacques, 1827
Sempervirens-Hybride

Blüte: 25–50 Blütenblätter je Blüte, 7–11 Blüten je Stiel. Stark gefüllt. Cremeweiß bis cremerosa, Knospen karminrosa. 3,0–4,0 cm Durchmesser.
Blütezeit: Juli. Einmal blühend.
Duft: Sehr leichter Duft.
Wuchs: Bogenförmig-überhängend, kletternd, starkwüchsig, 300–450 cm hoch.
Pflanzung: 1 Pflanze/m^2, Pflanzabstand 100 cm, Einzelstellung.
Verwendung: Kletterrose, in Bäume kletternd, Pergolen, Mauern.

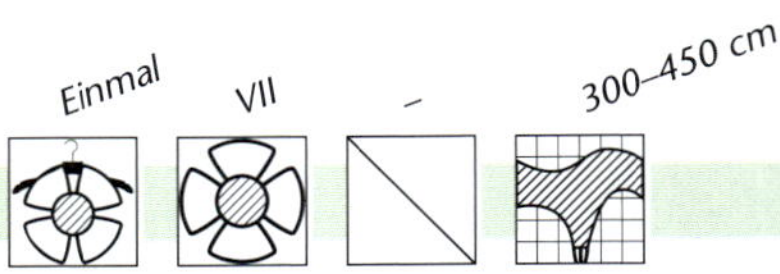

White Spray
Lens, L., 1980
Strauchrose

Blüte: 5 Blütenblätter je Blüte. Einfach. Weiß. 2,5–3,0 cm Durchmesser
Blütezeit: Juni–Oktober. Öfter blühend.
Duft: –
Wuchs: Niederliegend, bogenförmig-überhängend, starkwüchsig, 100–150 cm hoch.
Pflanzung: 1 Pflanze/m^2, Pflanzabstand 100 cm, Gruppe oder flächig.
Verwendung: Strauchrose, Bodendecker, Böschungen.

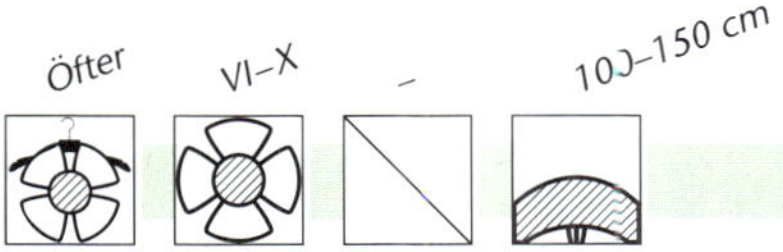

Rosa alba 'Semiplena'
Herkunft unbekannt
Albarose

Blüte: 20–40 Blütenblätter je Blüte, 1–3 Blüten je Stiel. Leicht gefüllt – gefüllt. Weiß. 6,0–8,0 cm Durchmesser.
Blütezeit: Juni. Einmal blühend.
Duft: Mäßiger Duft.
Wuchs: Buschig, aufrecht, bogenförmig-überhängend, starkwüchsig, 150–200 cm hoch.
Pflanzung: 1 Pflanze/m^2, Pflanzabstand 100 cm, Gruppe, Einzelstellung.
Verwendung: Historische Gärten, Strauchrose, Schutzbepflanzung.
Besonderheiten: Abstammung: unsicher; *Rosa corymbifera* × *Rosa gallica*.

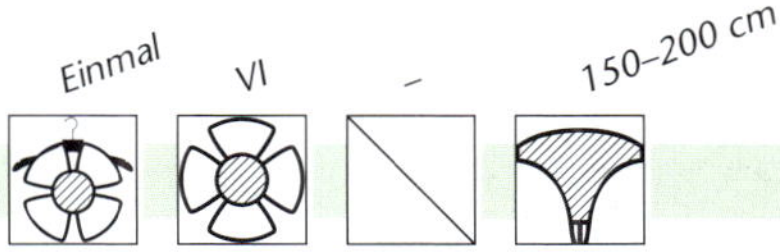

Pink Magic
Lens, L., 1990
Moschata-Hybride

Blüte: 5 Blütenblätter je Blüte. Einfach. Rosa bis weiß. 2,5–3,0 cm Durchmesser.
Blütezeit: Juni–Oktober. Öfter blühend.
Duft: Mäßiger Duft.
Wuchs: Buschig, bogenförmig-überhängend, 100–120 cm hoch.
Pflanzung: 1 Pflanze/m², Pflanzabstand 100 cm, Einzelstellung oder Gruppe.
Verwendung: Kleinstrauchrose, naturnahe Gärten, Staudengärten.

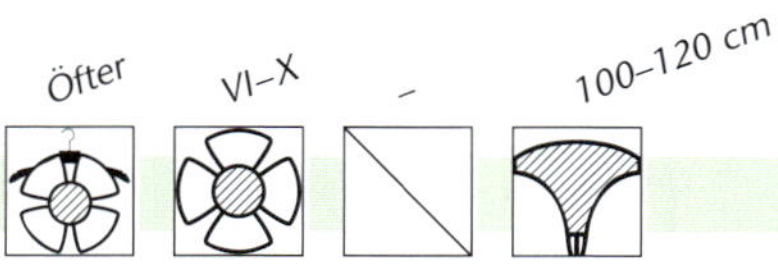

Ballerina
Bentall, J. A., 1937
Moschata-Hybride

Blüte: 5 Blütenblätter je Blüte, 15–25 Blüten je Stiel. Einfach. Cremeweiß, am Rand rosa. 2,5–3,0 cm Durchmesser.
Blütezeit: Juli–Oktober. Öfter blühend.
Duft: –
Wuchs: Buschig, aufrecht, 100–150 cm hoch.
Pflanzung: 1–2 Pflanzen/m², Pflanzabstand 70–100 cm, Gruppen oder Einzelstellung.
Verwendung: Bodendeckerrose, Strauchrose, niedrige Rosenhecken.

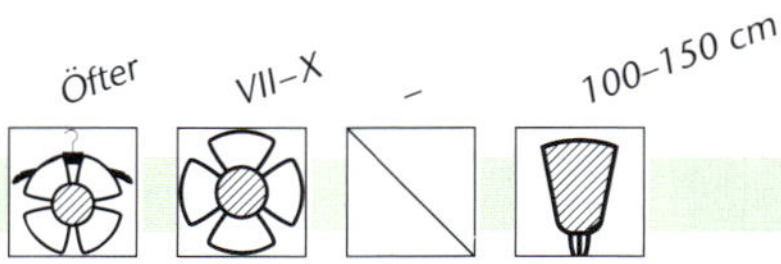

Apfelblüte
Noack, 1991
Bodendeckerrose

Blüte: 5 Blütenblätter je Blüte, 5–20 Blüten je Stiel. Einfach. Hellrosa bis weiß. 2,0–3,0 cm Durchmesser.
Blütezeit: Juli–Oktober. Öfter blühend.
Duft: Sehr leichter Duft.
Wuchs: Niederliegend, bogenförmig-überhängend, 70–90 cm hoch.
Pflanzung: 2–3 Pflanzen/m^2, Pflanzabstand 60–70 cm, Gruppe, flächig.
Verwendung: Bodendeckerrose, Staudengärten.

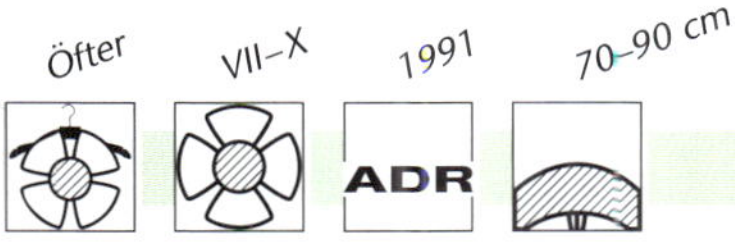

Rosa × damascena
Mill.
Damaszenerrose

Blüte: 25–40 Blütenblätter je Blüte. Gefüllt. Hellrosa–rosa. 4,0–6,0 cm Durchmesser.
Blütezeit: Juni. Einmal blühend.
Duft: Angenehmer Duft.
Wuchs: Buschig, aufrecht, bogenförmig-überhängend, starkwüchsig, 120–180 cm hoch.
Pflanzung: 1–2 Pflanzen/m^2, Pflanzabstand 70–100 cm, Gruppe oder Einzelstellung.
Verwendung: Bauerngärten, Strauchrose, naturnahe Gärten.
Besonderheiten: Abstammung: *Rosa gallica* × *Rosa phoenicea.*

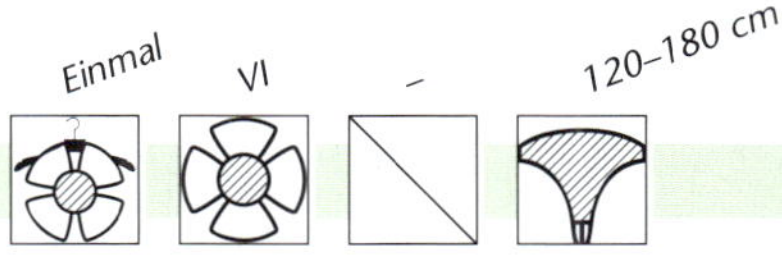

Edmond Proust
Barbier, 1902
Wichuraiana-Hybride

Blüte: 25–50 Blütenblätter je Blüte. Stark gefüllt. Weißlich rosa, innen rosa. 3,0–6,0 cm Durchmesser.
Blütezeit: Juni–Juli. Einmal blühend.
Duft: Mäßiger Duft.
Wuchs: Bogenförmig-überhängend, kletternd, 250–400 cm hoch.
Pflanzung: 1 Pflanze/m², Pflanzabstand 100 cm, einzeln.
Verwendung: Kletterrose, Spalier, Säule.

Alfred de Dalmas
Portemer oder Laffay, 1855
Moosrose (Centifolia muscosa)

Blüte: 25–35 Blütenblätter je Blüte, 3–5 Blüten je Stiel. Gefüllt. Rosa bis weiß. 3,0–6,0 cm Durchmesser.
Blütezeit: Juni–Juli, August–Oktober. Zweimal blühend.
Duft: Angenehmer Duft,süß.
Wuchs: Buschig, aufrecht, starkwüchsig, 120–180 cm hoch.
Pflanzung: 1–2 Pflanzen/m², Pflanzabstand 70–100 cm, Gruppen, einzeln.
Verwendung: Strauchrose, historische Gärten.
Besonderheiten: Synonym: 'Mousseline'.

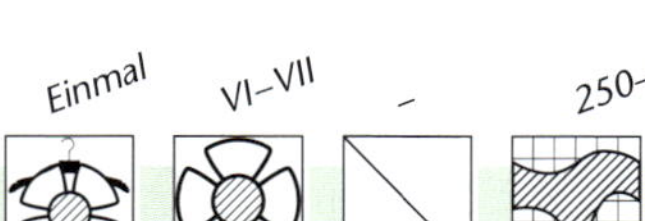

Rosa roxburghii
Tratt.
Wildrose

Blüte: 5 Blütenblätter je Blüte, 1 Blüte je Stiel. Einfach. Weiß oder hellrosa, geadert. 5,0–7,5 cm Durchmesser.
Blütezeit: Juni. Einmal blühend.
Duft: –
Wuchs: Buschig, aufrecht, bogenförmig-überhängend, 100–250 cm hoch.
Pflanzung: 1–2 Pflanzen/m², Pflanzabstand 70–100 cm, Einzelstellung.
Verwendung: Naturnahe Gärten, Staudengärten, für Liebhaber.

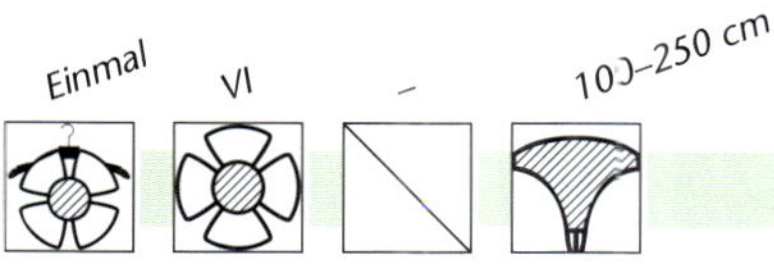

Bobbie James
Sunningdale Nurseries, 1961
Wichuraiana-Hybride

Blüte: 10–25 Blütenblätter je Blüte, 25–50 Blüten je Stiel. Gefüllt. Weiß. 2,0–3,0 cm Durchmesser.
Blütezeit: Juli. Einmal blühend.
Duft: Leichter Duft.
Wuchs: Bogenförmig-überhängend, kletternd, starkwüchsig, 400–600 cm hoch.
Pflanzung: 1 Pflanze/m², Pflanzabstand 100 cm, Einzelstellung.
Verwendung: Kletterrose, in Bäume kletternd, Pergolen.

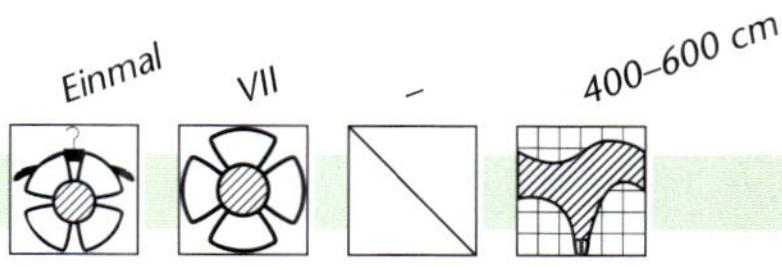

Edelweiß

Poulsen, D. T., 1969
Floribundarose

Blüte: 25–50 Blütenblätter je Blüte. Gefüllt. Hellcremeweiß. 3,0–6,0 cm Durchmesser.
Blütezeit: Juni–Oktober. Öfter blühend.
Duft: –
Wuchs: Buschig, aufrecht, 40–50 cm hoch.
Pflanzung: 5–6 Pflanzen/m^2, Pflanzabstand 40–45 cm, Gruppe, flächig.
Verwendung: Beetbepflanzung, Rabatten.
Besonderheiten: Blüten sehr haltbar.

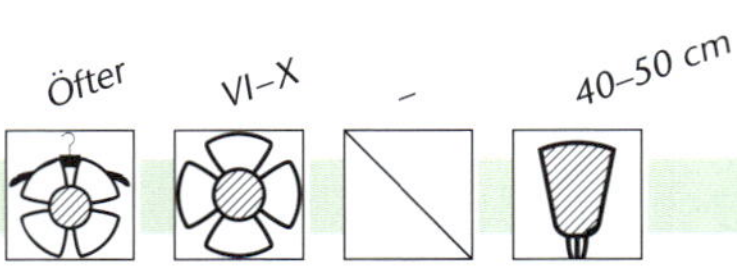

La Paloma 85

Tantau, M., 1985
Floribundarose

Blüte: 25–50 Blütenblätter je Blüte. Stark gefüllt. Weiß. 6,0–9,0 cm Durchmesser.
Blütezeit: Juni–Oktober. Öfter blühend.
Duft: –
Wuchs: Buschig, aufrecht, 50–70 cm hoch.
Pflanzung: 5 Pflanzen/m^2, Pflanzabstand 45 cm, Gruppe oder flächig.
Verwendung: Beetbepflanzung, Rabatten.

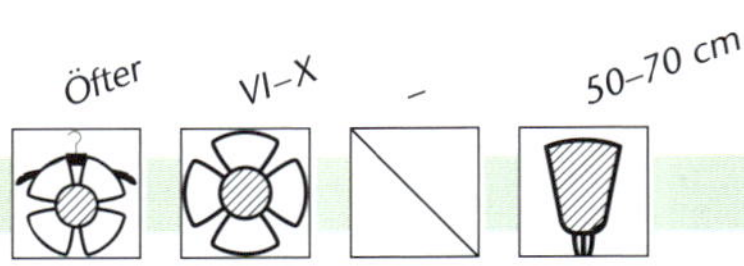

White Flight

Koster, 1923
Multiflora-Hybride

Blüte: 10–25 Blütenblätter je Blüte. Gefüllt. Weiß. 3,0 cm Durchmesser.
Blütezeit: Juli. Einmal blühend
Duft: –
Wuchs: Bogenförmig-überhängend, kletternd, starkwüchsig, 400–500 cm hoch.
Pflanzung: 1 Pflanze/m^2, Pflanzabstand 100 cm, Einzelstellung.
Verwendung: Kletterrose, Pergolen, Säule.

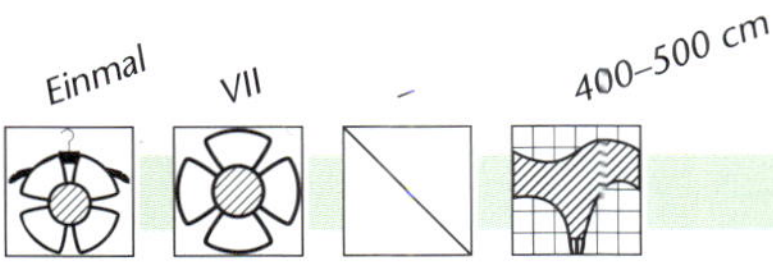

Fräulein Octavia Hesse

Hesse, 1909
Wichuraiana-Hybride

Blüte: 25–50 Blütenblätter je Blüte, 1 Blüte je Stiel. Stark gefüllt. Hellgelblich weiß. 3,0–5,0 cm Durchmesser.
Blütezeit: Juni–Juli, August–Oktober. Zweimal blühend.
Duft: Mäßiger Duft.
Wuchs: Bogenförmig-überhängend, kletternd, starkwüchsig, 300–350 cm hoch.
Pflanzung: 1 Pflanze/m^2, Pflanzabstand 100 cm, Einzelstellung.
Verwendung: Kletterrose, Pergolen, Spalier, Häuserwände.

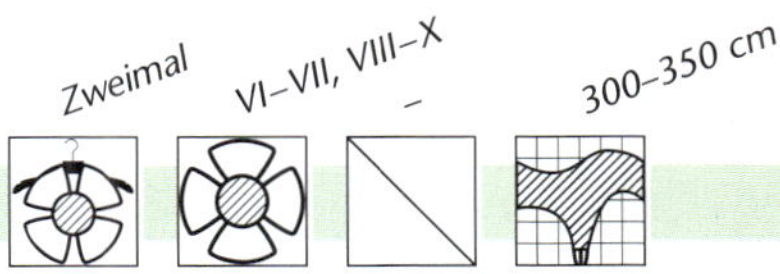

Weiße Nelkenrose

Münster, 1966
Rugosa-Hybride

Blüte: 25–50 Blütenblätter je Blüte. Stark gefüllt. Weiß. 3,0–3,5 cm Durchmesser.
Blütezeit: Juni–Juli, August–Oktober. Zweimal blühend.
Duft: –
Wuchs: Buschig, aufrecht, bogenförmigüberhängend, 120–150 cm hoch.
Pflanzung: 1 Pflanze/m², Pflanzabstand 100 cm, Einzelstellung oder Gruppe.
Verwendung: Strauchrose, Staudengärten.

Nevada

Dot, P., 1928
Moyesii-Hybride

Blüte: 7–10 Blütenblätter je Blüte, 1 Blüte je Stiel. Leicht gefüllt. Gelblich weiß, zuweilen rosa überhaucht. 6,0–8,0 cm Durchmesser.
Blütezeit: Juni. Schwache Nachblüte.
Duft: Mäßiger Duft.
Wuchs: Buschig, aufrecht, starkwüchsig, 200–250 cm hoch.
Pflanzung: 1 Pflanze/m², Pflanzabstand 100 cm, Einzelstellung.
Verwendung: Staudengärten, Strauchrose, naturnahe Gärten.
Besonderheiten: Regelmäßige Verjüngung ist notwendig.

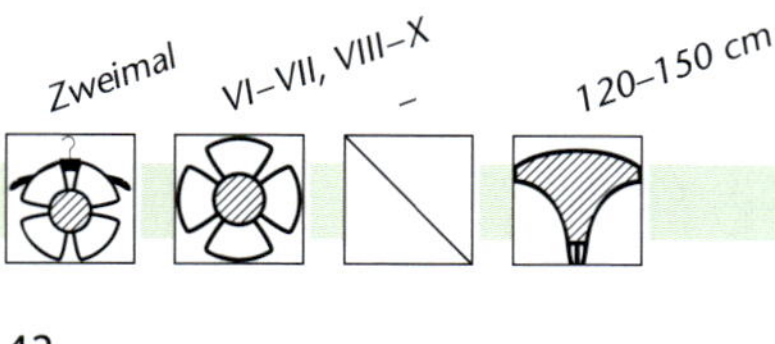

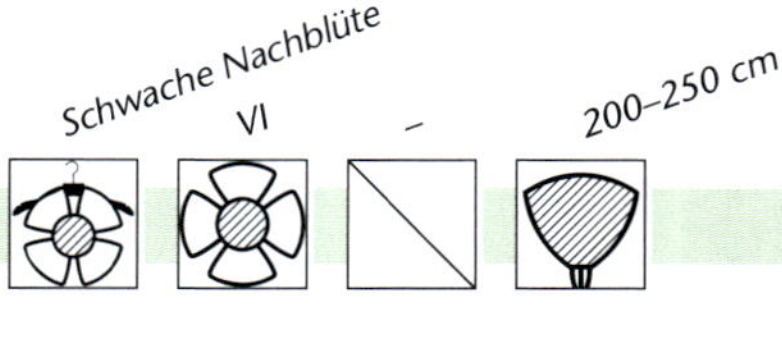

Heidesommer

Kordes, W. Söhne, 1985
Bodendeckerrose

Blüte: 10–25 Blütenblätter je Blüte. Gefüllt. Weiß, Knospen cremegelb. 3,0–6,0 cm Durchmesser.
Blütezeit: Juli–Oktober. Öfter blühend.
Duft: Mäßiger Duft.
Wuchs: Buschig, bogenförmig-überhängend, starkwüchsig, 50–80 cm hoch.
Pflanzung: 1 Pflanze/m^2, Pflanzabstand 100 cm, flächig oder Gruppe.
Verwendung: Beetbepflanzung, Bodendeckerrose.
Besonderheiten: Macht sehr lange Triebe.

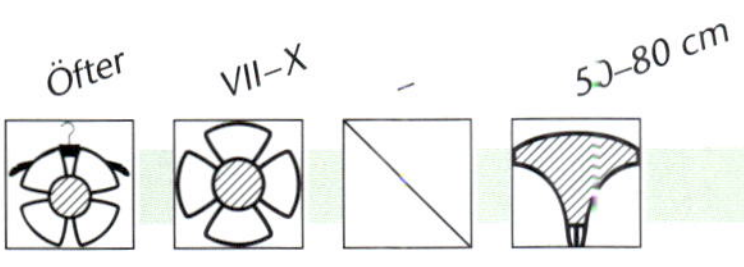

Gelbe Dagmar Hastrup

Meilland, 1989
Rugosa-Hybride

Blüte: 15–20 Blütenblätter je Blüte, 5–8 Blüten je Stiel. Leicht gefüllt. Cremegelb bis gelb. 5,0–7,0 cm Durchmesser.
Blütezeit: Juni–Oktober. Öfter blühend.
Duft: Leichter Duft.
Wuchs: Buschig, aufrecht, starkwüchsig, 80–100 cm hoch.
Pflanzung: 3 Pflanzen/m^2, Pflanzabstand 60 cm, flächig oder Gruppe.
Verwendung: Strauchrose, Straßenbegleitgrün, niedrige Hecken.
Besonderheiten: Für optimalen Wuchs jährlich zurückschneiden.

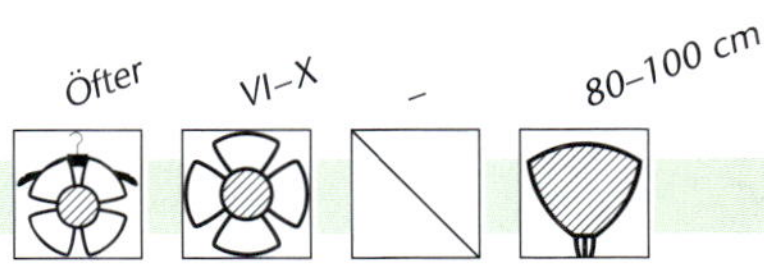

Rêve d'Or

Ducher, 1869
Noisette-Hybride

Blüte: 40–50 Blütenblätter je Blüte. Stark gefüllt. Gelb bis kupfrig. 3,0–6,0 cm Durchmesser.
Blütezeit: Juni–Juli, August–Oktober. Zweimal blühend.
Duft: Starker Duft.
Wuchs: Aufrecht, bogenförmig-überhängend, kletternd, starkwüchsig, 350–450 cm hoch.
Pflanzung: 1 Pflanze/m^2, Pflanzabstand 100 cm, Einzelstellung.
Verwendung: Duftrose, Kletterrose, Liebhaberpflanze.
Besonderheiten: Winterschutz notwendig.

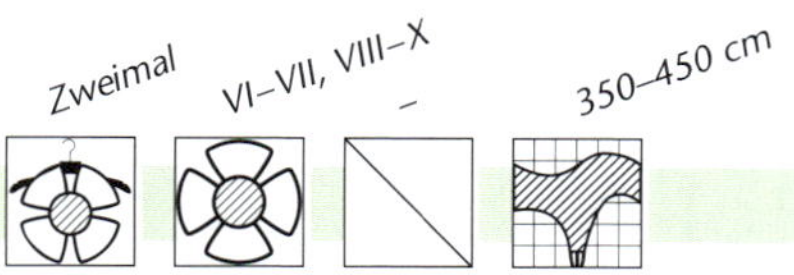

Lady Hillingdon

Lowe & Shawyer, 1910
Teerose

Blüte: 25–50 Blütenblätter je Blüte, 1–3 Blüten je Stiel. Stark gefüllt. Hellaprikosengelb. 6,0–9,0 cm Durchmesser.
Blütezeit: Juni–Oktober. Öfter blühend.
Duft: Angenehmer Duft.
Wuchs: Buschig, aufrecht, 100–120 cm hoch.
Pflanzung: 3–4 Pflanzen/m^2, Pflanzabstand 50–60 cm, Gruppe.
Verwendung: Historische Gärten, Liebhaberpflanze.
Besonderheiten: Benötigt Winterschutz, schwer zu beschaffen.

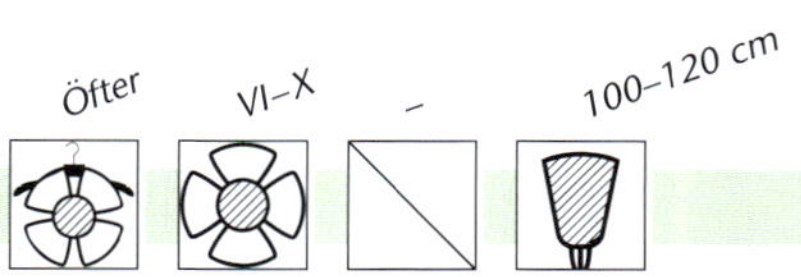

Agnes

Saunders, Dr., 1922
Rugosa-Hybride

Blüte: 40–50 Blütenblätter je Blüte, 1 Blüte je Stiel. Stark gefüllt. Gelb. 5,0–8,0 cm Durchmesser.
Blütezeit: Juni. Einmal blühend.
Duft: Starker Duft.
Wuchs: Buschig, aufrecht, starkwüchsig, 200–250 cm hoch.
Pflanzung: 1 Pflanze/m^2, Pflanzabstand 100 cm, Einzelstellung.
Verwendung: Strauchrose, in Schutzpflanzungen.
Besonderheiten: Abstammung: 'Prattigosa' (Kordes, W. – 1953) × 'Persian Yellow' (Willock – 1837).

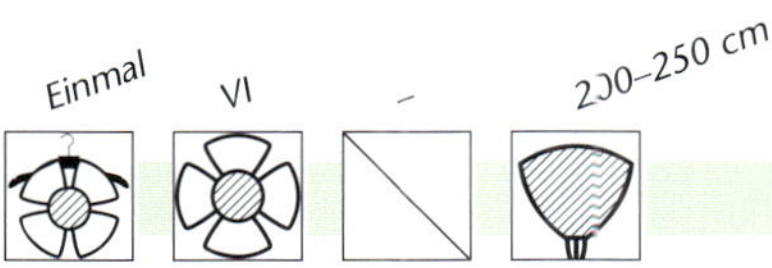

The Pilgrim

Austin, David, 1991
Strauchrose

Blüte: 50–80 Blütenblätter je Blüte. Stark gefüllt. Gelb, am Rand cremegelb. 6,0–9,0 cm Durchmesser.
Blütezeit: Juni–Oktober. Öfter blühend.
Duft: Starker Duft.
Wuchs: Buschig, aufrecht, 80–100 cm hoch.
Pflanzung: 3 Pflanzen/m^2, Pflanzabstand 60 cm, Einzelstellung oder Gruppe.
Verwendung: Strauchrose, Duftrose.

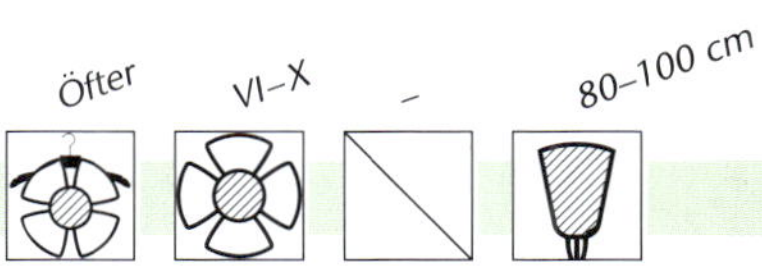

Morgensonne

Kordes, W. Söhne, 1988
öfterblühende Kletterrose

Blüte: 25–50 Blütenblätter je Blüte. Gefüllt. Gelb. 5,0–7,0 cm Durchmesser.
Blütezeit: Juni–Oktober. Öfter blühend.
Duft: –
Wuchs: Aufrecht, bogenförmig-überhängend, kletternd, starkwüchsig, 250–400 cm hoch.
Pflanzung: 1 Pflanze/m^2, Pflanzabstand 100 cm, Einzelstellung.
Verwendung: Kletterrose, Häuserwände, Spalier, Pergolen.

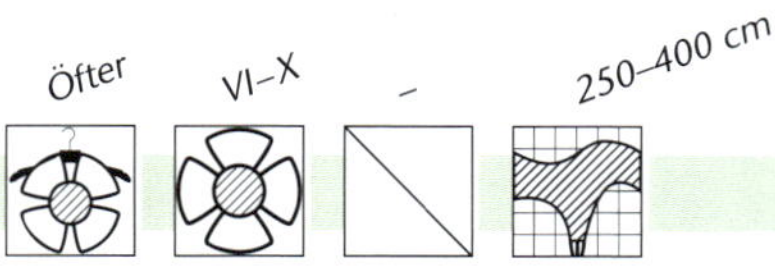

Frühlingsduft

Kordes, W. Söhne, 1949
Strauchrose

Blüte: 25–50 Blütenblätter je Blüte, 1 Blüte je Stiel. Gefüllt. Cremerosa, innen gelb. 6,0–9,0 cm Durchmesser.
Blütezeit: Mai–Juni, August–Oktober. Zweimal blühend.
Duft: Starker Duft.
Wuchs: Buschig, aufrecht, bogenförmig-überhängend, starkwüchsig, 150–180 cm hoch.
Pflanzung: 1 Pflanze/m^2, Pflanzabstand 100 cm, Einzelstellung, Gruppe.
Verwendung: Strauchrose, Bauerngärten, Staudengärten.

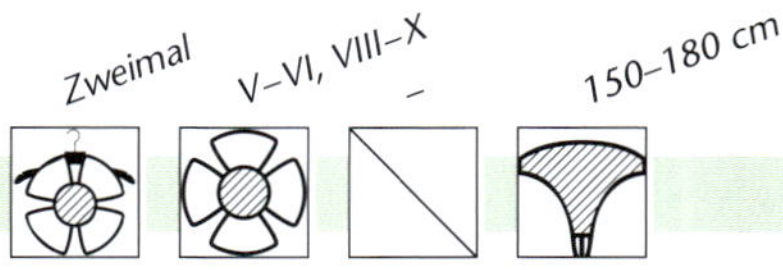

Frühlingsgold

Kordes, W. Söhne, 1937
Strauchrose

Blüte: 7–10 Blütenblätter je Blüte, 1 Blüte je Stiel. Leicht gefüllt. Cremegelb bis gelb, Knospen rot. 3,0–6,0 cm Durchmesser.
Blütezeit: Mai–Juni. Einmal blühend.
Duft: Leichter Duft.
Wuchs: Buschig, aufrecht, bogenförmig-überhängend, starkwüchsig, 180–250 cm hoch.
Pflanzung: 1 Pflanze/m^2, Pflanzabstand 100 cm, Einzelstellung, Gruppe.
Verwendung: Hecke, Strauchrose, naturnahe Gärten.

Ghislaine de Féligonde

Turbat, 1916
Multiflora-Hybride

Blüte: 25–50 Blütenblätter je Blüte, 7–11 Blüten je Stiel. Stark gefüllt. Gelb bis hellgelb. 3,0–5,0 cm Durchmesser.
Blütezeit: Juli–Oktober. Öfter blühend.
Duft: Leichter Duft.
Wuchs: Buschig, aufrecht, bogenförmig-überhängend, kletternd, 200–300 cm hoch.
Pflanzung: 1 Pflanze/m^2, Pflanzabstand 100 cm, Einzelstellung.
Verwendung: Historische Gärten, Strauchrose, auch als Kletterrose.

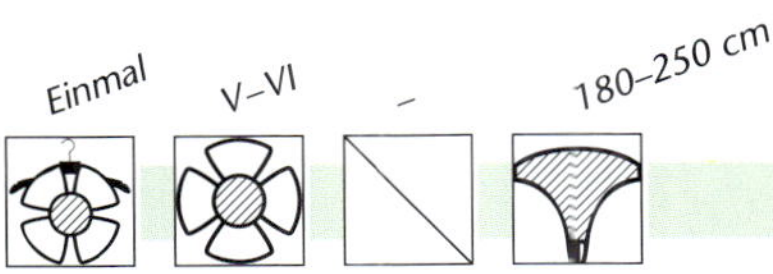

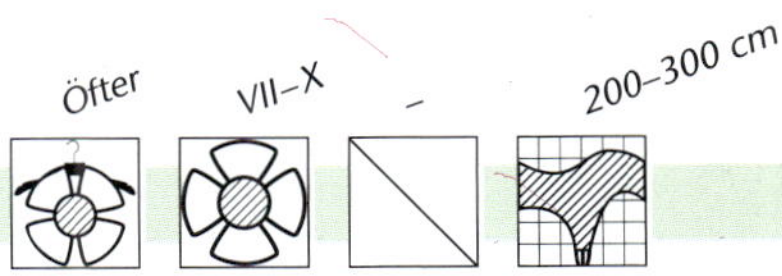

Maigold

Kordes, W. Söhne, 1953
Strauchrose

Blüte: 10–25 Blütenblätter je Blüte, 3–5 Blüten je Stiel. Gefüllt. Orangegelb bis gelb. 6,0–7,0 cm Durchmesser.
Blütezeit: Mai–Juni, August–Oktober. Schwache Nachblüte.
Duft: Mäßiger Duft.
Wuchs: Buschig, aufrecht, starkwüchsig, 200–250 cm hoch.
Pflanzung: 1 Pflanze/m^2, Pflanzabstand 100 cm, Einzelstellung.
Verwendung: Hecken, Strauchrose, naturnahe Gärten.
Besonderheiten: Abstammung: ‘Poulsen’s Pink’ (Poulsen, S. – 1939) × ‘Frühlingstag’ (Kordes, W. Söhne – 1949).

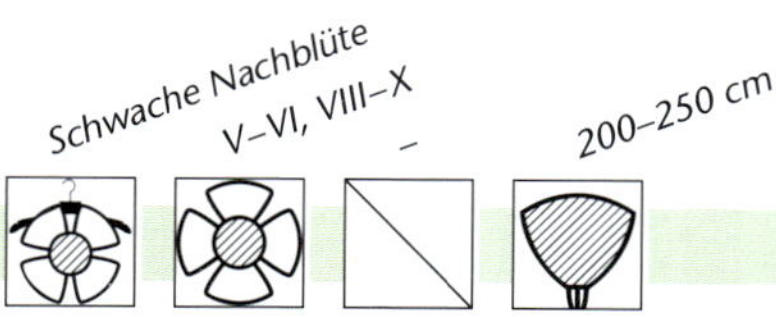

Goldmarie

Kordes, W. Söhne, 1984
Floribundarose

Blüte: 25–30 Blütenblätter je Blüte. Gefüllt. Goldgelb, auf der Rückseite rötlich. 5,0–7,0 cm Durchmesser.
Blütezeit: Juni–Oktober. Öfter blühend.
Duft: Sehr leichter Duft.
Wuchs: Buschig, aufrecht, 60–80 cm hoch.
Pflanzung: 5 Pflanzen/m^2, Pflanzabstand 45 cm, Gruppe, flächig.
Verwendung: Beetbepflanzung, Rabatten.

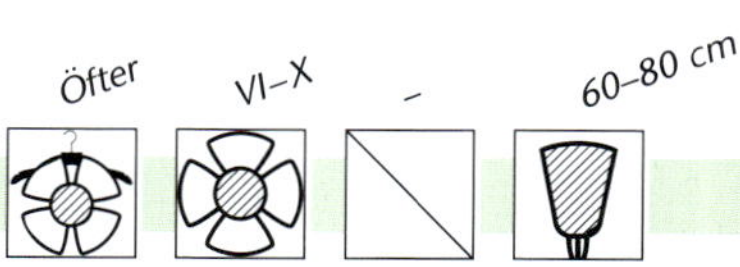

Duftgold

Tantau, M., 1981
Tee-Hybride

Blüte: 40–50 Blütenblätter je Blüte. Stark gefüllt. Goldgelb. 6,0–9,0 cm Durchmesser.
Blütezeit: Juni–Oktober. Öfter blühend.
Duft: Starker Duft.
Wuchs: Buschig, aufrecht, 60–80 cm hoch.
Pflanzung: 5 Pflanzen/m^2, Pflanzabstand 45 cm, Gruppe oder flächig.
Verwendung: Beetbepflanzung, Duftrose.

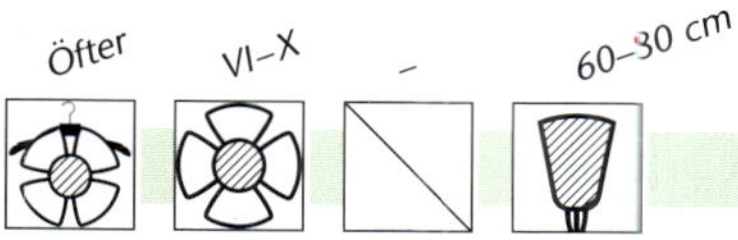

Yellow Cover

Poulsen, 1993
Floribundarose

Blüte: 40–50 Blütenblätter je Blüte. Gefüllt. Gelb. 3,0–4,0 cm Durchmesser.
Blütezeit: Juni–Oktober. Öfter blühend.
Duft: –
Wuchs: Buschig, bogenförmig-überhängend, 30–50 cm hoch.
Pflanzung: 3 Pflanzen/m^2, Pflanzabstand 60 cm, Gruppe oder flächig.
Verwendung: Beetbepflanzung, Bodendeckerrose, Böschungen, Kübel.

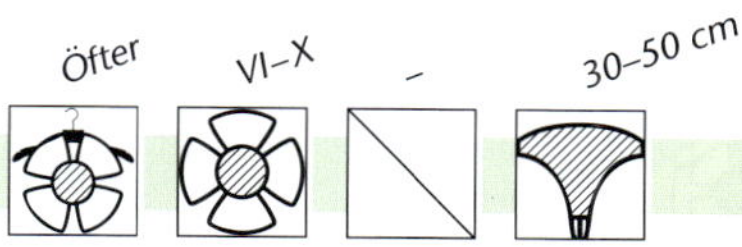

Le Rêve
Pernet – Ducher, 1923
kletternde Lutea-Hybride

Blüte: 10–15 Blütenblätter je Blüte, 3–7 Blüten je Stiel. Leicht gefüllt. Gelb. 5,0–7,0 cm Durchmesser.
Blütezeit: Juni. Einmal blühend.
Duft: Sehr leichter Duft.
Wuchs: Aufrecht, bogenförmig-überhängend, kletternd, starkwüchsig, 450–500 cm hoch.
Pflanzung: 1 Pflanze/m^2, Pflanzabstand 100 cm, Einzelstellung.
Verwendung: Kletterrose, Spaliere, in Bäume wachsend.

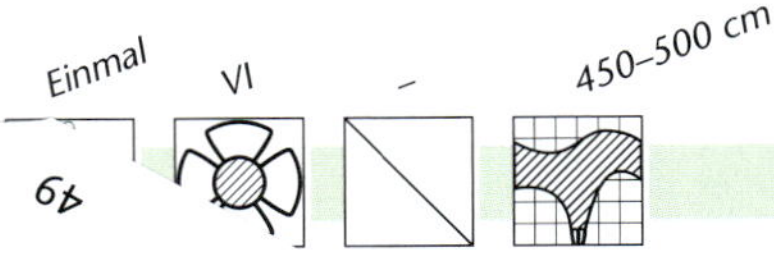

Golden Holstein
Kordes, W. Söhne, 1989
Floribundarose

Blüte: 10–25 Blütenblätter je Blüte. Gefüllt. Goldgelb. 6,0–9,0 cm Durchmesser.
Blütezeit: Juni–Oktober. Öfter blühend.
Duft: –
Wuchs: Buschig, aufrecht, 80–100 cm hoch.
Pflanzung: 3–5 Pflanzen/m^2, Pflanzabstand 45–60 cm, Gruppe oder flächig.
Verwendung: Beetbepflanzung, Rabatten, Farbenrose.

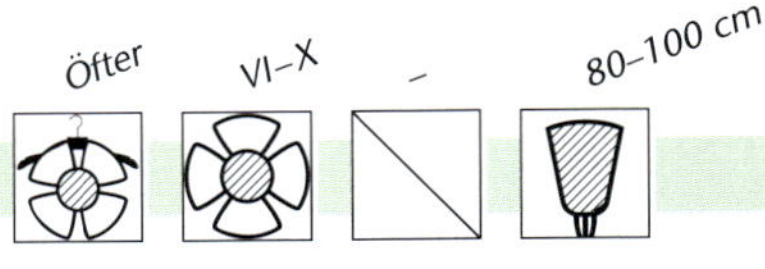

Christel von der Post
Kordes, W. Söhne, 1990
Tee-Hybride

Blüte: 40–60 Blütenblätter je Blüte. Stark gefüllt. Gelb. 8,0–10,0 cm Durchmesser.
Blütezeit: Juni–Oktober. Öfter blühend.
Duft: Leichter Duft.
Wuchs: Buschig, aufrecht, 60–80 cm hoch.
Pflanzung: 3–5 Pflanzen/m^2, Pflanzabstand 45–60 cm, Gruppe, flächig.
Verwendung: Beetbepflanzung, Schnittrose.

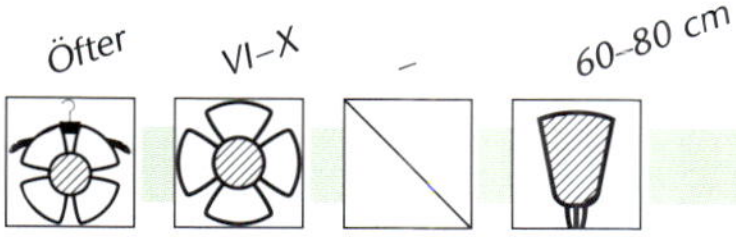

Canary
Tantau, M., 1976
Tee-Hybride

Blüte: 50–60 Blütenblätter je Blüte. Stark gefüllt. Goldgelb. 8,0–10,0 cm Durchmesser.
Blütezeit: Juni–Oktober. Öfter blühend.
Duft: Mäßiger Duft.
Wuchs: Buschig, aufrecht, starkwüchsig, 80–100 cm hoch.
Pflanzung: 5 Pflanzen/m^2, Pflanzabstand 45 cm, Gruppe, flächig.
Verwendung: Beetbepflanzung, Farbenrose.

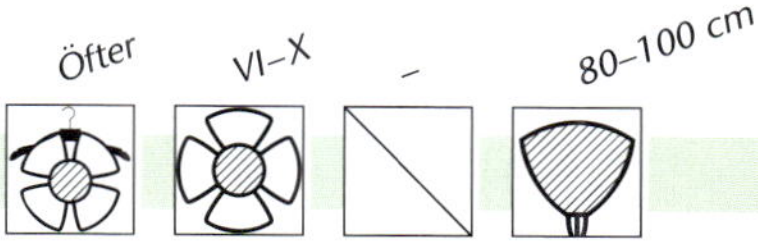

Rosa foetida

Herrm.
Wildrose

Blüte: 5 Blütenblätter je Blüte. Einfach. Gelb. 3,0–5,0 cm Durchmesser.
Blütezeit: Mai–Juni. Einmal blühend.
Duft: Leichter Duft, unangenehm.
Wuchs: Buschig, aufrecht, bogenförmig-überhängend, starkwüchsig, 120–180 cm hoch.
Pflanzung: 1 Pflanze/m^2, Pflanzabstand 100 cm, Gruppe, Einzelstellung.
Verwendung: Bauerngärten, Strauchrose, naturnahe Gärten, Hecken.

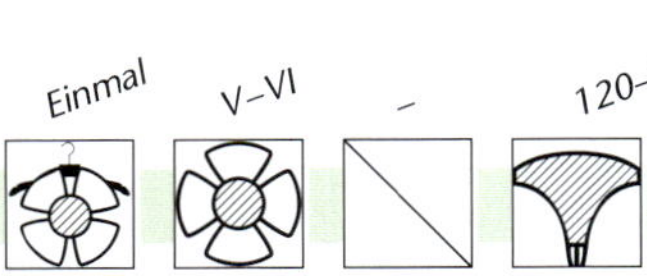

Golden Wings

Shepherd, 1956
Strauchrose

Blüte: 5 – 7 Blütenblätter je Blüte, 3–5 Blüten je Stiel. Einfach bis leicht gefüllt. Hellgelb. 9,0–10,0 cm Durchmesser.
Blütezeit: Juni–Juli, August–Oktober. Zweimal blühend.
Duft: –
Wuchs: Buschig, aufrecht, 100–150 cm hoch.
Pflanzung: 1 Pflanze/m^2, Pflanzabstand 100 cm, Einzelstellung.
Verwendung: Strauchrose, naturnahe Gärten, Staudengärten.
Besonderheiten: sehr schöne Staubgefäße auch nach dem Abfallen der Blütenblätter.

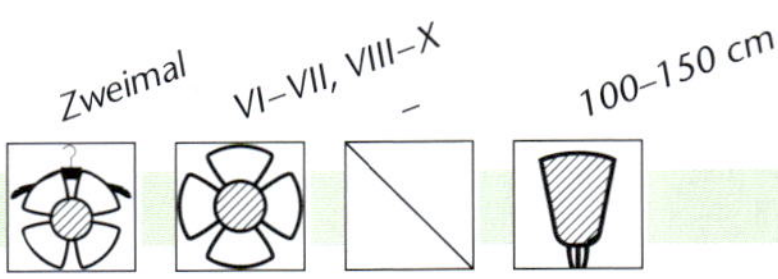

Lucinde
Kordes, W. Söhne, 1988
Strauchrose

Blüte: 40–50 Blütenblätter je Blüte. Stark gefüllt. Goldgelb. 9,0–12,0 cm Durchmesser.
Blütezeit: Juni–Oktober. Öfter blühend.
Duft: –
Wuchs: Buschig, aufrecht, bogenförmig-überhängend, 180–220 cm hoch.
Pflanzung: 1 Pflanze/m^2, Pflanzabstand 100 cm, Gruppe oder Einzelstellung.
Verwendung: Strauchrose, Hecken.

Rosa hugonis
Hemsl.
Wildrose

Blüte: 5 Blütenblätter je Blüte, 1 Blüte je Stiel. Einfach. Hellgelb. ca. 5,0 cm Durchmesser.
Blütezeit: Mai. Einmal blühend.
Duft: Leichter Duft.
Wuchs: Buschig, bogenförmig-überhängend, starkwüchsig, 150–180 cm hoch.
Pflanzung: 1 Pflanze/m^2, Pflanzabstand 100 cm, Gruppe oder Einzelstellung.
Verwendung: Naturnahe Gärten, Hecken, Parkanlagen.

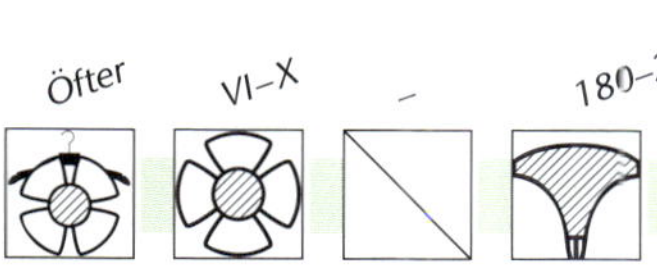

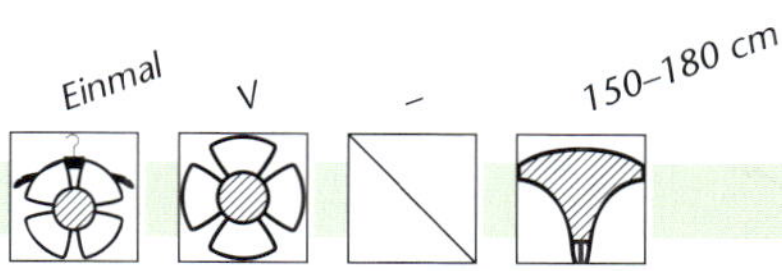

Aicha

Peterson, 1966
Strauchrose

Blüte: 7–10 Blütenblätter je Blüte. Leicht gefüllt. Dunkelgelb bis gelb. 4,0–6,0 cm Durchmesser.
Blütezeit: Mai–Juni. Einmal blühend, schwache Nachblüte.
Duft: Leichter Duft.
Wuchs: Aufrecht, bogenförmig-überhängend, starkwüchsig, 200–250 cm hoch.
Pflanzung: 1 Pflanze/m^2, Pflanzabstand 100 cm, Einzelstellung.
Verwendung: Strauchrose, Schutzpflanzung.
Besonderheiten: Bienenweide.

Anthony Meilland

Meilland, 1990
Floribundarose

Blüte: 20–30 Blütenblätter je Blüte, 3–5 Blüten je Stiel. Gefüllt. Gelb. 6,0–8,0 cm Durchmesser.
Blütezeit: Juni–Oktober. Öfter blühend.
Duft: Sehr leichter Duft.
Wuchs: Buschig, aufrecht, 50–70 cm hoch.
Pflanzung: 5–6 Pflanzen/m^2, Pflanzabstand 40–45 cm, Gruppe, flächig.
Verwendung: Beetbepflanzung, Rabattenbepflanzung.

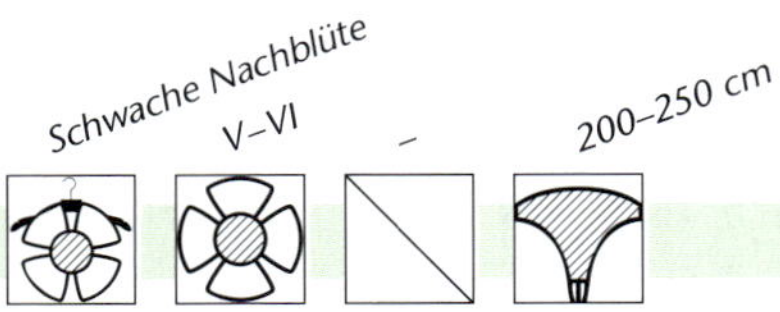

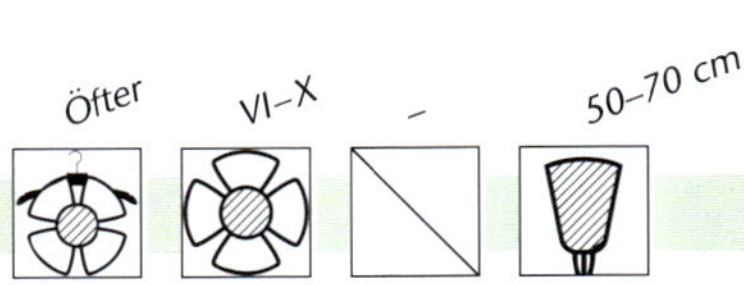

Helmut Schmidt

Kordes, W. Söhne, 1979
Tee-Hybride

Blüte: 25–50 Blütenblätter je Blüte, 1–3 Blüten je Stiel. Stark gefüllt. Gelb. 6,0–9,0 cm Durchmesser.
Blütezeit: Juni–Oktober. Öfter blühend.
Duft: Mäßiger Duft.
Wuchs: Buschig, aufrecht, 60–80 cm hoch.
Pflanzung: 5 Pflanzen/m^2, Pflanzabstand 45 cm, Gruppe oder flächig.
Verwendung: Beetbepflanzung, Liebhabersorte.

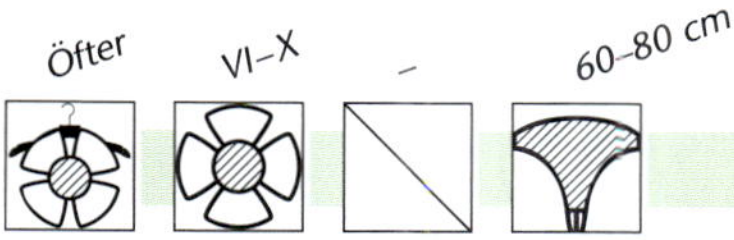

Yellow Fleurette

Interplant, 1994
Bodendeckerrose

Blüte: 7–10 Blütenblätter je Blüte. Leicht gefüllt. Gelb. 3,0–6,0 cm Durchmesser.
Blütezeit: Juni–Oktober. Öfter blühend.
Duft: –
Wuchs: Buschig, bogenförmig-überhängend, 60–80 cm hoch.
Pflanzung: 3 Pflanzen/m^2, Pflanzabstand 60 cm, Gruppe oder flächig.
Verwendung: Beetbepflanzung, Bodendecker, Kleinstrauchrose.

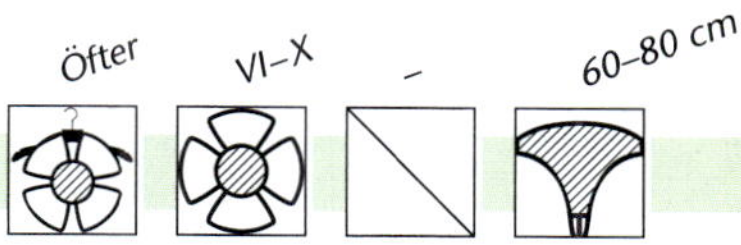

Goldregen

Noack, 1986
öfterblühende Kletterrose

Blüte: 25–50 Blütenblätter je Blüte. Gefüllt. Gelb bis hellgelb. 6,0–9,0 cm Durchmesser.
Blütezeit: Juni–Oktober. Öfter blühend.
Duft: –
Wuchs: Aufrecht, kletternd, starkwüchsig, 200–400 cm hoch.
Pflanzung: 1 Pflanze/m^2, Pflanzabstand 100 cm, Einzelstellung.
Verwendung: Kletterrose, Spalier, Häuserwände.
Besonderheiten: Sehr steif wachsend.

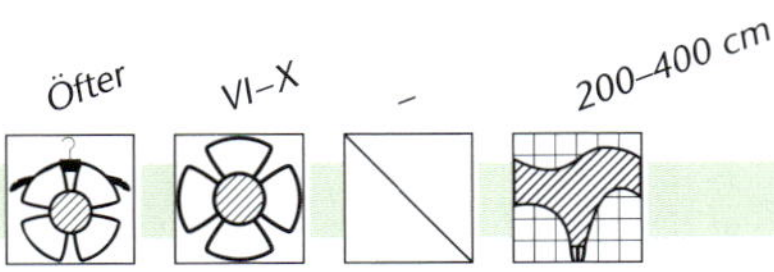

Friesia

Kordes, W. Söhne, 1973
Floribundarose

Blüte: 25–50 Blütenblätter je Blüte. Gefüllt. Gelb bis dunkelgelb. 5,0–7,0 cm Durchmesser.
Blütezeit: Juni–Oktober. Öfter blühend.
Duft: Mäßiger Duft.
Wuchs: Buschig, aufrecht, 50–60 cm hoch.
Pflanzung: 5 Pflanzen/m^2, Pflanzabstand 45 cm, flächig, Gruppe.
Verwendung: Beetbepflanzung, Rabatten, Kübel, Staudengärten.

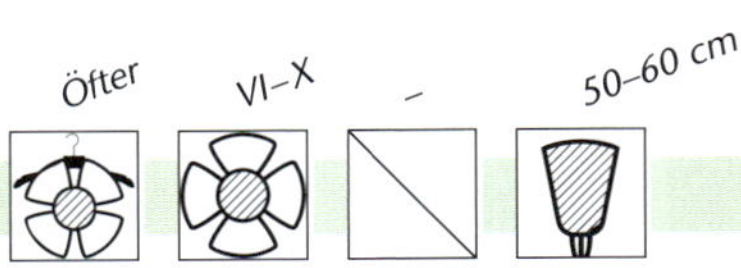

Aperitif

McGredy, 1998
Tee-Hybride

Blüte: 50–60 Blütenblätter je Blüte. Stark gefüllt. Gelb. 8,0–10,0 cm Durchmesser.
Blütezeit: Juni–Oktober. Öfter blühend.
Duft: –
Wuchs: Buschig, aufrecht, 60–80 cm hoch.
Pflanzung: 5 Pflanzen/m^2, Pflanzabstand 45 cm, Gruppe, flächig.
Verwendung: Beetbepflanzung, Liebhaberpflanze, Schnittrosen.

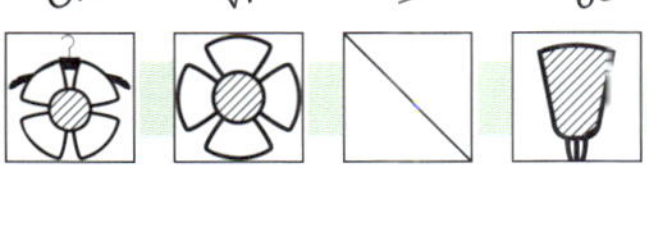

Tournee

VEG (S) Baumschulen Dresden, 1989
Floribundarose

Blüte: 25–40 Blütenblätter je Blüte. Gefüllt. Gelb. 3,0–6,0 cm Durchmesser.
Blütezeit: Juni–Oktober. Öfter blühend.
Duft: –
Wuchs: Buschig, aufrecht, 60–80 cm hoch.
Pflanzung: 5 Pflanzen/m^2, Pflanzabstand 45 cm, Gruppe oder flächig.
Verwendung: Beetbepflanzung, Rabatten.

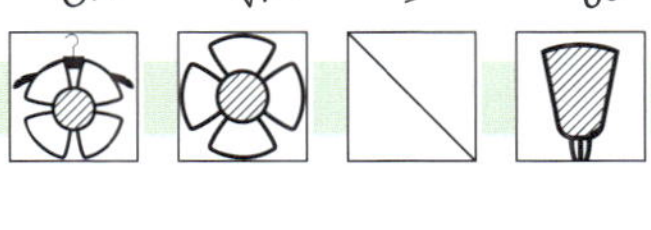

Viridiflora

Bambridge & Harrison, 1856
Bengal-Hybride

Blüte: 40–60 Blütenblätter je Blüte, 7–11 Blüten je Stiel. Stark gefüllt. Grün. 3,0–4,0 cm Durchmesser.
Blütezeit: Juni–Oktober. Fast fortlaufend blühend.
Duft: –
Wuchs: Buschig, aufrecht, 60–80 cm hoch.
Pflanzung: 3–5 Pflanzen/m^2, Pflanzabstand 45–60 cm, Gruppe.
Verwendung: Beetbepflanzung, Liebhaberpflanze, Staudengärten.
Besonderheiten: Synonym: Grüne Rose.

Graham Thomas

Austin, David, 1983
Strauchrose

Blüte: 50 – 60 Blütenblätter je Blüte, 5–9 Blüten je Stiel. Stark gefüllt. Kupfrig gelb. 8,0–10,0 cm Durchmesser.
Blütezeit: Juni–Oktober. Öfter blühend.
Duft: Angenehmer Duft.
Wuchs: Buschig, bogenförmig-überhängend, starkwüchsig, 120–150 cm hoch.
Pflanzung: 1 Pflanze/m^2, Pflanzabstand 100 cm, Gruppe, Einzelstellung.
Verwendung: Duftrose, Strauchrose, Staudengärten.

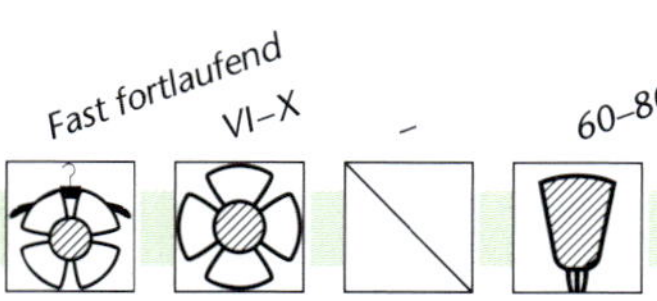

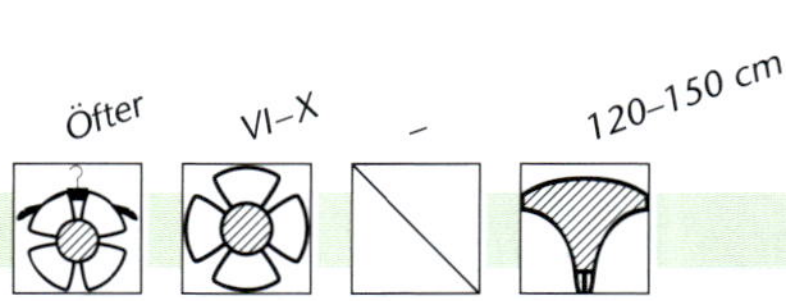

Heideröslein
Lambert, 1932
Lambertianarose

Blüte: 5 Blütenblätter je Blüte. Einfach. Hellgelblich bis lachsrosa, Knospen orangerot. 3,0–4,0 cm Durchmesser.
Blütezeit: Juni–Juli, August–Oktober. Zweimal blühend.
Duft: Mäßiger Duft.
Wuchs: Buschig, aufrecht, bogenförmig-überhängend, 120–150 cm hoch.
Pflanzung: 1 Pflanze/m^2, Pflanzabstand 100 cm, Einzelstellung oder Gruppe.
Verwendung: Strauchrose, naturnahe Gärten, Staudengärten.

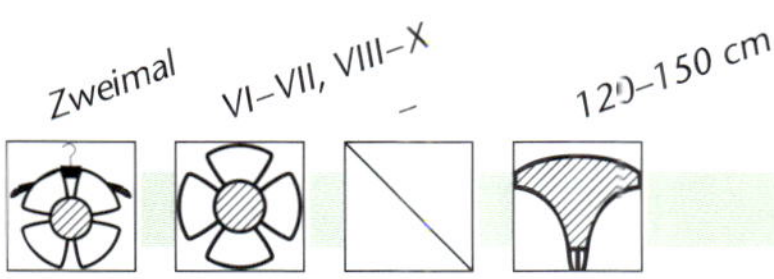

Paul Ricard
Meilland, 1991
Tee-Hybride

Blüte: 40–50 Blütenblätter je Blüte. Stark gefüllt. Pastellgelb bis pastellrosa. 8,0–10,0 cm Durchmesser.
Blütezeit: Juni–Oktober. Öfter blühend.
Duft: Angenehmer Duft.
Wuchs: Buschig, aufrecht, starkwüchsig, 60–70 cm hoch.
Pflanzung: 5 Pflanzen/m^2, Pflanzabstand 45 cm, Gruppe oder flächig.
Verwendung: Beetbepflanzung, Duftrose.

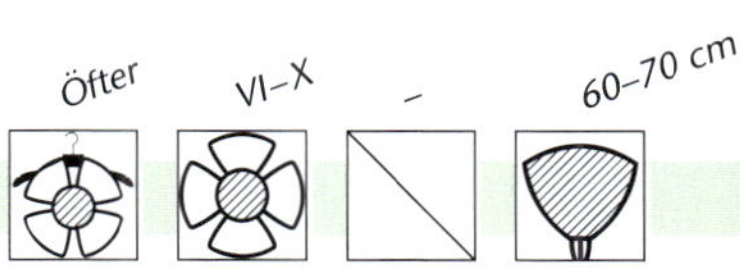

Claus Groth
Tantau, M., 1951
Strauchrose

Blüte: 10–25 Blütenblätter je Blüte. Gefüllt. Hellgelb bis lachsorange. 6,0–9,0 cm Durchmesser.
Blütezeit: Mai–Juni. Einmal blühend.
Duft: Mäßiger Duft.
Wuchs: Buschig, aufrecht, bogenförmig-überhängend, 150–250 cm hoch.
Pflanzung: 1 Pflanze/m^2, Pflanzabstand 100 cm, Gruppe, flächig.
Verwendung: Strauchrose, naturnahe Gärten, Windschutzpflanzungen.

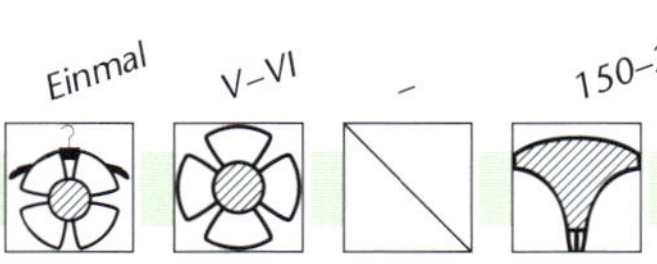

Canary Bird
Paul, W., 1911
Rubiginosa-Hybride

Blüte: 5–10 Blütenblätter je Blüte, 1 Blüte je Stiel. Leicht gefüllt. Hellorangegelb. 3,0–4,0 cm Durchmesser.
Blütezeit: Juni–Juli. Einmal blühend.
Duft: Mäßiger Duft.
Wuchs: Buschig, bogenförmig-überhängend, starkwüchsig, 200–250 cm hoch.
Pflanzung: 1 Pflanze/m^2, Pflanzabstand 100 cm, Einzelstellung oder Gruppe.
Verwendung: Historische Gärten, Bauerngärten, Strauchrose, naturnahe Gärten.
Besonderheiten: Laub duftet nach Apfel.

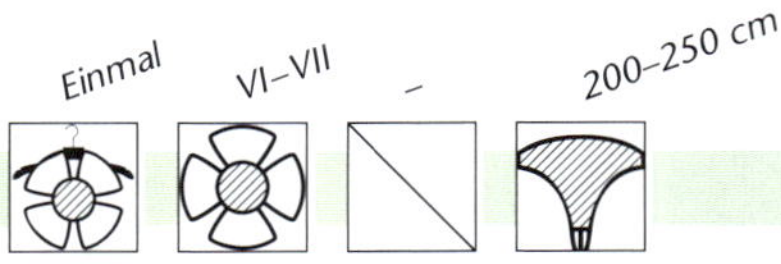

Buff Beauty
In England entstanden, 1939
Moschata-Hybride

Blüte: 25–50 Blütenblätter je Blüte, 7–9 Blüten je Stiel. Gefüllt. Orangegelb bis gelb. 3,0–6,0 cm Durchmesser.
Blütezeit: Juni–Oktober. Öfter blühend.
Duft: Angenehmer Duft.
Wuchs: Buschig, bogenförmig-überhängend, starkwüchsig, 120–150 cm hoch.
Pflanzung: 1 Pflanze/m², Pflanzabstand 100 cm, Gruppe oder Einzelstellung.
Verwendung: Strauchrose, Liebhaberpflanze.
Besonderheiten: Benötigt Winterschutz.

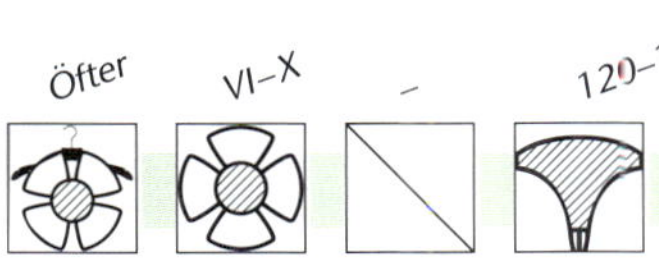

Borussia
Poulsen, 1992
Strauchrose

Blüte: 15–25 Blütenblätter je Blüte. Gefüllt. Gelblich rosa bis hellgelb. 3,0–6,0 cm Durchmesser.
Blütezeit: Juni–Oktober. Öfter blühend.
Duft: –
Wuchs: Buschig, aufrecht, bogenförmig-überhängend, 80–100 cm hoch.
Pflanzung: 3 Pflanzen/m², Pflanzabstand 60 cm, Gruppe.
Verwendung: Bodendeckerrose, Strauchrose.

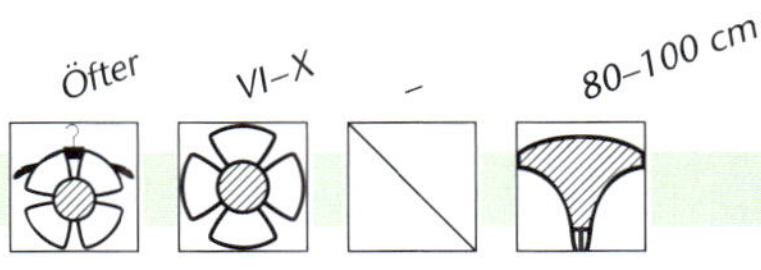

Alchymist

Kordes, W. Söhne, 1956
Kordesii-Hybride

Blüte: 40–60 Blütenblätter je Blüte, 1 Blüte je Stiel. Stark gefüllt. Gelborange bis gelb, Blütenknospen hellgelb. 8,0–10,0 cm Durchmesser.
Blütezeit: Juni. Einmal blühend.
Duft: Angenehmer Duft.
Wuchs: Aufrecht, bogenförmig-überhängend, kletternd, 350–450 cm hoch.
Pflanzung: 1 Pflanze/m^2, Pflanzabstand 100 cm, Einzelstellung.
Verwendung: Spaliere, Säulen, Häuserwände.
Besonderheiten: Abstammung: Rubiginosa-Hybride × 'Golden Glow' (Brownell - 1937), winterhart, sehr stachlig.

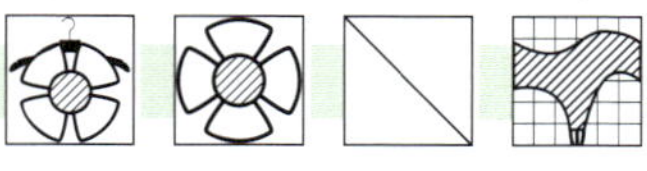

Gabriel Noyelle

Buatois, 1933
Moosrose (Centifolia muscosa)

Blüte: 25–35 Blütenblätter je Blüte. Gefüllt. Gelblichlachsrosa. 3,0–6,0 cm Durchmesser.
Blütezeit: Juni–Juli, August–Oktober. Zweimal blühend.
Duft: Starker Duft.
Wuchs: Buschig, aufrecht, bogenförmig-überhängend, 100–150 cm hoch.
Pflanzung: 1 Pflanze/m^2, Pflanzabstand 100 cm, Einzelstellung.
Verwendung: Liebhaberpflanze, Strauchrose, historische Gärten.
Besonderheiten: Eine besondere Farbe für eine Moosrose.

Fortune's Double Yellow

Robert, 1845
Teerose

Blüte: 25–35 Blütenblätter je Blüte, 1 Blüte je Stiel. Gefüllt. Kupfrig bis gelb. 6,0–9,0 cm Durchmesser.
Blütezeit: Juni–Juli. Einmal blühend.
Duft: Starker Duft.
Wuchs: Bogenförmig-überhängend, kletternd, starkwüchsig, 180–400 cm hoch.
Pflanzung: 1 Pflanze/m^2, Pflanzabstand 100 cm, Einzelstellung.
Verwendung: Historische Gärten, Liebhaberpflanze, Kletterrose.
Besonderheiten: Benötigt Winterschutz.

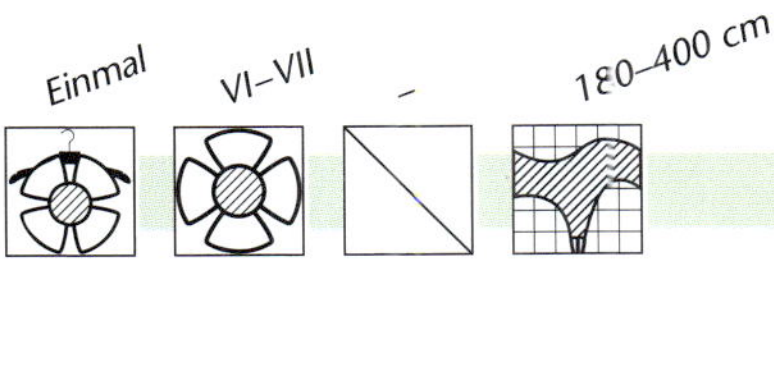

Dr. Eckener

Berger, V., 1929
Rugosa-Hybride

Blüte: 10–25 Blütenblätter je Blüte, 1 Blüte je Stiel. Gefüllt. Lachsorangerosa bis gelb. 6,0–9,0 cm Durchmesser.
Blütezeit: Juni–Juli, August–Oktober. Zweimal blühend.
Duft: Starker Duft.
Wuchs: Buschig, aufrecht, starkwüchsig, 250–300 cm hoch.
Pflanzung: 1 Pflanze/m^2, Pflanzabstand 100 cm, Einzelstellung.
Verwendung: Strauchrose, naturnahe Gärten.

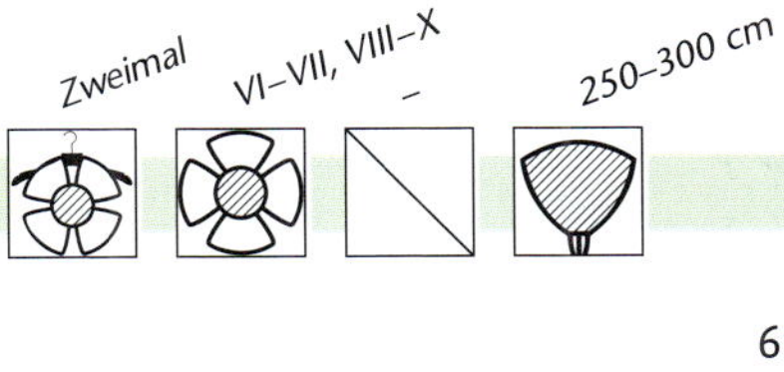

Alexandra
Kordes, W. Söhne, 1973
Tee-Hybride

Blüte: 35–50 Blütenblätter je Blüte, 1 Blüte je Stiel. Stark gefüllt. Kupfrig gelb. 6,0–9,0 cm Durchmesser.
Blütezeit: Juni–Oktober. Öfter blühend.
Duft: Mäßiger Duft.
Wuchs: Buschig, aufrecht, 60–80 cm hoch.
Pflanzung: 5 Pflanzen/m^2, Pflanzabstand 45 cm, flächig, Gruppen.
Verwendung: Duftrose, Beetrose, Schnitt.

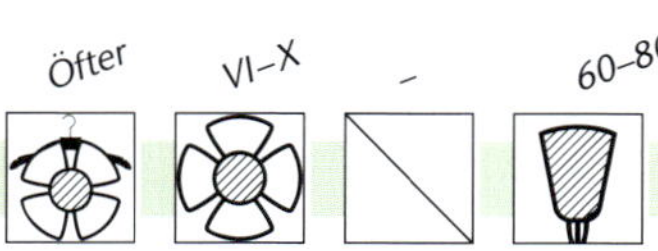

Caramella
Kordes, W. Söhne, 2001
Strauchrose

Blüte: 40–60 Blütenblätter je Blüte. Stark gefüllt. Creme bis bernsteingelb. 6,0–9,0 cm Durchmesser.
Blütezeit: Juni–Oktober. Öfter blühend.
Duft: –
Wuchs: Buschig, aufrecht, starkwüchsig, 100–120 cm hoch.
Pflanzung: 3 Pflanzen/m^2, Pflanzabstand 60 cm, Gruppe, Einzelstellung.
Verwendung: Beetbepflanzung, Strauchrose.

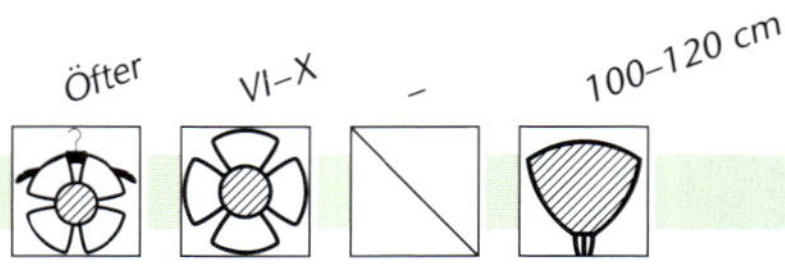

Ulrike

Schmadlak, Dr., 1973
Floribundarose

Blüte: 40–50 Blütenblätter je Blüte. Gefüllt. Hellrosa bis orangerosa. 5,0–7,0 cm Durchmesser.
Blütezeit: Juni–Oktober. Öfter blühend.
Duft: Mäßiger Duft.
Wuchs: Buschig, aufrecht, 40–60 cm hoch.
Pflanzung: 5–6 Pflanzen/m^2, Pflanzabstand 40–45 cm, Gruppe oder flächig.
Verwendung: Beetbepflanzung, Rabatten, Kübel.
Besonderheiten: Abstammung: 'Cläre Grammerstorf' (Kordes, W. Söhne – 1957) × 'Circus' (Swim; Armstrong – 1956).

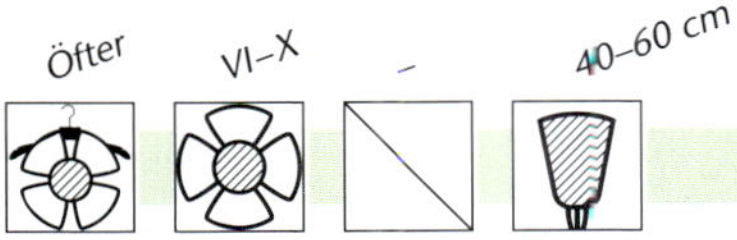

Bordure Nacrée

Delbard, 1975
Floribundarose

Blüte: 25–50 Blütenblätter je Blüte. Stark gefüllt. Rosa bis hellorange. 3,0–6,0 cm Durchmesser.
Blütezeit: Juni–Oktober. Öfter blühend.
Duft: Leichter Duft.
Wuchs: Buschig, aufrecht, 40–50 cm hoch.
Pflanzung: 5 Pflanzen/m^2, Pflanzabstand 45 cm, flächig, Gruppe.
Verwendung: Beetbepflanzung, Rabatten.

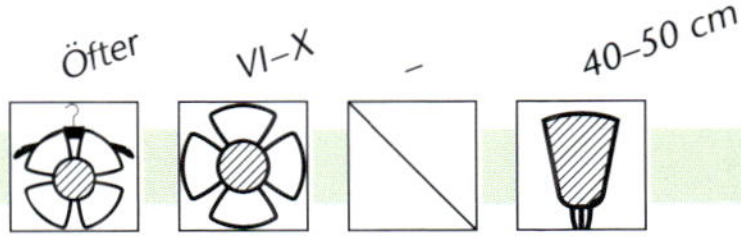

Leander

Austin, David, 1982
Englische Rose

Blüte: 50–80 Blütenblätter je Blüte. Stark gefüllt. Aprikotrosa. 6,0–9,0 cm Durchmesser.
Blütezeit: Juni–Oktober. Öfter blühend.
Duft: Angenehmer Duft.
Wuchs: Buschig, starkwüchsig, 150–180 cm hoch.
Pflanzung: 1–3 Pflanzen/m^2, Pflanzabstand 60–100 cm, Einzelstellung oder Gruppe.
Verwendung: Duftrose, Strauchrose, in milder Gegend Kletterrose.

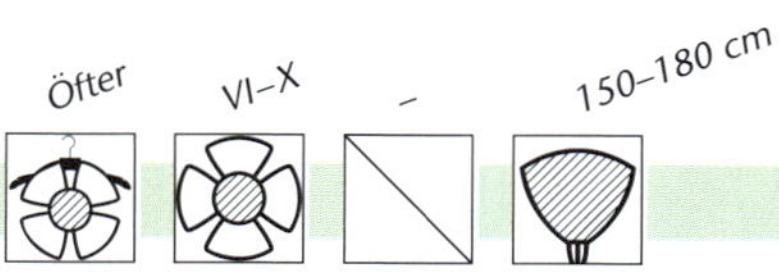

Charles Austin

Austin, David, 1973
Englische Rose

Blüte: 50–60 Blütenblätter je Blüte. Stark gefüllt. Dunkelgelb bis aprikosengelb. ca. 8,0 cm Durchmesser.
Blütezeit: Juni–Oktober. Öfter blühend.
Duft: Starker Duft.
Wuchs: Buschig, aufrecht, 130–180 cm hoch.
Pflanzung: 1–3 Pflanzen/m^2, Pflanzabstand 60–100 cm, Gruppe, Einzelstellung.
Verwendung: Duftrose, Strauchrose.

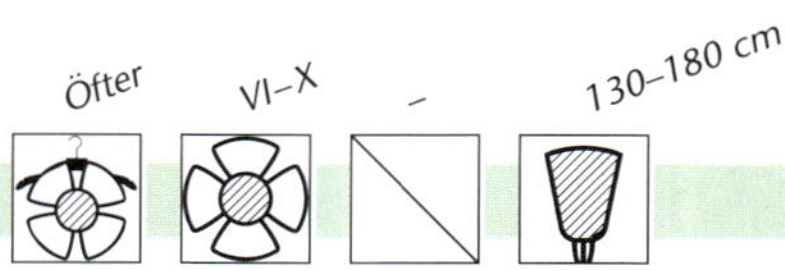

Golden Celebration

Austin, David, 1992
Strauchrose

Blüte: 40–60 Blütenblätter je Blüte. Stark gefüllt. Goldgelb. 8,0–12,0 cm Durchmesser.
Blütezeit: Juni–Oktober. Öfter blühend.
Duft: Starker Duft.
Wuchs: Buschig, bogenförmig-überhängend, 80–120 cm hoch.
Pflanzung: 1–3 Pflanzen/m², Pflanzabstand 60–100 cm, Gruppe oder Einzelstellung.
Verwendung: Duftrose, Strauchrose.

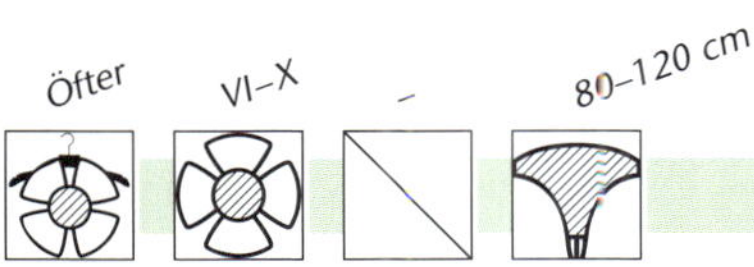

Looping

Meilland, M. L., 1977
öfterblühende Kletterrose

Blüte: 40–50 Blütenblätter je Blüte. Stark gefüllt. Lachsorange. 8,0–10,0 cm Durchmesser.
Blütezeit: Juni–Oktober. Öfter blühend.
Duft: Angenehmer Duft.
Wuchs: Aufrecht, bogenförmig-überhängend, kletternd, 300–400 cm hoch.
Pflanzung: 1 Pflanze/m², Pflanzabstand 100 cm, Einzelstellung.
Verwendung: Duftrose, Kletterrose, Liebhabersorte.

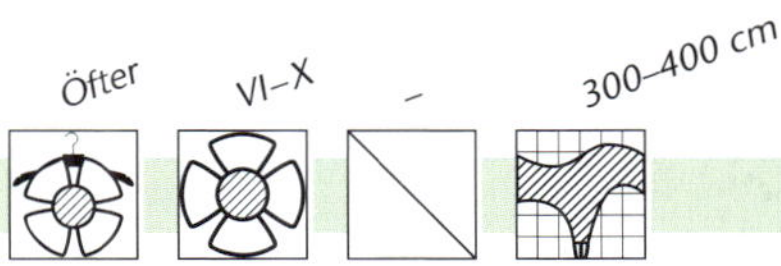

Amber Queen
Harkness, 1984
Floribundarose

Blüte: Ca. 50 Blütenblätter je Blüte, 3–5 Blüten je Stiel. Stark gefüllt. Dunkelgelb, innen goldgelb. 7,0–9,0 cm Durchmesser.
Blütezeit: Juni–Oktober. Öfter blühend.
Duft: Sehr leichter Duft.
Wuchs: Buschig, aufrecht, 40–60 cm hoch.
Pflanzung: 5 Pflanzen/m^2, Pflanzabstand 45 cm, Gruppe, flächig.
Verwendung: Beetbepflanzung, Rabatten.

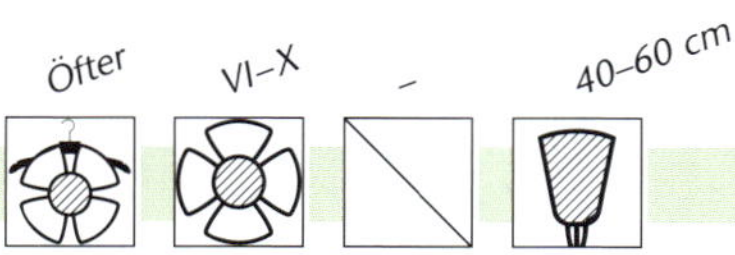

Bernstein
Tantau, 1987
Floribundarose

Blüte: 50–60 Blütenblätter je Blüte. Stark gefüllt. Goldgelb bis kupfrig. 6,0–9,0 cm Durchmesser.
Blütezeit: Juni–Oktober. Öfter blühend.
Duft: Mäßiger Duft.
Wuchs: Buschig, aufrecht, 60–80 cm hoch.
Pflanzung: 4–5 Pflanzen/m^2, Pflanzabstand 45–50 cm, Gruppen, flächig.
Verwendung: Beetbepflanzung, Rabatten.

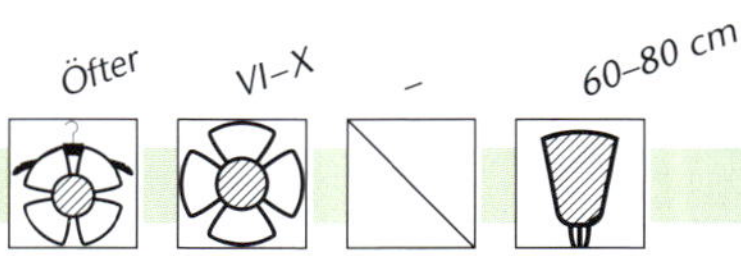

Kupferkönigin

Kordes, W. Söhne, 1996
Tee-Hybride

Blüte: 40–60 Blütenblätter je Blüte. Stark gefüllt. Kupfrig gelb. 6,0–9,0 cm Durchmesser.
Blütezeit: Juni–Oktober. Öfter blühend.
Duft: Leichter Duft.
Wuchs: Buschig, aufrecht, 60–80 cm hoch.
Pflanzung: 4–5 Pflanzen/m^2, Pflanzabstand 45–50 cm, Gruppe oder flächig.
Verwendung: Beetbepflanzung, Liebhaberpflanze.
Besonderheiten: Auf Hochstamm sehr schön.

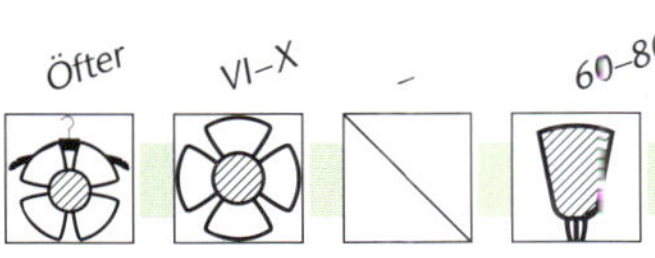

Goldenes Prag

GPG Bad Langensalza, 1966
Tee-Hybride

Blüte: 40–50 Blütenblätter je Blüte. Stark gefüllt. Gelb, am Rand orangerosa, Knospen gelborange. 6,0–9,0 cm Durchmesser.
Blütezeit: Juni–Oktober. Öfter blühend.
Duft: Starker Duft.
Wuchs: Buschig, aufrecht, 60–80 cm hoch.
Pflanzung: 5 Pflanzen/m^2, Pflanzabstand 45 cm, Gruppe, flächig.
Verwendung: Beetbepflanzung, Duftrose, Liebhabersorte.

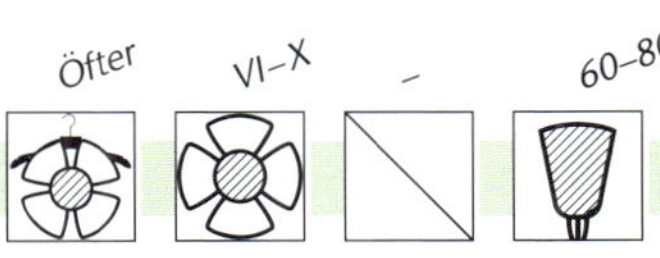

Doris Tysterman
Wisbech Plant Co., 1975
Tee-Hybride

Blüte: 25–50 Blütenblätter je Blüte, 3–5 Blüten je Stiel. Gefüllt. Kupfrig orange. 6,0–9,0 cm Durchmesser.
Blütezeit: Juni–Oktober. Öfter blühend.
Duft: –
Wuchs: Buschig, aufrecht, 80–100 cm hoch.
Pflanzung: 5 Pflanzen/m^2, Pflanzabstand 45 cm, flächig oder Gruppe.
Verwendung: Beetbepflanzung, Schnittrosen, Liebhaberpflanze.
Besonderheiten: Abstammung: 'Peer Gynt' (Kordes, R.; McGredy – 1968) × Sämling.

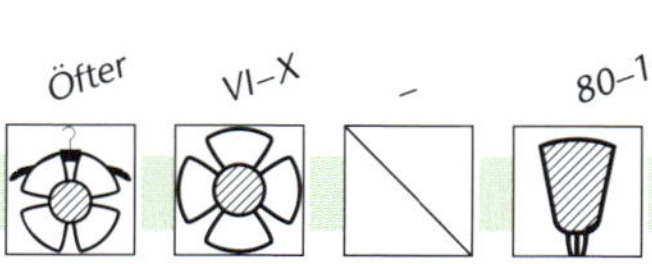

Marvelle
McGredy, 1995
Tee-Hybride

Blüte: 30–40 Blütenblätter je Blüte. Gefüllt. Orangerot bis gelb, orangerot gestreift. 6,0–9,0 cm Durchmesser.
Blütezeit: Juni–Oktober. Öfter blühend.
Duft: –
Wuchs: Buschig, aufrecht, 60–80 cm hoch.
Pflanzung: 5 Pflanzen/m^2, Pflanzabstand 45 cm, Gruppe.
Verwendung: Beetbepflanzung, Farbenrose, Liebhabersorte.

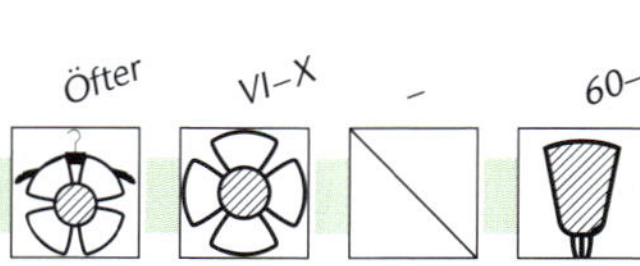

Mein München

Cocker, 1987
Floribundarose

Blüte: 40–60 Blütenblätter je Blüte. Stark gefüllt. Gelb bis rot, am Rand rot. 6,0–9,0 cm Durchmesser.
Blütezeit: Juni–Oktober. Öfter blühend.
Duft: Sehr leichter Duft.
Wuchs: Buschig, aufrecht, 60–80 cm hoch.
Pflanzung: 5 Pflanzen/m^2, Pflanzabstand 45 cm, Gruppe oder flächig.
Verwendung: Beetbepflanzung, Farbenrose.

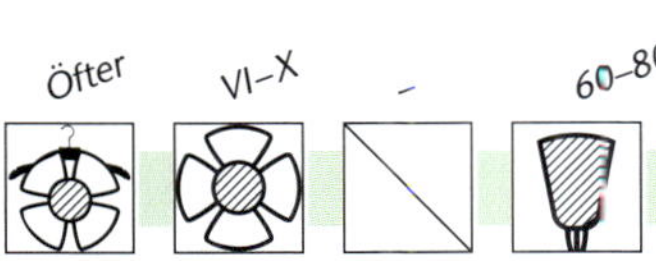

Halloween

Howard, 1962
Tee-Hybride

Blüte: 40–50 Blütenblätter je Blüte. Stark gefüllt. Orangegelb bis rötlich orange. 8,0–10,0 cm Durchmesser.
Blütezeit: Juni–Oktober. Öfter blühend.
Duft: Mäßiger Duft.
Wuchs: Buschig, aufrecht, 60–80 cm hoch.
Pflanzung: 5 Pflanzen/m^2, Pflanzabstand 45 cm, Gruppe, flächig.
Verwendung: Beetbepflanzung, Duftrose, Liebhabersorte.
Besonderheiten: Schwer zu beschaffen.

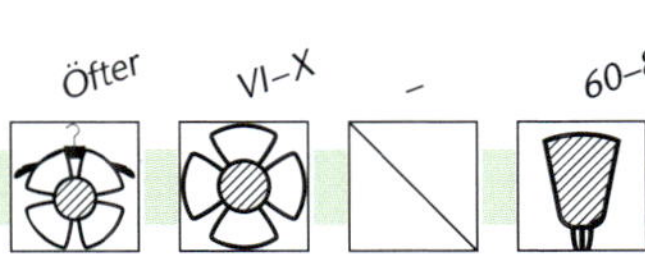

Hamburger Deern

Kordes, W. Söhne, 1997
Tee-Hybride

Blüte: 25–50 Blütenblätter je Blüte. Stark gefüllt. Lachsorange. 3,0–6,0 cm Durchmesser.
Blütezeit: Juni–Oktober. Öfter blühend.
Duft: Mäßiger Duft.
Wuchs: Buschig, aufrecht, 60–80 cm hoch.
Pflanzung: 5 Pflanzen/m^2, Pflanzabstand 45 cm, Gruppe, flächig.
Verwendung: Beetbepflanzung, Parkanlagen, Schnittrosen.

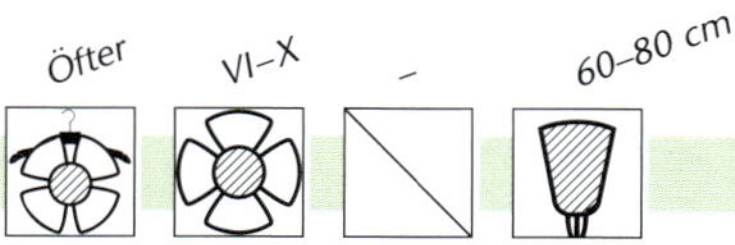

Freisinger Morgenröte

Kordes, W. Söhne, 1988
Strauchrose

Blüte: 40–50 Blütenblätter je Blüte. Gefüllt. Aprikotorangegelb, am Rand karminrosa. 6,0–9,0 cm Durchmesser.
Blütezeit: Juni–Oktober. Öfter blühend.
Duft: –
Wuchs: Buschig, aufrecht, starkwüchsig, 150–180 cm hoch.
Pflanzung: 1–3 Pflanzen/m^2, Pflanzabstand 60–100 cm, Gruppe, Einzelstellung.
Verwendung: Strauchrose, niedrige Hecken, Staudengärten.

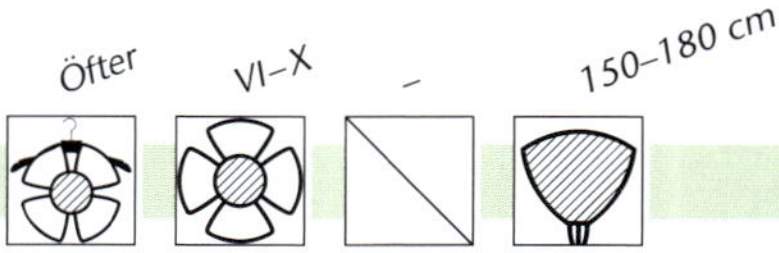

Mandarin

Kordes, W. Söhne, 1987
Miniaturrose

Blüte: 25–35 Blütenblätter je Blüte. Gefüllt. Orangerot bis gelb. 3,0–4,0 cm Durchmesser.
Blütezeit: Juni–Oktober. Öfter blühend.
Duft: –
Wuchs: Buschig, aufrecht, 20–25 cm hoch.
Pflanzung: 7–8 Pflanzen/m², Pflanzabstand 35–40 cm, Gruppe oder flächig.
Verwendung: Miniatur, Kübel, Terrasse, Staudenbeet.

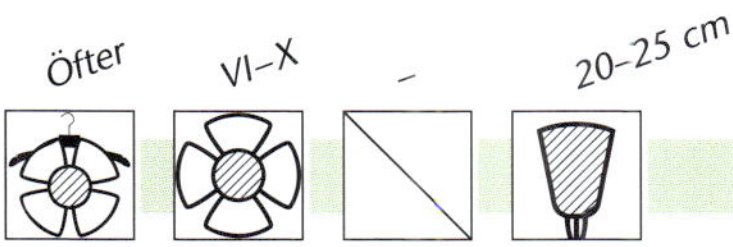

Focus

Noack, 1997
Tee-Hybride

Blüte: 30–40 Blütenblätter je Blüte. Gefüllt. Dunkelorangerosa. 8,0–10,0 cm Durchmesser.
Blütezeit: Juni–Oktober. Öfter blühend.
Duft: –
Wuchs: Buschig, aufrecht, 70–90 cm hoch.
Pflanzung: 5 Pflanzen/m², Pflanzabstand 45 cm, Gruppe, flächig.
Verwendung: Beetbepflanzung, Rabatten, Farbenrose.

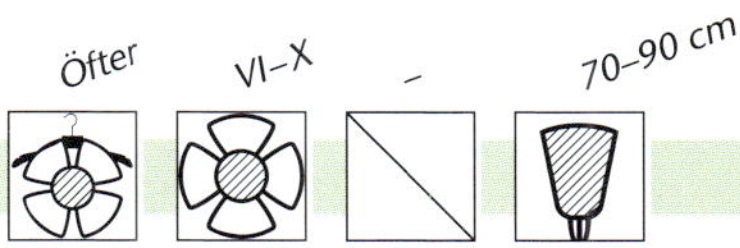

Tea Time
Tantau, 1995
Tee-Hybride

Blüte: 40–50 Blütenblätter je Blüte, 1–3 Blüten je Stiel. Stark gefüllt. Kupfrig orange, innen orangegelb bis orange. 6,0–9,0 cm Durchmesser.
Blütezeit: Juni–Oktober. Öfter blühend.
Duft: –
Wuchs: Buschig, aufrecht, 60–80 cm hoch.
Pflanzung: 5 Pflanzen/m², Pflanzabstand 45 cm, Gruppe oder flächig.
Verwendung: Beetbepflanzung, Liebhaberpflanze, Schnittrosen.

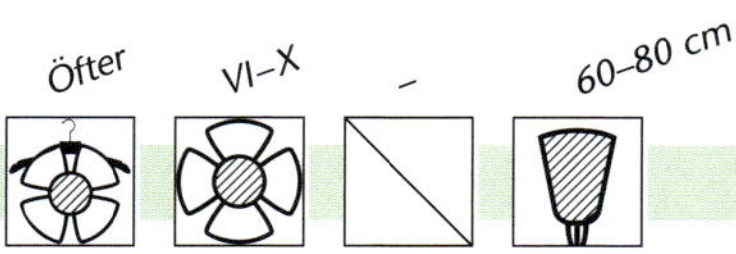

Colette
Meilland, 1993
Strauchrose

Blüte: 50–60 Blütenblätter je Blüte, 3–5 Blüten je Stiel. Stark gefüllt. Hellorangerosa. 7,0–8,0 cm Durchmesser.
Blütezeit: Juni–Oktober. Öfter blühend.
Duft: Mäßiger Duft.
Wuchs: Buschig, aufrecht, bogenförmig-überhängend, 150–200 cm hoch.
Pflanzung: 1–2 Pflanzen/m², Pflanzabstand 70–100 cm, Gruppe oder Einzelstellung.
Verwendung: Duftrose, Strauchrose.

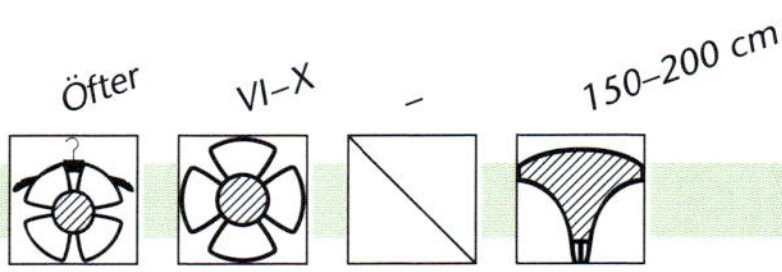

Ambossfunken

Meyer, E. Südafrika, 1961
Tee-Hybride

Blüte: 1 Blüte je Stiel. Gefüllt. Orangerot bis gelb. 8–10 cm Durchmesser.
Blütezeit: Juni–Oktober. Öfter blühend.
Duft: Mäßiger Duft.
Wuchs: Buschig, aufrecht, 50–60 cm hoch.
Pflanzung: 5 Pflanzen/m^2, Pflanzabstand 45 cm, Gruppe, einzeln.
Verwendung: Beetbepflanzung, Liebhaberpflanze.

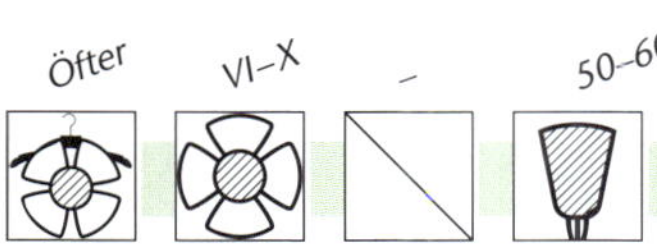

Vatertag

Tantau, M., 1959
Zwergpolyantha

Blüte: 40–50 Blütenblätter je Blüte. Stark gefüllt. Lachsorange. 3,0–3,5 cm Durchmesser.
Blütezeit: Juli, August–Oktober. Zweimal blühend.
Duft: –
Wuchs: Buschig, aufrecht, 30–60 cm hoch.
Pflanzung: 5–8 Pflanzen/m^2, Pflanzabstand 35–45 cm, Gruppe oder Einzelstellung.
Verwendung: Beetbepflanzung, Liebhaberpflanze, Staudengärten.
Besonderheiten: Abstammung: 'Muttertag' (Grootendorst, F.J. – 1949).

Monica
Tantau, 1986
Tee-Hybride

Blüte: 40–50 Blütenblätter je Blüte. Stark gefüllt. Gelb bis orange. 6,0–9,0 cm Durchmesser.
Blütezeit: Juni–Oktober. Öfter blühend.
Duft: Sehr leichter Duft.
Wuchs: Buschig, aufrecht, 60–80 cm hoch.
Pflanzung: 5 Pflanzen/m², Pflanzabstand 45 cm, Gruppe oder flächig.
Verwendung: Beetbepflanzung, Farbenrose, Schnittrose.

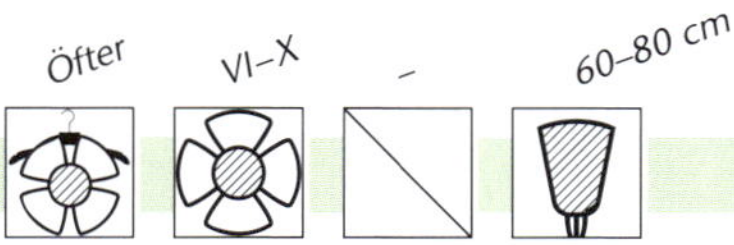

Firefly
McGredy, 1991
Miniaturrose

Blüte: 30–40 Blütenblätter je Blüte. Gefüllt. Orange. 3,0–3,5 cm Durchmesser.
Blütezeit: Juni–Oktober. Öfter blühend.
Duft: –
Wuchs: Buschig, aufrecht, 20–30 cm hoch.
Pflanzung: 7–8 Pflanzen/m², Pflanzabstand 35–40 cm, Gruppe, flächig.
Verwendung: Miniatur, Kübel, Rabatten.

Christoph Columbus

Meilland, 1992
Tee-Hybride

Blüte: 40–60 Blütenblätter je Blüte, 1 Blüte je Stiel. Stark gefüllt. Kupfrig lachsorange. ca. 9,0 cm Durchmesser.
Blütezeit: Juli–Oktober. Öfter blühend.
Duft: Leichter Duft.
Wuchs: Buschig, aufrecht, starkwüchsig, 80–100 cm hoch.
Pflanzung: 5 Pflanzen/m², Pflanzabstand 45 cm, Gruppe, flächig.
Verwendung: Beetbepflanzung, Schnittrose.

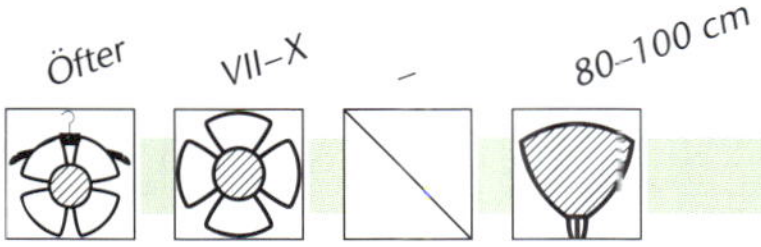

Ashram

Tantau, 1998
Tee-Hybride

Blüte: 25–50 Blütenblätter je Blüte, 1 Blüte je Stiel. Stark gefüllt. Kupferorange. 6,0–9,0 cm Durchmesser.
Blütezeit: Juni–Oktober. Öfter blühend.
Duft: Sehr leichter Duft.
Wuchs: Buschig, aufrecht, 60–80 cm hoch.
Pflanzung: 5 Pflanzen/m², Pflanzabstand 45 cm, Gruppe, Einzelstellung.
Verwendung: Beetbepflanzung, Liebhaberpflanze, Schnittrose.
Besonderheiten: Attraktive Farbe, leicht geflammt.

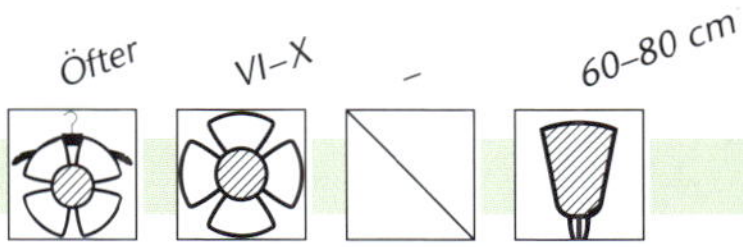

Duftwolke

Tantau, M., 1963
Floribundarose

Blüte: 40–50 Blütenblätter je Blüte. Stark gefüllt. Hellorangerot. 6,0–9,0 cm Durchmesser.
Blütezeit: Juni–Oktober. Öfter blühend.
Duft: Starker Duft.
Wuchs: Buschig, aufrecht, 50–60 cm hoch.
Pflanzung: 5 Pflanzen/m^2, Pflanzabstand 45 cm, Gruppe oder flächig.
Verwendung: Beetbepflanzung, Rabatten, Duftrose.
Besonderheiten: Abstammung: 'Prima Ballerina' (Tantau – 1958) × Sämling.

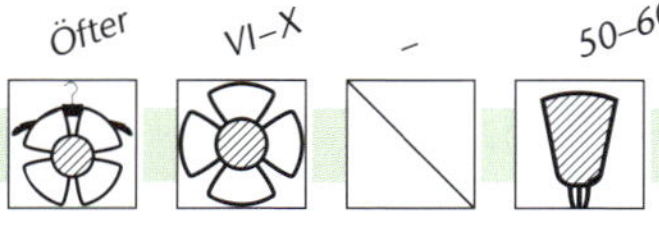

American Pillar

Van Fleet, 1902
Wichuraiana-Hybride

Blüte: 10–15 Blütenblätter je Blüte, 15–25 Blüten je Stiel. Leicht gefüllt. Hellrot, innen creme. 3,0–4,0 cm Durchmesser.
Blütezeit: Juni–Juli. Einmal blühend.
Duft: –
Wuchs: Bogenförmig-überhängend, kletternd, starkwüchsig, 300–500 cm hoch.
Pflanzung: 1 Pflanze/m^2, Pflanzabstand 100 cm, Einzelstellung.
Verwendung: Kletterrose, Pergolen, in Bäume kletternd.
Besonderheiten: Winterhart.

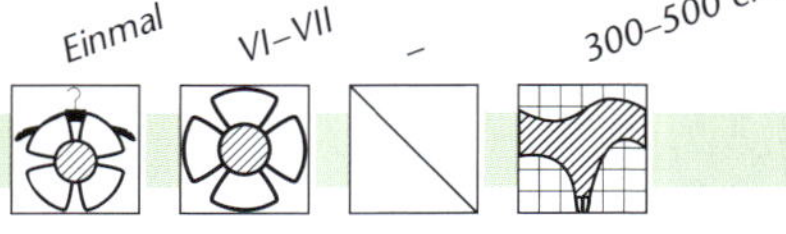

Rosenfest
GPG Bad Langensalza, 1981
öfterblühende Kletterrose

Blüte: 10–15 Blütenblätter je Blüte. Leicht gefüllt. Rot. 3,0–6,0 cm Durchmesser.
Blütezeit: Juni–Oktober. Öfter blühend.
Duft: Sehr leichter Duft.
Wuchs: Aufrecht, bogenförmig-überhängend, kletternd, 250–400 cm hoch.
Pflanzung: 1 Pflanze/m², Pflanzabstand 100 cm, Einzelstellung.
Verwendung: Kletterrose, Strauchrose, Spalier.
Besonderheiten: Schwer zu beschaffen.

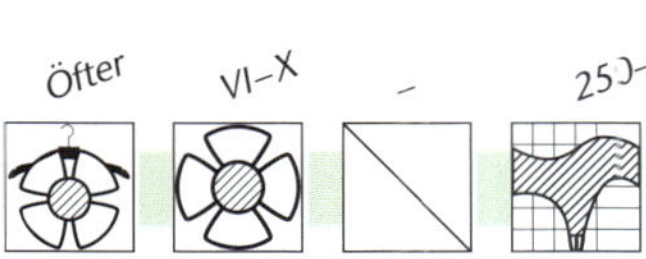

Star Child
Dickson, 1988
Zwergpolyantha

Blüte: 10–15 Blütenblätter je Blüte. Leicht gefüllt. Orange, innen hellcremeweiß. 3,0–6,0 cm Durchmesser.
Blütezeit: Juni–Oktober. Öfter blühend.
Duft: –
Wuchs: Buschig, aufrecht, 40–60 cm hoch.
Pflanzung: 7–8 Pflanzen/m², Pflanzabstand 35–40 cm, Gruppe oder flächig.
Verwendung: Beetbepflanzung, Farbenrose.

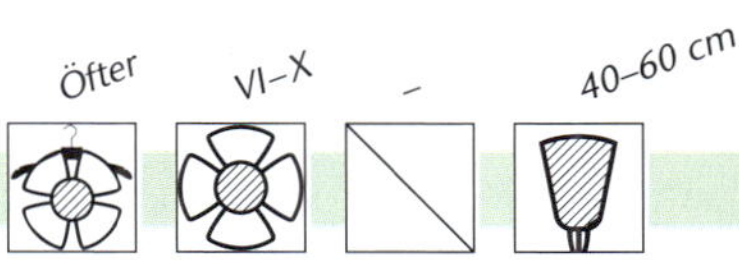

Rosa foetida var. bicolor

Willmott
Wildrose

Blüte: 5 Blütenblätter je Blüte. Einfach. Orangerot, Rückseite gelb. 4,0–5,0 cm Durchmesser.
Blütezeit: Mai–Juni. Einmal blühend.
Duft: Leichter Duft, unangenehm.
Wuchs: Aufrecht, bogenförmig-überhängend, 200–250 cm hoch.
Pflanzung: 1–2 Pflanzen/m^2, Pflanzabstand 70–100 cm, Gruppen oder Einzelstellung.
Verwendung: Bauerngärten, Farbenrose, historische Gärten, Strauchrose, naturnahe Gärten.

Orange Meillandina

Meilland, 1980
Miniaturrose

Blüte: 30–35 Blütenblätter je Blüte, 3–5 Blüten je Stiel. Gefüllt. Orangerot. 2,5–3,0 cm Durchmesser.
Blütezeit: Juni–Oktober. Öfter blühend.
Duft: –
Wuchs: Buschig, aufrecht, 30–40 cm hoch.
Pflanzung: 6–8 Pflanzen/m^2, Pflanzabstand 35–40 cm, Gruppe oder flächig.
Verwendung: Beetbepflanzung, Kübel, Staudengärten.

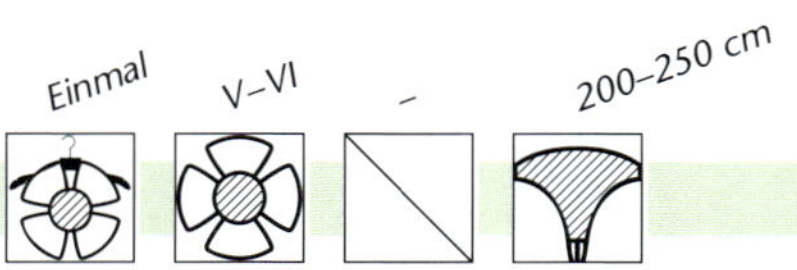

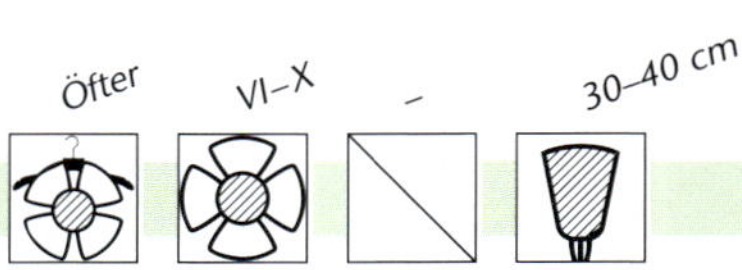

Bastei

Schmadlak, Dr., 1973
Strauchrose

Blüte: 40–50 Blütenblätter je Blüte. Gefüllt. Orangerot. 3,0–6,0 cm Durchmesser.
Blütezeit: Juli–November. Öfter blühend.
Duft: –
Wuchs: Buschig, aufrecht, starkwüchsig, 160–180 cm hoch.
Pflanzung: 1–2 Pflanzen/m^2, Pflanzabstand 70–100 cm, Gruppe oder Einzelstellung.
Verwendung: Strauchrose.
Besonderheiten: Abstammung: ‘Parkdirektor Riggers’ (Kordes, W. Söhne – 1957) × ‘Pilurett’ (Institut für Obstbau Dresden Pillnitz – 1966).

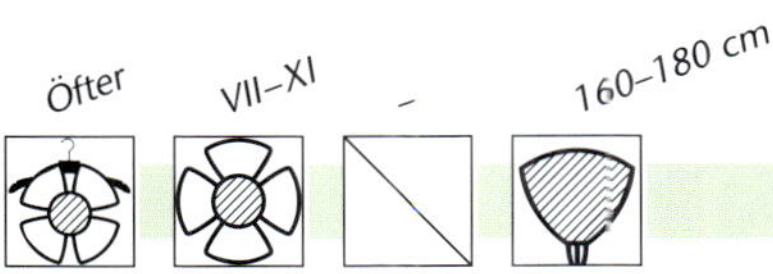

Harry Wheatcroft

Wheatcroft, 1971
Tee-Hybride

Blüte: 40–60 Blütenblätter je Blüte. Stark gefüllt. Orangerot, gelb gestreift. 8,0–10,0 cm Durchmesser.
Blütezeit: Juni–Oktober. Öfter blühend.
Duft: Leichter Duft.
Wuchs: Buschig, aufrecht, 60–80 cm hoch.
Pflanzung: 5 Pflanzen/m^2, Pflanzabstand 45 cm, Gruppe oder flächig.
Verwendung: Liebhaberpflanze, Farbenrose.
Besonderheiten: Synonym: ‘Caribia’.

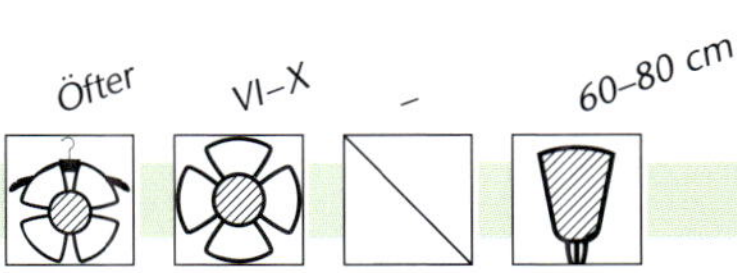

Bonn

Kordes, W. Söhne, 1950
Strauchrose

Blüte: 25–30 Blütenblätter je Blüte. Gefüllt. Orangerot. 6,0–9,0 cm Durchmesser.
Blütezeit: Juni–Juli, August–Oktober. Zweimal blühend.
Duft: –
Wuchs: Buschig, bogenförmig-überhängend, starkwüchsig, 150–200 cm hoch.
Pflanzung: 1–2 Pflanzen/m^2, Pflanzabstand 70–100 cm, Gruppe, Einzelstellung.
Verwendung: Strauchrose.

Orange Fire

Pekmez, Paul, 1987
Floribundarose

Blüte: 35–50 Blütenblätter je Blüte. Gefüllt. Leuchtend Orangerot. 5,0–7,0 cm Durchmesser.
Blütezeit: Juni–Oktober. Öfter blühend.
Duft: –
Wuchs: Buschig, aufrecht, 60–80 cm hoch.
Pflanzung: 5 Pflanzen/m^2, Pflanzabstand 45 cm, Gruppe, flächig.
Verwendung: Beetbepflanzung, Rabatten.

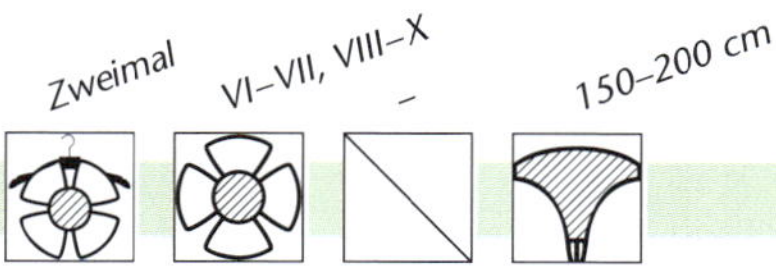

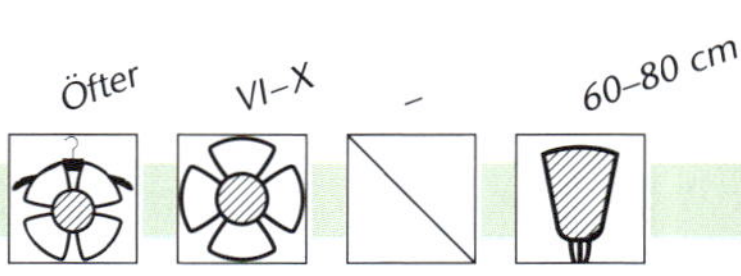

Rote Mozart

Kordes, W. Söhne, 1988
Strauchrose

Blüte: 10–25 Blütenblätter je Blüte. Gefüllt. Orangerot, innen hellorangerot. 3,0–4,0 cm Durchmesser.
Blütezeit: Juni–Oktober. Öfter blühend.
Duft: –
Wuchs: Buschig, aufrecht, bogenförmig-überhängend, 80–120 cm hoch.
Pflanzung: 1–3 Pflanzen/m^2, Pflanzabstand 60–100 cm, Einzelstellung oder Gruppe.
Verwendung: Strauchrose, Staudengärten.

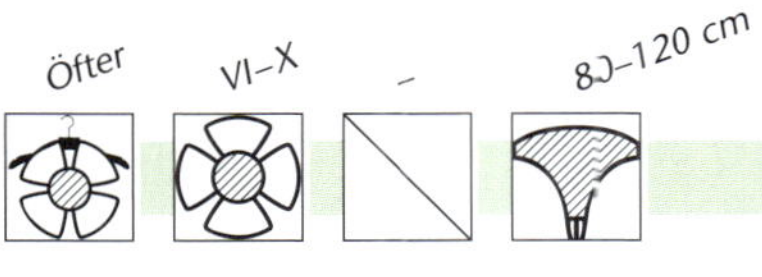

Domstadt Fulda

Kordes, W. Söhne, 1994
Floribundarose

Blüte: 25–35 Blütenblätter je Blüte. Gefüllt. Orangerot. 6,0–9,0 cm Durchmesser.
Blütezeit: Juni–Oktober. Öfter blühend.
Duft: –
Wuchs: Buschig, aufrecht, 40–60 cm hoch.
Pflanzung: 5 Pflanzen/m^2, Pflanzabstand 45 cm, Gruppe oder flächig.
Verwendung: Beetbepflanzung, Rabatten.

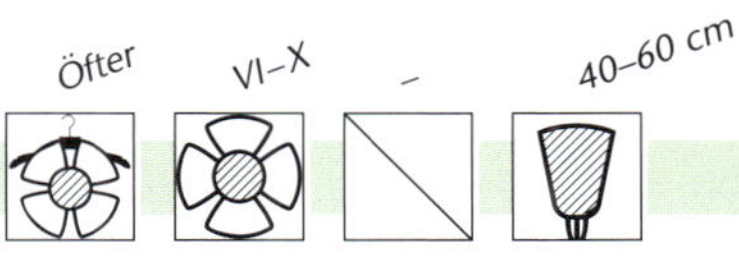

Montana

Tantau, M., 1974
Floribundarose

Blüte: 25–50 Blütenblätter je Blüte. Gefüllt. Orangerot. 5,0–7,0 cm Durchmesser.
Blütezeit: Juni–Oktober. Öfter blühend.
Duft: –
Wuchs: Buschig, aufrecht, 60–80 cm hoch.
Pflanzung: 5 Pflanzen/m^2, Pflanzabstand 45 cm, Gruppe oder flächig.
Verwendung: Beetbepflanzung, Rabatten.

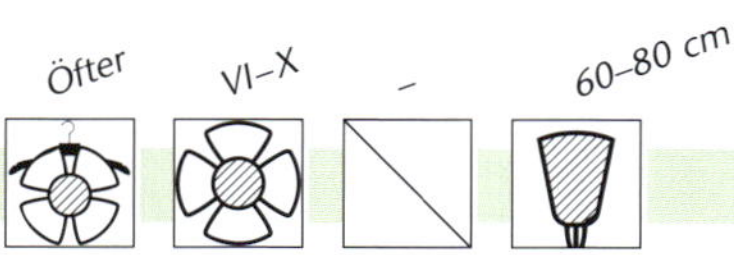

Burghausen

Kordes, W. Söhne, 1991
Strauchrose

Blüte: 15–25 Blütenblätter je Blüte. Gefüllt. Leuchtendrot. 3,0–6,0 cm Durchmesser.
Blütezeit: Juni–Oktober. Öfter blühend.
Duft: Sehr leichter Duft.
Wuchs: Buschig, aufrecht, starkwüchsig, 120–180 cm hoch.
Pflanzung: 1 Pflanze/m^2, Pflanzabstand 100 cm, Gruppe, Einzelstellung.
Verwendung: Strauchrose, Staudengärten.

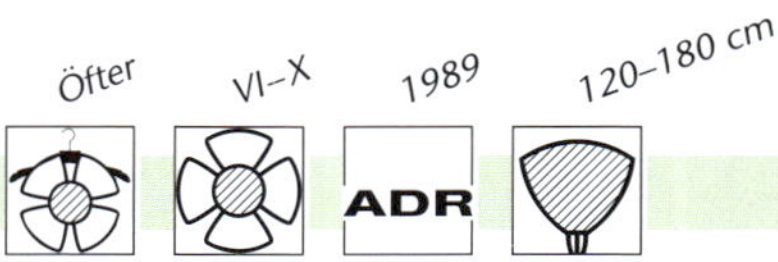

Kiese

Kiese, 1910
Canina-Hybride

Blüte: 5 Blütenblätter je Blüte. Einfach. Hellkarminrot, innen weiß. 3,0–6,0 cm Durchmesser.
Blütezeit: Juni. Einmal blühend.
Duft: Sehr leichter Duft.
Wuchs: Buschig, aufrecht, bogenförmig-überhängend, starkwüchsig, 250–300 cm hoch.
Pflanzung: 1 Pflanze/m^2, Pflanzabstand 100 cm, Einzelstellung.
Verwendung: Hecke, Strauchrose, naturnahe Gärten.

Geranium

Royal Horticultural Society, 1938
Moyesii-Hybride

Blüte: 5 Blütenblätter je Blüte. Einfach. Karminrot. 3,0–6,0 cm Durchmesser.
Blütezeit: Mai–Juni. Einmal blühend.
Duft: –
Wuchs: Buschig, aufrecht, bogenförmig-überhängend, starkwüchsig, 150–250 cm hoch.
Pflanzung: 1 Pflanze/m^2, Pflanzabstand 100 cm, Einzelstellung.
Verwendung: Hecke, Strauchrose, naturnahe Gärten.
Besonderheiten: Sehr schöne Früchte.

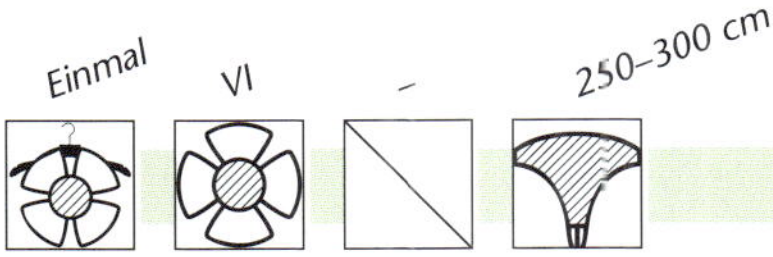

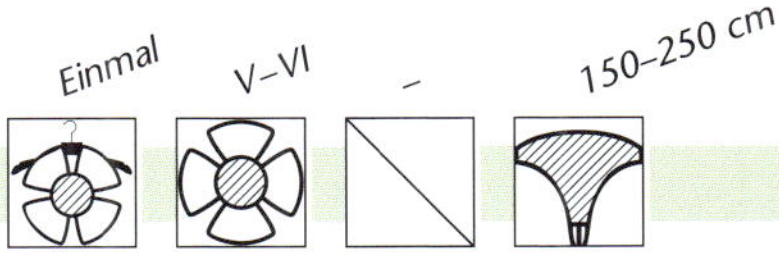

Mariandel

Kordes, W. Söhne, 1985
Floribundarose

Blüte: 25–35 Blütenblätter je Blüte. Gefüllt. Rot. 3,0–6,0 cm Durchmesser.
Blütezeit: Juni–Oktober. Öfter blühend.
Duft: –
Wuchs: Buschig, aufrecht, 40–60 cm hoch.
Pflanzung: 5 Pflanzen/m^2, Pflanzabstand 45 cm, Gruppe oder flächig.
Verwendung: Beetbepflanzung, Rabatten, Terrassen.
Besonderheiten: Wächst sehr schön kompakt.

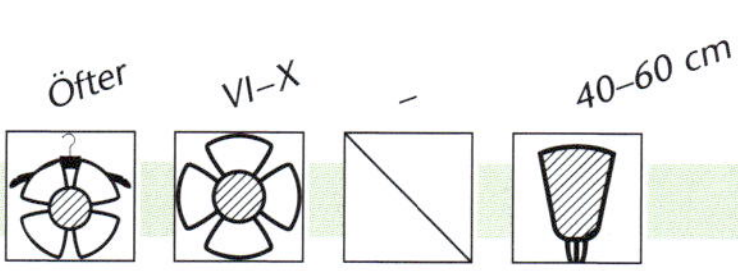

Robusta

Kordes, W. Söhne, 1979
Rugosa-Hybride

Blüte: 5–10 Blütenblätter je Blüte, 5–7 Blüten je Stiel. Leicht gefüllt. Rot. 3,0–6,0 cm Durchmesser.
Blütezeit: Juni–Juli, August–Oktober. Zweimal blühend.
Duft: –
Wuchs: Buschig, aufrecht, starkwüchsig, 120–200 cm hoch.
Pflanzung: 1 Pflanze/m^2, Pflanzabstand 100 cm, Gruppe.
Verwendung: Hecke, Strauchrose.
Besonderheiten: Rückschnitt notwendig.

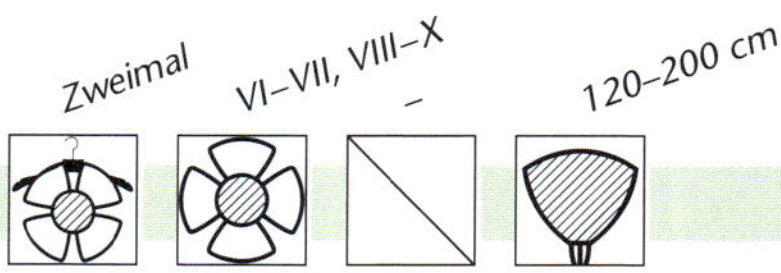

Royal Bassino
Kordes, W. Söhne, 1991
Bodendeckerrose

Blüte: 10–15 Blütenblätter je Blüte. Leicht gefüllt. Blutrot. 3,0–6,0 cm Durchmesser.
Blütezeit: Juni–Oktober. Öfter blühend.
Duft: –
Wuchs: Niederliegend, bogenförmig-überhängend, 40–60 cm hoch.
Pflanzung: 3–4 Pflanzen/m², Pflanzabstand 50–60 cm, Gruppe oder flächig.
Verwendung: Beetbepflanzung, Bodendeckerrose, Kübel.

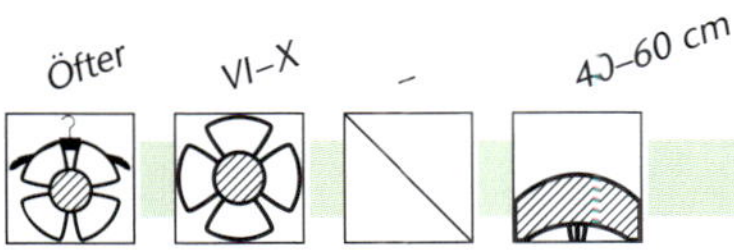

La Sevillana
Meilland, 1982
Floribundarose

Blüte: 25–35 Blütenblätter je Blüte, 5–8 Blüten je Stiel. Gefüllt. Rot. 6,0–7,0 cm Durchmesser.
Blütezeit: Juni–Oktober. Öfter blühend.
Duft: –
Wuchs: Buschig, aufrecht, 60–70 cm hoch.
Pflanzung: 4–5 Pflanzen/m², Pflanzabstand 45–50 cm, flächig oder Gruppe.
Verwendung: Beetbepflanzung, Rabatten, Terrassen.

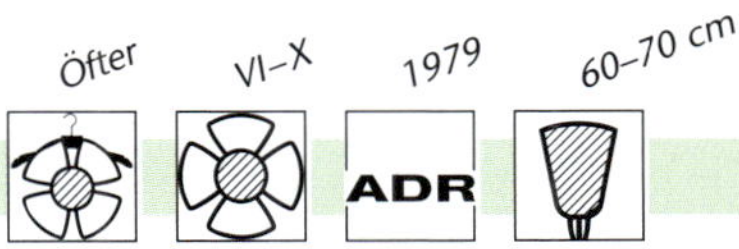

Lilli Marleen

Kordes, W. Söhne, 1959
Floribundarose

Blüte: 25–35 Blütenblätter je Blüte, 7–11 Blüten je Stiel. Gefüllt. Samtig dunkelrot. 5,0–7,0 cm Durchmesser.
Blütezeit: Juni–Oktober. Öfter blühend.
Duft: –
Wuchs: Buschig, aufrecht, 40–60 cm hoch.
Pflanzung: 5 Pflanzen/m^2, Pflanzabstand 45 cm, Gruppe oder flächig.
Verwendung: Beetbepflanzung, Rabatten, Liebhabersorte.

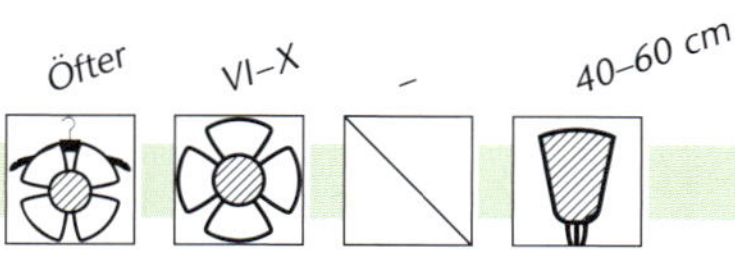

Graf Lennart

Meilland, 1991
Tee-Hybride

Blüte: 35–40 Blütenblätter je Blüte, 1 Blüte je Stiel. Gefüllt. Samtig dunkelrot. 9,0–10,0 cm Durchmesser.
Blütezeit: Juni–Oktober. Öfter blühend.
Duft: Angenehmer Duft.
Wuchs: Buschig, aufrecht, 50–70 cm hoch.
Pflanzung: 5 Pflanzen/m^2, Pflanzabstand 45 cm, Gruppe, flächig.
Verwendung: Beetbepflanzung, Duftrose.

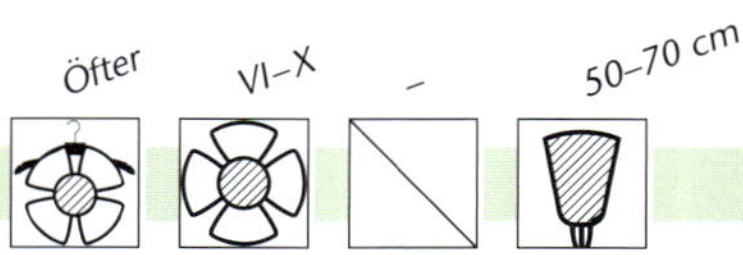

Rosa gallica 'Splendens'

Herkunft unbekannt
Gallische Rose

Blüte: 5 Blütenblätter je Blüte. Einfach. Scharlachrot. 4,0–6,0 cm Durchmesser.
Blütezeit: Juni–Juli. Einmal blühend.
Duft: Leichter Duft.
Wuchs: Aufrecht, bogenförmig-überhängend, 100–150 cm hoch.
Pflanzung: 1–2 Pflanzen/m^2, Pflanzabstand 70–100 cm, in Gruppen oder Einzelstellung.
Verwendung: Bauerngärten, historische Gärten, Staudengärten, Strauchrose.
Besonderheiten: Form von *Rosa gallica*.

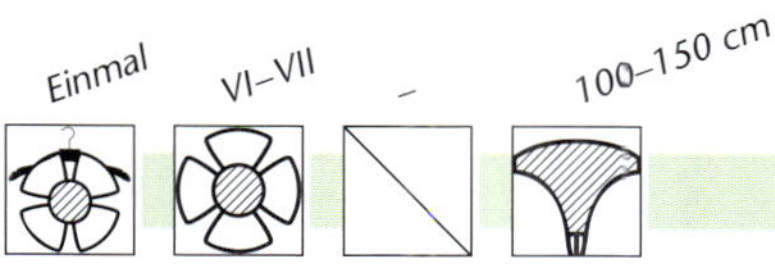

Bassino

Kordes, W. Söhne, 1984
Bodendeckerrose

Blüte: 5–7 Blütenblätter je Blüte, 20–40 Blüten je Stiel. Einfach. Blutrot. 3,0–6,0 cm Durchmesser.
Blütezeit: Juli–Oktober. Öfter blühend.
Duft: –
Wuchs: Niederliegend, bogenförmig-überhängend, 25–40 cm hoch.
Pflanzung: 3–4 Pflanzen/m^2, Pflanzabstand 50–60 cm, Gruppe, flächig.
Verwendung: Beetbepflanzung, Bodendeckerrose, Steingärten, Kübel.

Papageno
McGredy, 1989
Floribundarose

Blüte: 25–35 Blütenblätter je Blüte. Gefüllt. Rot, Petalen gestreift (weiß). 6,0–9,0 cm Durchmesser.
Blütezeit: Juni–Oktober. Öfter blühend.
Duft: –
Wuchs: Buschig, aufrecht, 60–80 cm hoch.
Pflanzung: 5 Pflanzen/m^2, Pflanzabstand 45 cm, Gruppe oder flächig.
Verwendung: Beetbepflanzung, Farbenrose, Liebhabersorte.

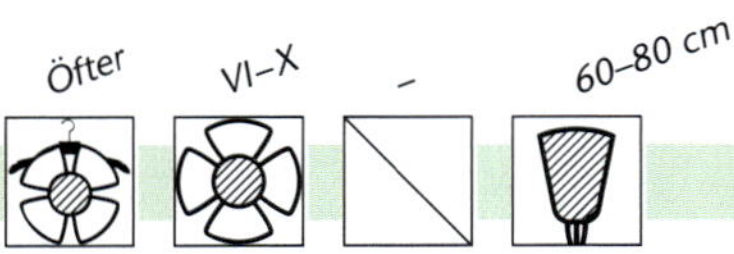

Heidefeuer
Noack, 1995
Bodendeckerrose

Blüte: 25–30 Blütenblätter je Blüte, 8–18 Blüten je Stiel. Gefüllt. Leuchtend rot. 3,0–6,0 cm Durchmesser.
Blütezeit: Juni–Oktober. Öfter blühend.
Duft: –
Wuchs: Buschig, bogenförmig-überhängend, 50–60 cm hoch.
Pflanzung: 3–4 Pflanzen/m^2, Pflanzabstand 50–60 cm, Gruppe, flächig.
Verwendung: Bodendeckerrose, Beetbepflanzung, Terrassen, Kübel.

Red Meidiland

Meilland, 1988
Bodendeckerrose

Blüte: 5 Blütenblätter je Blüte, 20–25 Blüten je Stiel. Einfach. Rot. 3,0–4,0 cm Durchmesser.
Blütezeit: Juni–Oktober. Öfter blühend.
Duft: –
Wuchs: Buschig, bogenförmig-überhängend, 40–60 cm hoch, schnellwüchsig.
Pflanzung: 3–4 Pflanzen/m^2, Pflanzabstand 50–60 cm, Gruppe oder flächig.
Verwendung: Beetbepflanzung, Bodendecker, Kübel, über Mauern hängend.

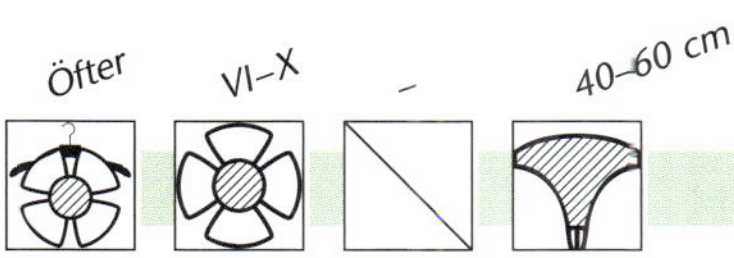

Rote Woge

Meilland, 1992
Strauchrose

Blüte: 15–20 Blütenblätter je Blüte, 6–8 Blüten je Stiel. Leicht gefüllt. Dunkelrot. 5,0–7,0 cm Durchmesser.
Blütezeit: Juni–Juli, August–Oktober. Zweimal blühend.
Duft: –
Wuchs: Buschig, aufrecht, bogenförmig-überhängend, starkwüchsig, 80–100 cm hoch.
Pflanzung: 3–4 Pflanzen/m^2, Pflanzabstand 50–60 cm, flächig oder Gruppe.
Verwendung: Strauchrose, Straßenbegleitgrün, niedrige Hecken.

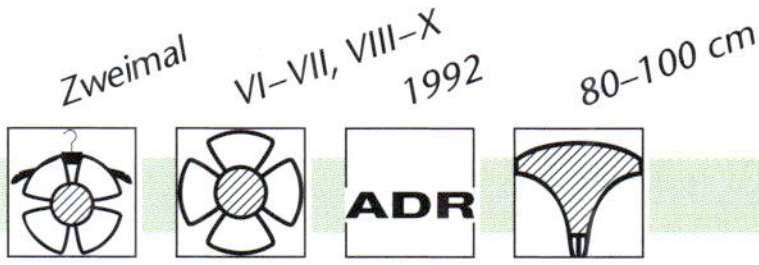

Crimson Meidiland

Meilland, 1996
Zwerg-/Kleinstrauchrose

Blüte: 10–12 Blütenblätter je Blüte, 3–5 Blüten je Stiel. Leicht gefüllt. Dunkelrot. 6,0–7,0 cm Durchmesser.
Blütezeit: Juni–Oktober. Öfter blühend.
Duft: –
Wuchs: Buschig, bogenförmig-überhängend, starkwüchsig, 80–100 cm hoch.
Pflanzung: 4 Pflanzen/m^2, Pflanzabstand 50 cm, flächig oder Gruppe.
Verwendung: Kleinstrauchrose, Bodendecker, Kübel.

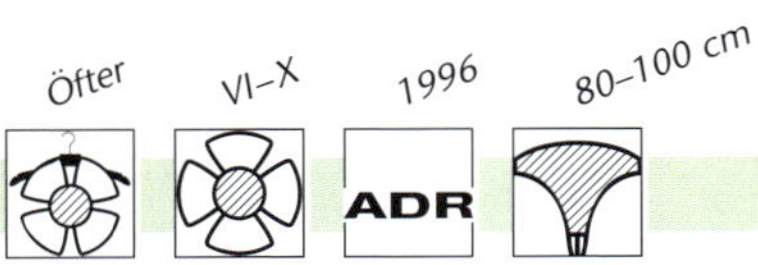

Hotel Royal

McGredy, 1980
öfterblühende Kletterrose

Blüte: 40–50 Blütenblätter je Blüte. Stark gefüllt. Rot. 6,0–9,0 cm Durchmesser.
Blütezeit: Juni–Oktober. Öfter blühend.
Duft: –
Wuchs: Aufrecht, bogenförmig-überhängend, kletternd, starkwüchsig, 300–400 cm hoch.
Pflanzung: 1 Pflanze/m^2, Pflanzabstand 100 cm, Einzelstellung.
Verwendung: Kletterrose, Spalier, Mauern.

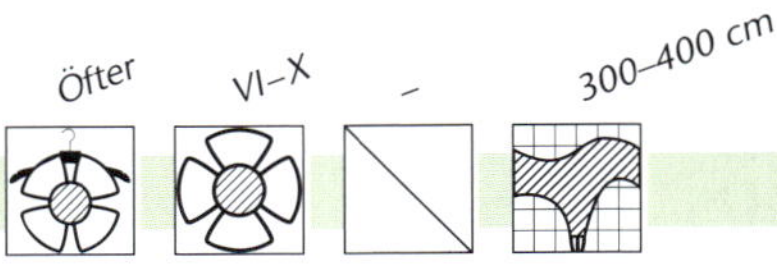

Hansaland

Kordes, W. Söhne, 1993
Rugosa-Hybride

Blüte: 10–25 Blütenblätter je Blüte. Gefüllt. Rot. 3,0–6,0 cm Durchmesser.
Blütezeit: Juni–Oktober. Öfter blühend.
Duft: –
Wuchs: Buschig, aufrecht, 150–180 cm hoch.
Pflanzung: 1 Pflanze/m², Pflanzabstand 100 cm, Gruppe.
Verwendung: Strauchrose, Hecken.
Besonderheiten: Sollte immer verjüngt werden.

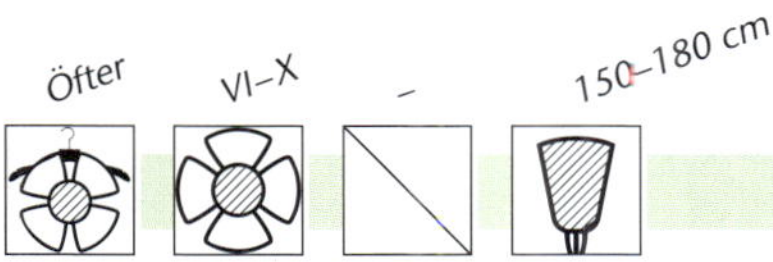

Scharlachglut

Kordes, W. Söhne, 1952
Gallische Rose

Blüte: 5 Blütenblätter je Blüte, 1–5 Blüten je Stiel. Einfach. Scharlachrot. 6,0–9,0 cm Durchmesser.
Blütezeit: Juni. Einmal blühend.
Duft: Leichter Duft.
Wuchs: Buschig, aufrecht, bogenförmig-überhängend, starkwüchsig, 180–200 cm hoch.
Pflanzung: 1 Pflanze/m², Pflanzabstand 100 cm, Gruppe, Einzelstellung.
Verwendung: Bauerngärten, Strauchrose, naturnahe Gärten.

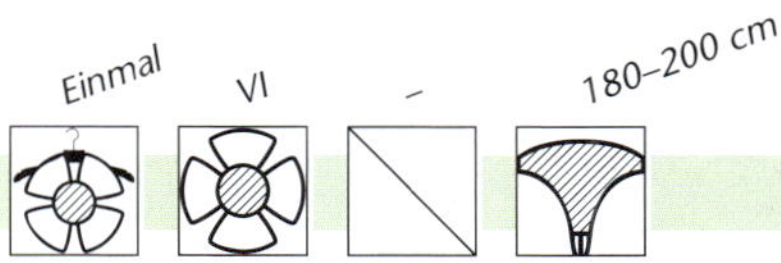

Tradition 95

Kordes, W. Söhne, 1995
öfterblühende Kletterrose

Blüte: 15–25 Blütenblätter je Blüte. Gefüllt. Blutrot. 6,0–9,0 cm Durchmesser.
Blütezeit: Juni–Oktober. Öfter blühend.
Duft: –
Wuchs: Aufrecht, bogenförmig-überhängend, kletternd, starkwüchsig, 200–300 cm hoch.
Pflanzung: 1 Pflanze/m^2, Pflanzabstand 100 cm, Einzelstellung.
Verwendung: Kletterrose, Pergolen, Häuserwände.
Besonderheiten: Jahrestriebe bis 2 m.

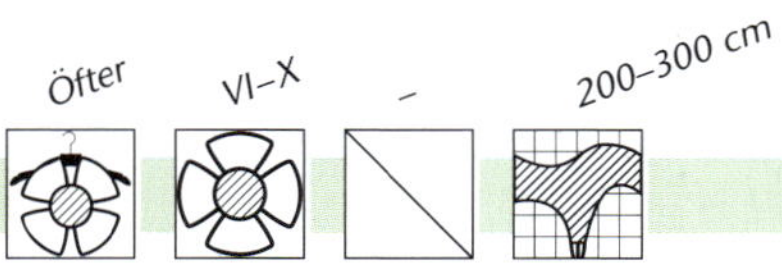

Miss Edith Cavell

Meiderwyk, 1917
Polyantharose

Blüte: 10–25 Blütenblätter je Blüte, 15–20 Blüten je Stiel. Gefüllt. Dunkelrot. 2,0–3,0 cm Durchmesser.
Blütezeit: Juli, August–Oktober. Zweimal blühend.
Duft: –
Wuchs: Buschig, aufrecht, 60–80 cm hoch.
Pflanzung: 4–5 Pflanzen/m^2, Pflanzabstand 45–50 cm, Gruppe oder flächig.
Verwendung: Beetbepflanzung, Staudengärten, Rabatten.

Cherry Meidiland

Meilland, 1992
Bodendeckerrose

Blüte: 5 Blütenblätter je Blüte, 5–8 Blüten je Stiel. Einfach. Rot, innen weiß. 4,0–5,0 cm Durchmesser.
Blütezeit: Juni–Oktober. Öfter blühend.
Duft: –
Wuchs: Buschig, bogenförmig-überhängend, starkwüchsig, 80–100 cm hoch.
Pflanzung: 3–4 Pflanzen/m^2, Pflanzabstand 50–60 cm, flächig oder Gruppen.
Verwendung: Bodendecker, Rabatten, Kübel.

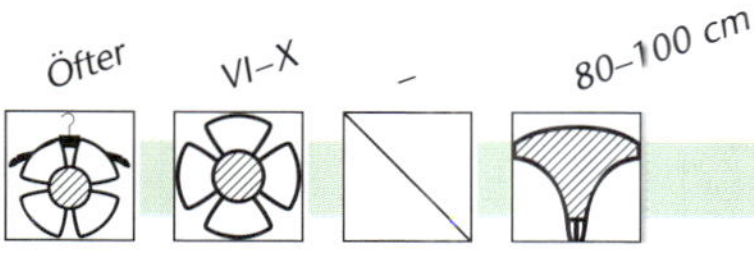

Lavaglut

Kordes, W. Söhne, 1979
Floribundarose

Blüte: 25–50 Blütenblätter je Blüte. Stark gefüllt. Dunkelrot. 3,0–6,0 cm Durchmesser.
Blütezeit: Juni–Oktober. Öfter blühend.
Duft: –
Wuchs: Buschig, aufrecht, 50–60 cm hoch.
Pflanzung: 5 Pflanzen/m^2, Pflanzabstand 45 cm, Gruppe oder flächig.
Verwendung: Beetbepflanzung, Rabatten.

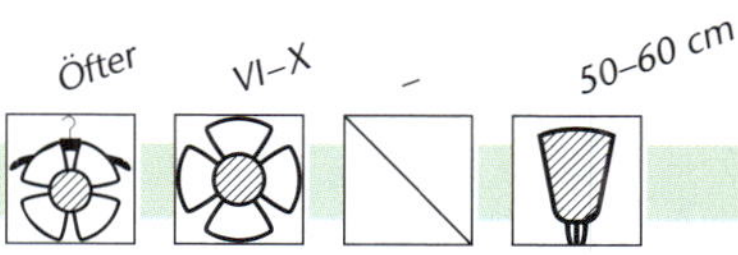

H. C. Andersen

Poulsen, 1990
Floribundarose

Blüte: 25–50 Blütenblätter je Blüte. Gefüllt. Dunkelrot. 6,0–9,0 cm Durchmesser.
Blütezeit: Juni–Oktober. Öfter blühend.
Duft: –
Wuchs: Buschig, aufrecht, starkwüchsig, 80–100 cm hoch.
Pflanzung: 4–5 Pflanzen/m^2, Pflanzabstand 45–50 cm, Gruppe oder flächig.
Verwendung: Beetbepflanzung, Rabatten.

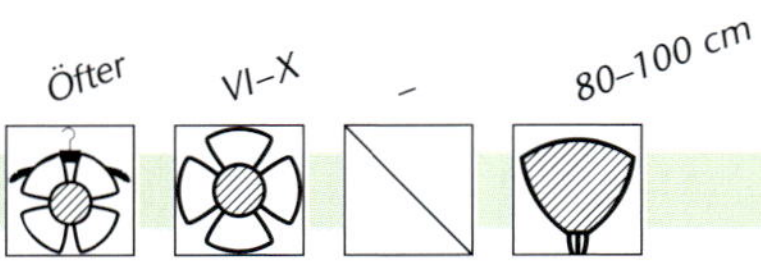

Konrad Adenauer Rose

Tantau, M., 1954
Tee-Hybride

Blüte: 40–60 Blütenblätter je Blüte. Stark gefüllt. Dunkelrot. 6,0–9,0 cm Durchmesser.
Blütezeit: Juni–Oktober. Öfter blühend.
Duft: Angenehmer Duft.
Wuchs: Buschig, aufrecht, 60–80 cm hoch.
Pflanzung: 4–5 Pflanzen/m^2, Pflanzabstand 45–50 cm, Gruppe oder flächig.
Verwendung: Beetbepflanzung, Duftrose, Liebhaberpflanze.

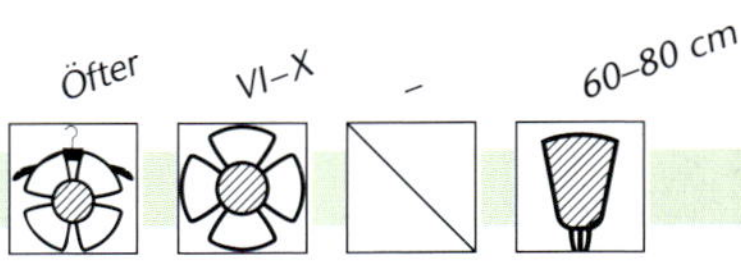

Rote Max Graf

Kordes, W. Söhne, 1980
Bodendeckerrose

Blüte: 5 Blütenblätter je Blüte, 7–11 Blüten je Stiel. Einfach. Rot, innen hellrot. 3,0–6,0 cm Durchmesser.
Blütezeit: Juni–Juli. Einmal blühend.
Duft: –
Wuchs: Buschig, bogenförmig-überhängend, starkwüchsig, 80–100 cm hoch.
Pflanzung: 1 Pflanze/m^2, Pflanzabstand 100 cm, Einzelstellung, Gruppe oder flächig.
Verwendung: Bodendeckerrose, Strauchrose.

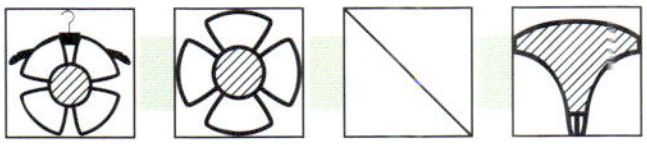

Lichterloh

Tantau, M., 1955
Lambertianarose

Blüte: 25–35 Blütenblätter je Blüte. Gefüllt. Rot. 3,0–6,0 cm Durchmesser.
Blütezeit: Juni–Juli, August–Oktober. Zweimal blühend.
Duft: –
Wuchs: Buschig, aufrecht, 100–120 cm hoch.
Pflanzung: 3 Pflanzen/m^2, Pflanzabstand 60 cm, Gruppe.
Verwendung: Strauchrose, Staudengärten.

Austriana

Tantau, 1996
Floribundarose

Blüte: 15–25 Blütenblätter je Blüte. Gefüllt. Blutrot. 4,0–5,0 cm Durchmesser.
Blütezeit: Juni–Oktober. Öfter blühend.
Duft: –
Wuchs: Buschig, bogenförmig-überhängend, 60–70 cm hoch.
Pflanzung: 3–4 Pflanzen/m^2, Pflanzabstand 50–60 cm, Gruppe, flächig.
Verwendung: Beetbepflanzung, Bodendeckerrose, Kübel.

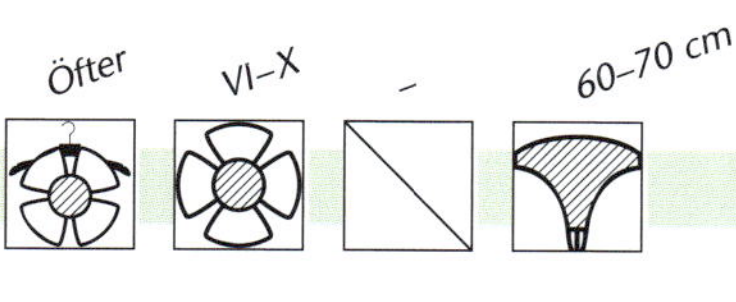

Sommerabend

Kordes, W. Söhne, 1995
Bodendeckerrose

Blüte: 10–15 Blütenblätter je Blüte. Leicht gefüllt. Rot, Knospen leuchtend dunkelrot. 3,0–5,0 cm Durchmesser.
Blütezeit: Juni–Oktober. Öfter blühend.
Duft: –
Wuchs: Niederliegend, starkwüchsig, 30–50 cm hoch.
Pflanzung: 3 Pflanzen/m^2, Pflanzabstand 60 cm, Gruppe oder flächig.
Verwendung: Beetbepflanzung, Bodendeckerrose, Böschungen.
Besonderheiten: Bildet sehr lange Triebe.

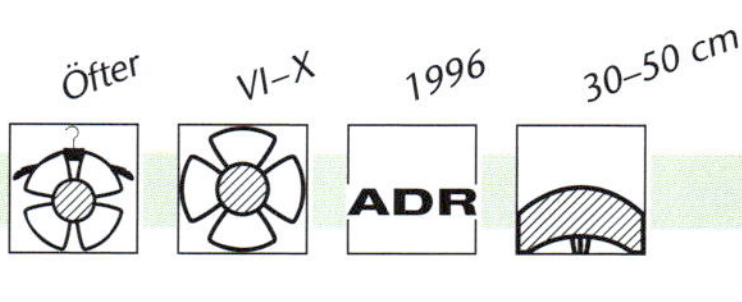

Burgund
Kordes, W. Söhne, 1981
Tee-Hybride

Blüte: 40–60 Blütenblätter je Blüte. Stark gefüllt. Samtig dunkelrot. 8,0–10,0 cm Durchmesser.
Blütezeit: Juni–Oktober. Öfter blühend.
Duft: Mäßiger Duft.
Wuchs: Buschig, aufrecht, 80–100 cm hoch.
Pflanzung: 3–5 Pflanzen/m^2, Pflanzabstand 45–60 cm, Gruppe. Einzelstellung.
Verwendung: Beetbepflanzung, Schnittrose.

Godewind
Kordes, W. Söhne, 1992
Strauchrose

Blüte: 7–10 Blütenblätter je Blüte. Leicht gefüllt. Blutrot. 3,0–6,0 cm Durchmesser.
Blütezeit: Juni–Oktober. Öfter blühend.
Duft: –
Wuchs: Buschig, aufrecht, starkwüchsig, 120–180 cm hoch.
Pflanzung: 1 Pflanze/m^2, Pflanzabstand 100 cm, Gruppe oder Einzelstellung.
Verwendung: Strauchrose, kleine Hecken, Staudengärten.

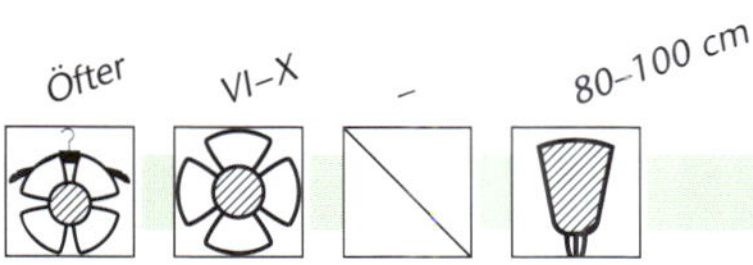

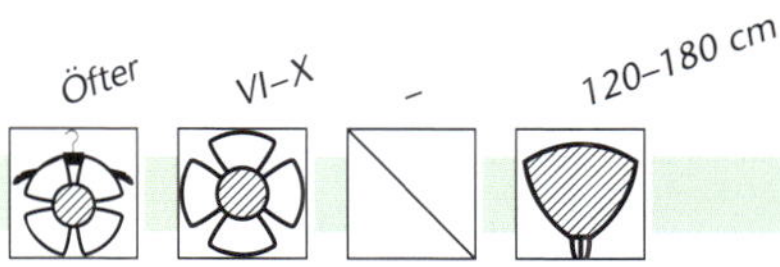

Porta Nigra

Meilland, 1992
Tee-Hybride

Blüte: 40–60 Blütenblätter je Blüte. Stark gefüllt. Dunkelrot. 6,0–9,0 cm Durchmesser.
Blütezeit: Juni–Oktober. Öfter blühend.
Duft: Angenehmer Duft.
Wuchs: Buschig, aufrecht, 80–100 cm hoch.
Pflanzung: 4–5 Pflanzen/m^2, Pflanzabstand 45–50 cm, Gruppe oder flächig.
Verwendung: Beetbepflanzung, Rabatten, Schnittrose, Duftrose.

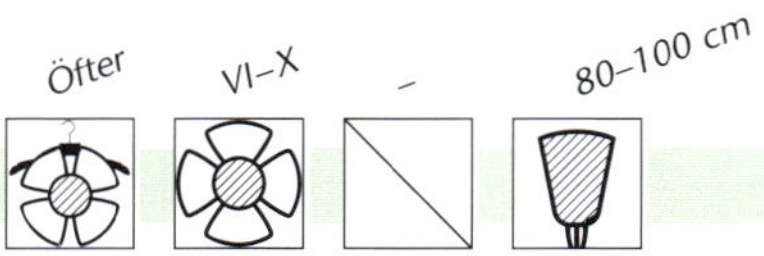

Chevy Chase

Hansen, N. J., 1939
Multiflora-Hybride

Blüte: 25–50 Blütenblätter je Blüte, 15–25 Blüten je Stiel. Stark gefüllt. Dunkelrot. 2,5–3,0 cm Durchmesser.
Blütezeit: Juli. Einmal blühend.
Duft: –
Wuchs: Bogenförmig-überhängend, kletternd, 350–400 cm hoch.
Pflanzung: 1 Pflanze/m^2, Pflanzabstand 100 cm, Einzelstellung.
Verwendung: Kletterrose, Pergolen, Spalier, Häuserwände.

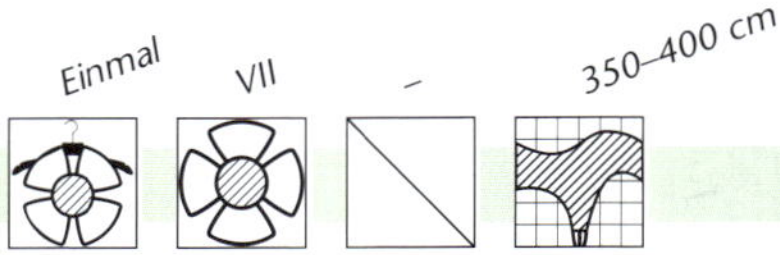

Helmut Kohl
Tantau, 1996
Tee-Hybride

Blüte: 40–60 Blütenblätter je Blüte. Stark gefüllt. Dunkelrot. 9,0–12,0 cm Durchmesser.
Blütezeit: Juni–Oktober. Öfter blühend.
Duft: Sehr leichter Duft.
Wuchs: Buschig, aufrecht, 60–80 cm hoch.
Pflanzung: 5 Pflanzen/m^2, Pflanzabstand 45 cm, flächig oder Gruppe.
Verwendung: Beetbepflanzung, Liebhaberpflanze.

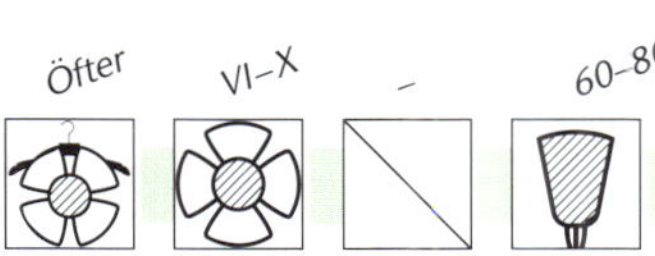

Ingrid Bergmann
Poulsen, 1984
Tee-Hybride

Blüte: 40–50 Blütenblätter je Blüte. Stark gefüllt. Dunkelrot. 6,0–9,0 cm Durchmesser.
Blütezeit: Juni–Oktober. Öfter blühend.
Duft: Mäßiger Duft.
Wuchs: Buschig, aufrecht, starkwüchsig, 80–90 cm hoch.
Pflanzung: 3–5 Pflanzen/m^2, Pflanzabstand 45–60 cm, Gruppe oder flächig.
Verwendung: Beetbepflanzung, Schnittrose.

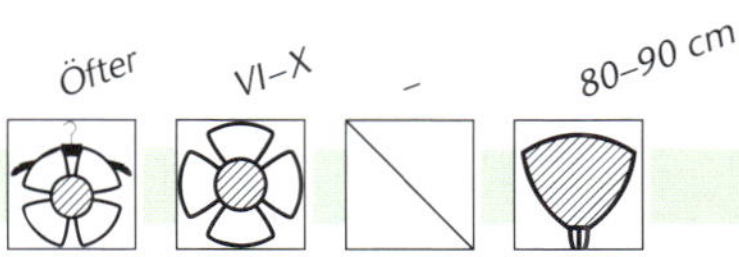

Barkarole

Tantau, 1988
Tee-Hybride

Blüte: 40–50 Blütenblätter je Blüte, 1 Blüte je Stiel. Stark gefüllt. Dunkelrot. 8,0–10,0 cm Durchmesser.
Blütezeit: Juni–Oktober. Öfter blühend.
Duft: Angenehmer Duft.
Wuchs: Buschig, aufrecht, starkwüchsig, 80–100 cm hoch.
Pflanzung: 3–5 Pflanzen/m^2, Pflanzabstand 45–60 cm, Gruppe, flächig.
Verwendung: Beetbepflanzung, Duftrose, Schnittrose.

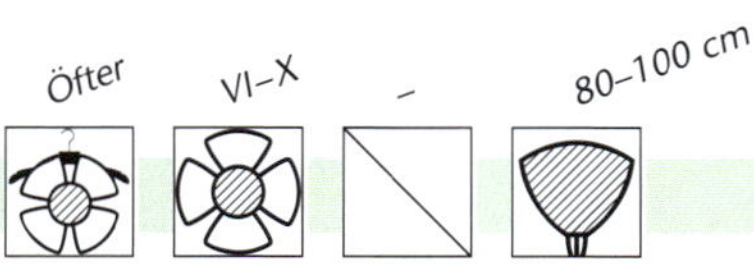

Charles Lefèbvre

Lacharme, F., 1862
Remontant-Hybride

Blüte: 50–60 Blütenblätter je Blüte, 1–3 Blüten je Stiel. Stark gefüllt. Dunkelpurpurrot. 8,0–10,0 cm Durchmesser.
Blütezeit: Juni–Juli, August–Oktober. Zweimal blühend.
Duft: Angenehmer Duft.
Wuchs: Buschig, aufrecht, starkwüchsig, 100–150 cm hoch.
Pflanzung: 3 Pflanzen/m^2, Pflanzabstand 60 cm, flächig oder Gruppe.
Verwendung: Duftrose, historische Gärten, Bauerngärten.

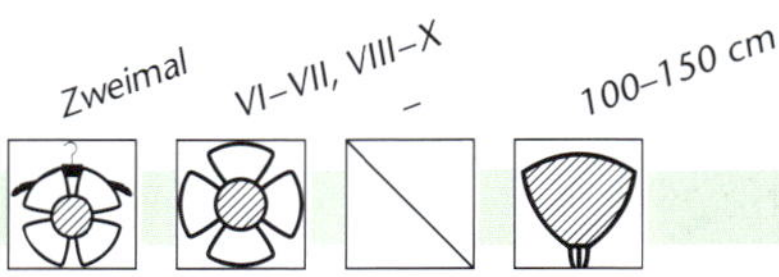

The Portland Rose
unbekannt, vor 1809
Portlandrose

Blüte: 25–35 Blütenblätter je Blüte. Gefüllt. Karminrot. 3,0–6,0 cm Durchmesser.
Blütezeit: Juni–Juli, August–Oktober. Zweimal blühend.
Duft: –
Wuchs: Buschig, aufrecht, 80–100 cm hoch.
Pflanzung: 1–3 Pflanzen/m², Pflanzabstand 60–100 cm, Einzelstellung oder Gruppe.
Verwendung: Historische Gärten, Strauchrose, naturnahe Gärten.
Besonderheiten: Nach erster Blüte Blütenrückschnitt erforderlich.

Acapella
Tantau, 1994
Tee-Hybride

Blüte: ca. 50 Blütenblätter je Blüte. Stark gefüllt. Kirschrot, auf der Rückseite silbrig weiß. 9,0–12,0 cm Durchmesser.
Blütezeit: Juni–Oktober. Öfter blühend.
Duft: Mäßiger Duft.
Wuchs: Buschig, aufrecht, 60–80 cm hoch.
Pflanzung: 5 Pflanzen/m², Pflanzabstand 45 cm, flächig, Gruppen oder Einzelstellung.
Verwendung: Beetbepflanzung, Freilandschnitt.

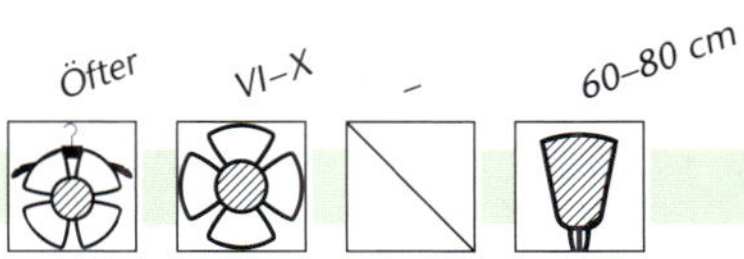

Mozart
Lambert, 1937
Lambertianarose

Blüte: 5 Blütenblätter je Blüte. Einfach. Karminrot, innen weiß. 2,5–3,0 cm Durchmesser.
Blütezeit: Juni–Oktober. Öfter blühend.
Duft: –
Wuchs: Buschig, aufrecht, bogenförmig-überhängend, 120–150 cm hoch.
Pflanzung: 1–3 Pflanzen/m^2, Pflanzabstand 60–100 cm, Einzelstellung oder Gruppe.
Verwendung: Strauchrose, Staudengärten, naturnahe Gärten.

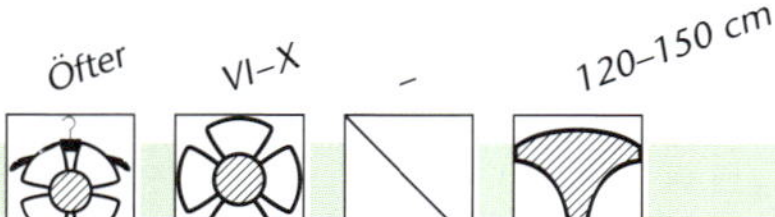

Meteor
Geschwind, 1887
Noisette-Hybride

Blüte: 25–50 Blütenblätter je Blüte. Stark gefüllt. Karminrot. 6,0–9,0 cm Durchmesser.
Blütezeit: Juni–Juli. Einmal blühend.
Duft: Angenehmer Duft.
Wuchs: Buschig, aufrecht, bogenförmig-überhängend, kletternd, 150–200 cm hoch.
Pflanzung: 1 Pflanze/m^2, Pflanzabstand 100 cm, Einzelstellung.
Verwendung: Historische Gärten, Kletterrose, Strauchrose.
Besonderheiten: Gut winterhart.

Bad Ems

Schultheis, 1990
Strauchrose

Blüte: 50–60 Blütenblätter je Blüte. Stark gefüllt. Karminrot. 6,0–9,0 cm Durchmesser.
Blütezeit: Juni–Juli, September–Oktober. Zweimal blühend.
Duft: Mäßiger Duft.
Wuchs: Buschig, aufrecht, starkwüchsig, 120–150 cm hoch.
Pflanzung: 1–2 Pflanzen/m², Pflanzabstand 70–100 cm, Gruppe, Einzelstellung.
Verwendung: Strauchrose mit dekorativem Laub.
Besonderheiten: Abstammung: 'Lichtkönigin Lucia' (Kordes, W. Söhne – 1966) × 'Rob Roy' (Cocker – 1970).

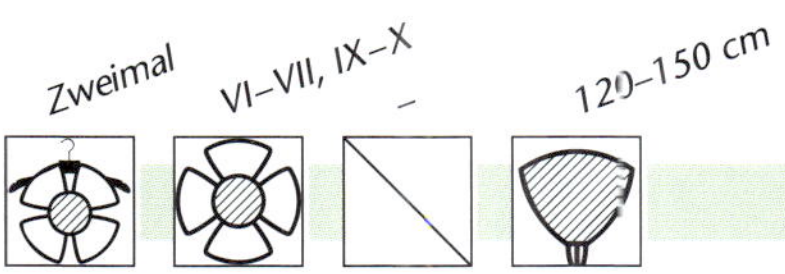

F. J. Grootendorst

de Goey, 1918
Rugosa-Hybride

Blüte: 25–30 Blütenblätter je Blüte, 15–20 Blüten je Stiel. Gefüllt. Rot. 2,0–3,0 cm Durchmesser.
Blütezeit: Juni–Juli. August–Oktober. Zweimal blühend.
Duft: Sehr leichter Duft.
Wuchs: Buschig, aufrecht, starkwüchsig, 120–150 cm hoch.
Pflanzung: 1 Pflanze/m², Pflanzabstand 100 cm, Gruppe oder Einzelstellung.
Verwendung: Strauchrose, Staudengärten, naturnahe Gärten.

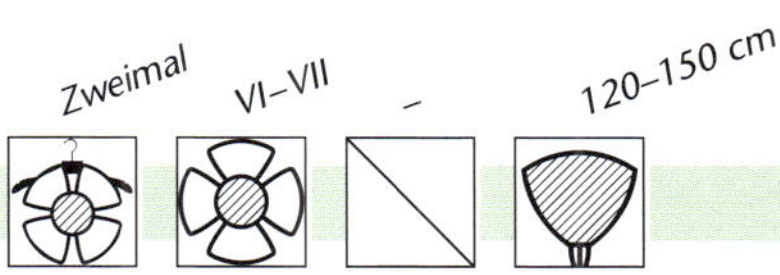

Triomphe Angevin
Déléphine, 1933
Polyantharose

Blüte: 20–25 Blütenblätter je Blüte. Gefüllt. Karminrot. Ca. 3,0 cm Durchmesser.
Blütezeit: Juli, August–Oktober. Zweimal blühend.
Duft: Leichter Duft.
Wuchs: Buschig, aufrecht, 40–60 cm hoch.
Pflanzung: 5 Pflanzen/m^2, Pflanzabstand 45 cm, Gruppe, flächig.
Verwendung: Beetbepflanzung, Staudengärten, Rabatten.

Fisherman's Friend
Austin, David, 1987
Strauchrose

Blüte: 40–60 Blütenblätter je Blüte, 1–3 Blüten je Stiel. Stark gefüllt. Dunkelkarminrot, am Rand karminrot. 6,0–9,0 cm Durchmesser.
Blütezeit: Juni–Oktober. Öfter blühend.
Duft: –
Wuchs: Buschig, aufrecht, 80–100 cm hoch.
Pflanzung: 3 Pflanzen/m^2, Pflanzabstand 60 cm, flächig oder Gruppe.
Verwendung: Beetbepflanzung, Strauchrose.

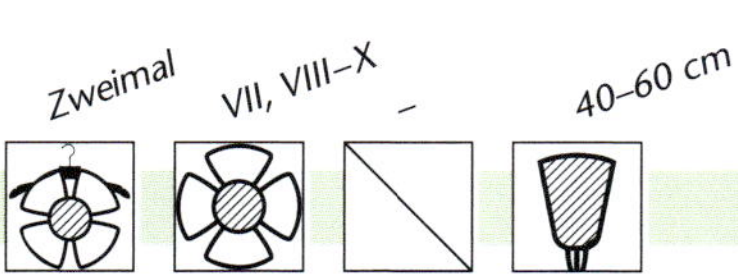

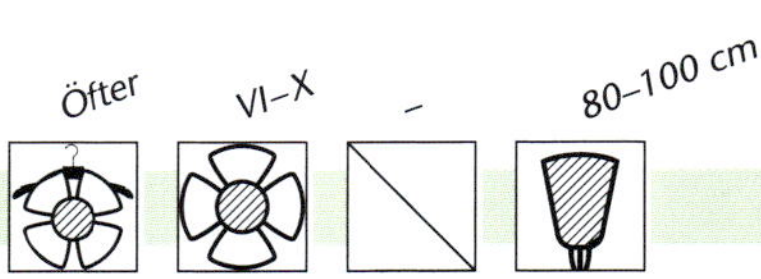

Elveshörn

Kordes, W. Söhne, 1985
Bodendeckerrose

Blüte: 25–50 Blütenblätter je Blüte. Stark gefüllt. Karminrosa. 3,0–6,0 cm Durchmesser.
Blütezeit: Juni–Oktober. Öfter blühend.
Duft: Sehr leichter Duft.
Wuchs: Buschig, aufrecht, bogenförmig-überhängend, 60–80 cm hoch
Pflanzung: 4–5 Pflanzen/m², Pflanzabstand 45–50 cm, Gruppe, flächig.
Verwendung: Beetbepflanzung, Bodendeckerrose, Kübel, Rabatten.

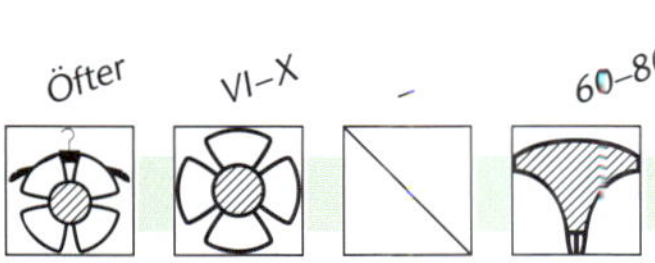

Marianne Kluis

Kordes, W. Söhne, 1942
Polyantharose

Blüte: 25–50 Blütenblätter je Blüte. Stark gefüllt. Karminrot. Ca. 3,0 cm Durchmesser.
Blütezeit: Juli, August–Oktober. Zweimal blühend.
Duft: –
Wuchs: Buschig, aufrecht, 40–60 cm hoch.
Pflanzung: 5 Pflanzen/m², Pflanzabstand 45 cm, Gruppe oder flächig.
Verwendung: Beetbepflanzung, Rabatten, Staudengärten.

Red Rugostar
Meilland, 1995
Rugosa-Hybride

Blüte: 10–15 Blütenblätter je Blüte, 5–8 Blüten je Stiel. Leicht gefüllt. Karminrot. 5,0–7,0 cm Durchmesser.
Blütezeit: Juni–Juli, August–Oktober. Zweimal blühend.
Duft: Mäßiger Duft.
Wuchs: Buschig, aufrecht, bogenförmig-überhängend, starkwüchsig, 80–120 cm hoch.
Pflanzung: 3 Pflanzen/m^2, Pflanzabstand 60 cm, flächig oder Gruppe.
Verwendung: Hecken, naturnahe Gärten, Staudengärten.

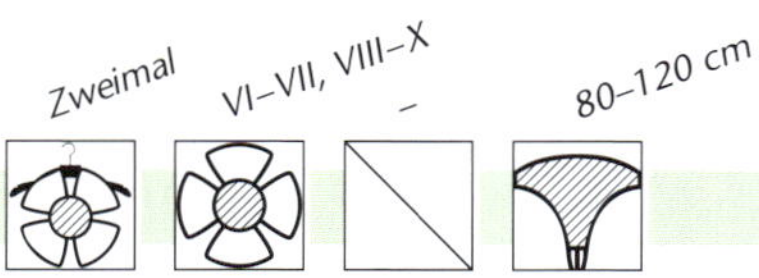

Hippolyte Jamain
Lacharme, F., 1874
Remontant-Hybride

Blüte: 40–60 Blütenblätter je Blüte. Stark gefüllt. Dunkelpurpurrosa. 8,0–10,0 cm Durchmesser.
Blütezeit: Juni–Juli, August–Oktober. Zweimal blühend.
Duft: Mäßiger Duft.
Wuchs: Buschig, aufrecht, 120–150 cm hoch.
Pflanzung: 3 Pflanzen/m^2, Pflanzabstand 60 cm, Gruppe.
Verwendung: Historische Gärten, Bauerngärten.

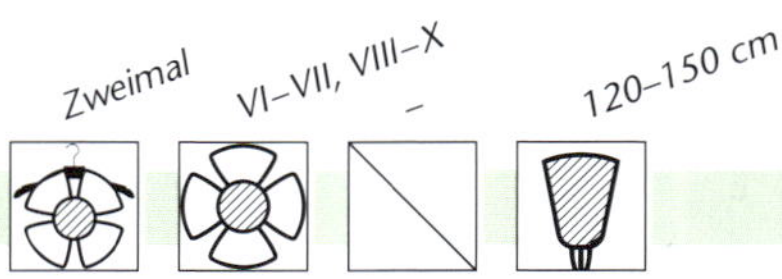

Lady Like
Tantau, 1989
Tee-Hybride

Blüte: 40–50 Blütenblätter je Blüte. Stark gefüllt. Karminrosa. 8,0–10,0 cm Durchmesser.
Blütezeit: Juni–Oktober. Öfter blühend.
Duft: Mäßiger Duft.
Wuchs: Buschig, aufrecht, starkwüchsig, 80–90 cm hoch.
Pflanzung: 4–5 Pflanzen/m^2, Pflanzabstand 45–50 cm, Gruppe oder flächig.
Verwendung: Beetbepflanzung, Schnittrose.

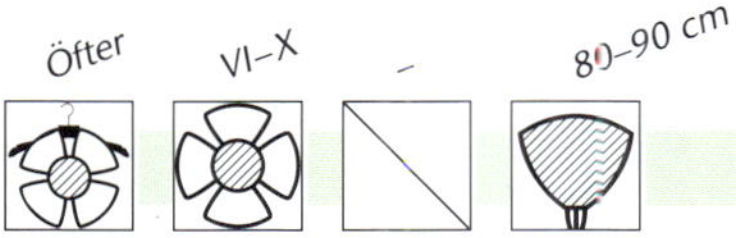

Sommermärchen
Kordes, W. Söhne, 1992
Bodendeckerrose

Blüte: 10–25 Blütenblätter je Blüte. Gefüllt. Karminrosa. 3,0–6,0 cm Durchmesser.
Blütezeit: Juni–Oktober. Öfter blühend.
Duft: Sehr leichter Duft.
Wuchs: Buschig, bogenförmig-überhängend, starkwüchsig, 50–60 cm hoch.
Pflanzung: 3 Pflanzen/m^2, Pflanzabstand 60 cm, Gruppe oder flächig.
Verwendung: Bodendeckerrose, Beetbepflanzung, Kübel.

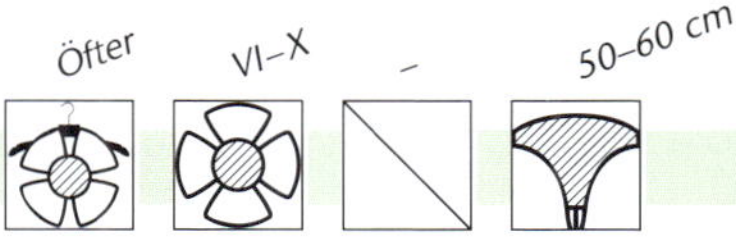

Gruß an Teplitz
Geschwind, 1897
Bengal-Hybride

Blüte: 25–40 Blütenblätter je Blüte, 11–15 Blüten je Stiel. Gefüllt. Karminrot. 3,0–6,0 cm Durchmesser.
Blütezeit: Juni–Oktober. Öfter blühend.
Duft: Sehr starker Duft.
Wuchs: Buschig, aufrecht, bogenförmig-überhängend, starkwüchsig, 150–180 cm hoch.
Pflanzung: 1–3 Pflanzen/m^2, Pflanzabstand 60–100 cm, Gruppe, Einzelstellung.
Verwendung: Duftrose, historische Gärten, Strauchrose.

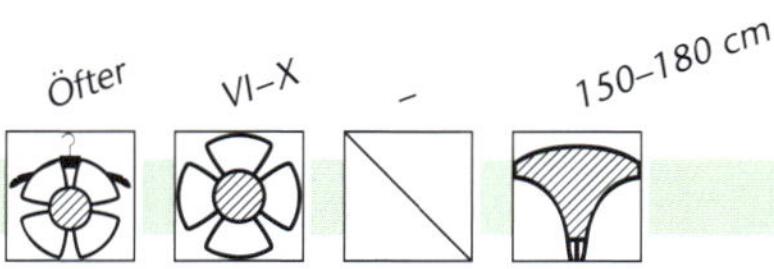

Carmen
Lambert, 1906
Rugosa-Hybride

Blüte: 5 Blütenblätter je Blüte, 3–5 Blüten je Stiel. Einfach. Karminrot. 3,0–6,0 cm Durchmesser.
Blütezeit: Juni. Einmal blühend.
Duft: Mäßiger Duft.
Wuchs: Buschig, aufrecht, starkwüchsig, 120–180 cm hoch.
Pflanzung: 1 Pflanze/m^2, Pflanzabstand 100 cm, Gruppe oder Einzelstellung.
Verwendung: Bauerngärten, Strauchrose, Windschutzpflanzung.

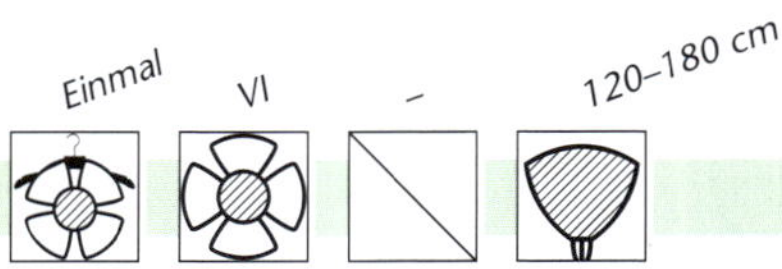

Dr. Georges Martin

Vilin, 1908
Remontant-Hybride

Blüte: 50–80 Blütenblätter je Blüte. Stark gefüllt. Karminrosa. 9,0–12,0 cm Durchmesser.
Blütezeit: Juni–Juli, August–Oktober. Zweimal blühend.
Duft: Mäßiger Duft.
Wuchs: Buschig, aufrecht, starkwüchsig, 120–180 cm hoch.
Pflanzung: 3 Pflanzen/m², Pflanzabstand 60 cm, Gruppe.
Verwendung: Historische Gärten, Bauerngärten.

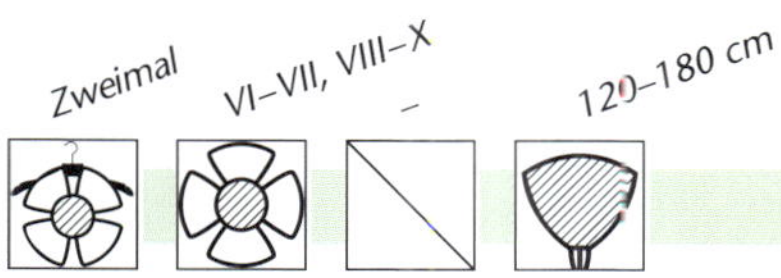

Tom Wood

Dickson, A., 1896
Remontant-Hybride

Blüte: 50–60 Blütenblätter je Blüte. Stark gefüllt. Karminrot, Blütenknospen dunkelrot. 6,0–8,0 cm Durchmesser.
Blütezeit: Juni–Juli, August–Oktober. Zweimal blühend.
Duft: Sehr leichter Duft.
Wuchs: Buschig, aufrecht, starkwüchsig, 80–100 cm hoch.
Pflanzung: 3 Pflanzen/m², Pflanzabstand 60 cm, Gruppe.
Verwendung: Historische Gärten, Bauerngärten.

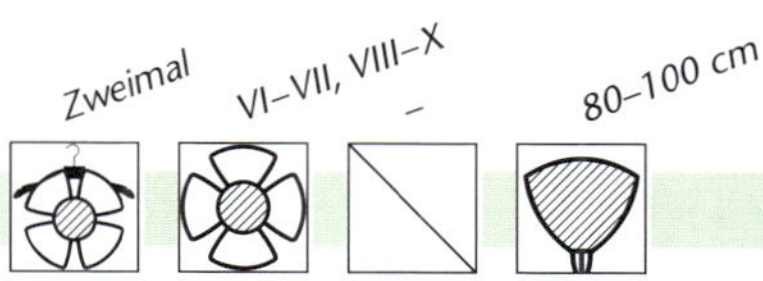

Hansa

Schaum, 1905
Rugosa-Hybride

Blüte: 25–40 Blütenblätter je Blüte, 1 Blüte je Stiel. Gefüllt. Dunkelkarminrot. 6,0–7,0 cm Durchmesser.
Blütezeit: Juni–Juli. Einmal blühend.
Duft: Angenehmer Duft.
Wuchs: Buschig, aufrecht, 120–150 cm hoch.
Pflanzung: 1 Pflanze/m^2, Pflanzabstand 100 cm, Gruppe oder Einzelstellung.
Verwendung: Hecke, Strauchrose.
Besonderheiten: Winterhart.

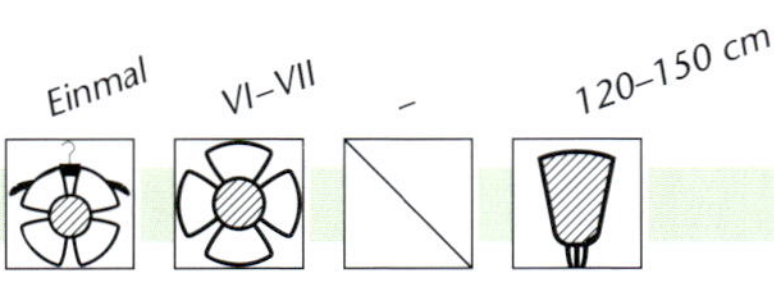

Paulette Bentall

Bentall, J. A., 1916
Multiflora-Hybride

Blüte: 25–35 Blütenblätter je Blüte. Gefüllt. Purpurrot- karminrot. 2,5–3,0 cm Durchmesser.
Blütezeit: Juli. Einmal blühend.
Duft: Sehr leichter Duft.
Wuchs: Bogenförmig-überhängend, kletternd, starkwüchsig, 250–400 cm hoch.
Pflanzung: 1 Pflanze/m^2, Pflanzabstand 100 cm, Einzelstellung.
Verwendung: Kletterrose, Pergolen, Häuserwände.

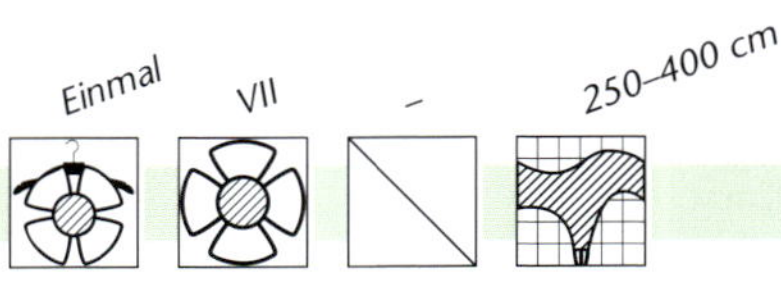

Gabrielle Privat
Privat, 1931
Polyantharose

Blüte: 25–50 Blütenblätter je Blüte. Stark gefüllt. Karminrosa. 2,5–3,0 cm Durchmesser.
Blütezeit: Juni–Juli, August–Oktober. Zweimal blühend.
Duft: –
Wuchs: Buschig, aufrecht, 40–50 cm hoch.
Pflanzung: 5–7 Pflanzen/m^2, Pflanzabstand 40–45 cm, Gruppe, flächig.
Verwendung: Beetbepflanzung, Staudengärten, Rabatten.

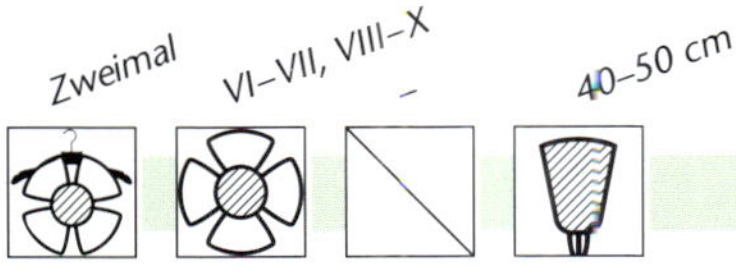

Maxim
Tantau, 1993
Tee-Hybride

Blüte: 40–60 Blütenblätter je Blüte. Stark gefüllt. Karminrot, innen creme. 6,0–9,0 cm Durchmesser.
Blütezeit: Juni–Oktober. Öfter blühend.
Duft: Mäßiger Duft.
Wuchs: Buschig, aufrecht, 60–80 cm hoch.
Pflanzung: 5 Pflanzen/m^2, Pflanzabstand 45 cm, Gruppe oder flächig.
Verwendung: Beetbepflanzung, Schnittrose.

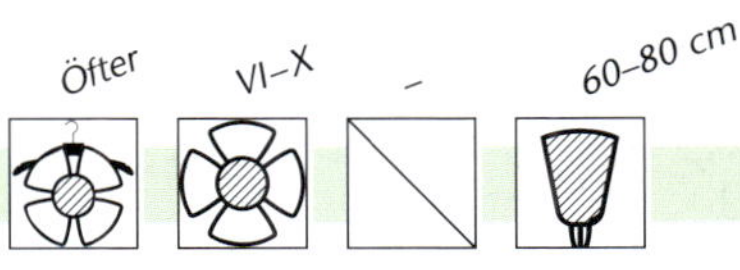

Heidelinde

Kordes, W. Söhne, 1991
Floribundarose

Blüte: 25–30 Blütenblätter je Blüte. Gefüllt. Karminrosa. 3,0–6,0 cm Durchmesser.
Blütezeit: Juli–Oktober. Öfter blühend.
Duft: Leichter Duft.
Wuchs: Buschig, bogenförmig-überhängend, 60–80 cm hoch.
Pflanzung: 4 Pflanzen/m^2, Pflanzabstand 50 cm, flächig oder Gruppe.
Verwendung: Beetbepflanzung, Bodendeckerrose, Kübel, Terrassen.

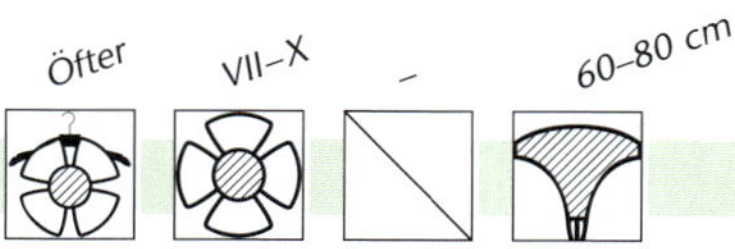

Palmengarten Frankfurt

Kordes, W. Söhne, 1988
Bodendeckerrose

Blüte: 25–50 Blütenblätter je Blüte. Gefüllt. Karminrosa. 3,0–6,0 cm Durchmesser.
Blütezeit: Juli–Oktober. Öfter blühend.
Duft: –
Wuchs: Buschig, bogenförmig-überhängend, starkwüchsig, 70–100 cm hoch.
Pflanzung: 3–4 Pflanzen/m^2, Pflanzabstand 50–60 cm, Gruppe oder flächig.
Verwendung: Beetbepflanzung, Bodendecker, Rabatten, Kübel.

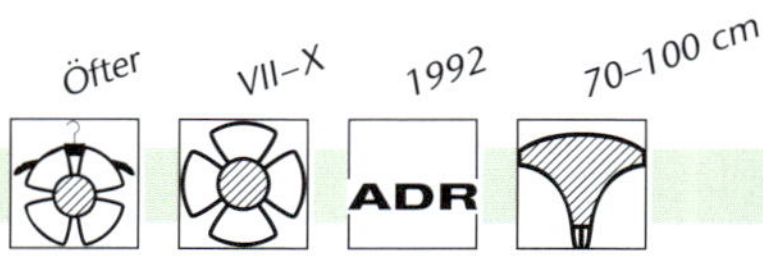

Lyon Rambler

Dubreuil, 1909
Multiflora-Hybride

Blüte: 10–15 Blütenblätter je Blüte. Leicht gefüllt. Karminrosa, innen heller. 2,5–3,0 cm Durchmesser.
Blütezeit: Juni–Juli. Einmal blühend.
Duft: Leichter Duft.
Wuchs: Bogenförmig-überhängend, kletternd, starkwüchsig, 300–400 cm hoch.
Pflanzung: 1 Pflanze/m^2, Pflanzabstand 100 cm, Einzelstellung.
Verwendung: Kletterrose, Pergolen, Säulen, Mauern.

Robin Hood

Pemberton, 1927
Moschata-Hybride

Blüte: 10–15 Blütenblätter je Blüte, 15–25 Blüten je Stiel. Leicht gefüllt. Karminrosa, innen weiß. 2,0–3,0 cm Durchmesser.
Blütezeit: Juli–Oktober. Öfter blühend.
Duft: –
Wuchs: Buschig, aufrecht, bogenförmig-überhängend, 120–150 cm hoch.
Pflanzung: 1 Pflanze/m^2, Pflanzabstand 100 cm, Einzelstellung oder Gruppe.
Verwendung: Kleinstrauchrose, naturnahe Gärten.

Heidetraum

Noack, 1988
Bodendeckerrose

Blüte: 25–35 Blütenblätter je Blüte, 20–25 Blüten je Stiel. Gefüllt. Karminrosarot. 3,0–4,0 cm Durchmesser.
Blütezeit: Juni–Oktober. Öfter blühend.
Duft: –
Wuchs: Buschig, bogenförmig-überhängend, 70–80 cm hoch.
Pflanzung: 3 Pflanzen/m^2, Pflanzabstand 60 cm, flächig oder Gruppe.
Verwendung: Beetbepflanzung, Bodendeckerrose, Kübel, Rabatten.

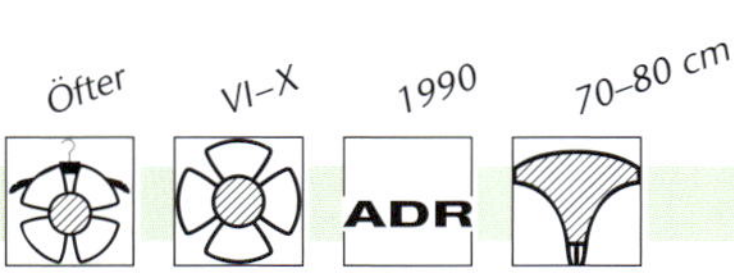

Marguerite Hilling

Hilling, 1959
Moyesii-Hybride

Blüte: 7–10 Blütenblätter je Blüte, 1 Blüte je Stiel. Leicht gefüllt. Dunkelrosa. 6,0–9,0 cm Durchmesser.
Blütezeit: Mai–Juni. Schwache Nachblüte.
Duft: Sehr leichter Duft.
Wuchs: Buschig, aufrecht, starkwüchsig, 120–180 cm hoch.
Pflanzung: 1 Pflanze/m^2, Pflanzabstand 100 cm, Einzelstellung oder Gruppe.
Verwendung: Strauchrose, naturnahe Gärten.
Besonderheiten: Regelmäßige Verjüngung notwendig, Abstammung: 'Nevada' (Dot, P – 1928) × Selbstung.

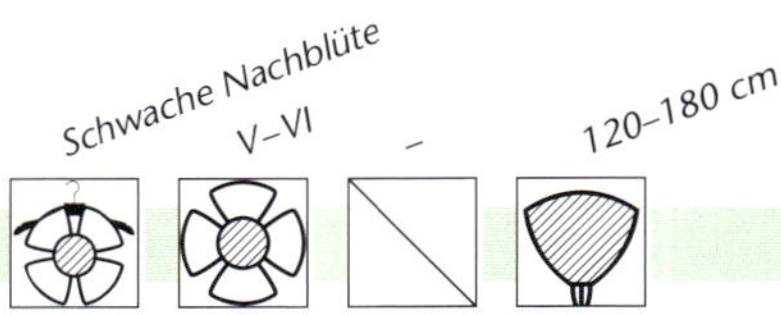

Magnifica

Hesse, 1916
Rubiginosa-Hybride

Blüte: 10–15 Blütenblätter je Blüte, 11–15 Blüten je Stiel. Leicht gefüllt. Karminrot. 3,0–4,0 cm Durchmesser.
Blütezeit: Juni–Juli. Einmal blühend.
Duft: Mäßiger Duft.
Wuchs: Buschig, bogenförmig-überhängend, kletternd, starkwüchsig, 150–300 cm hoch.
Pflanzung: 1 Pflanze/m^2, Pflanzabstand 100 cm, Einzelstellung.
Verwendung: Hecken, Kletterrose, Strauchrose, naturnahe Gärten.
Besonderheiten: Laub duftet nach grünem Apfel.

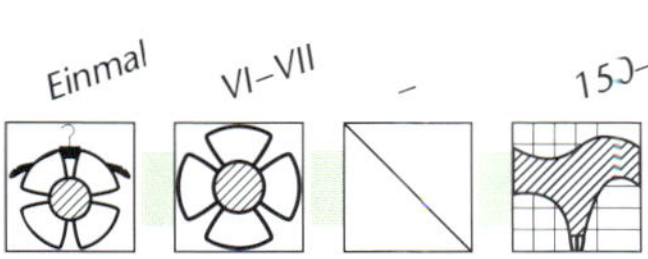

Caprice de Meilland

Meilland, 1997
Tee-Hybride

Blüte: 50–60 Blütenblätter je Blüte, 1 Blüte je Stiel. Stark gefüllt. Dunkelrosa. 8,0–10,0 cm Durchmesser.
Blütezeit: Juni–Oktober. Öfter blühend.
Duft: Starker Duft, fruchtig.
Wuchs: Buschig, aufrecht, 80–100 cm hoch.
Pflanzung: 5 Pflanzen/m^2, Pflanzabstand 45 cm, Gruppe, flächig.
Verwendung: Beetbepflanzung, Schnittrose.

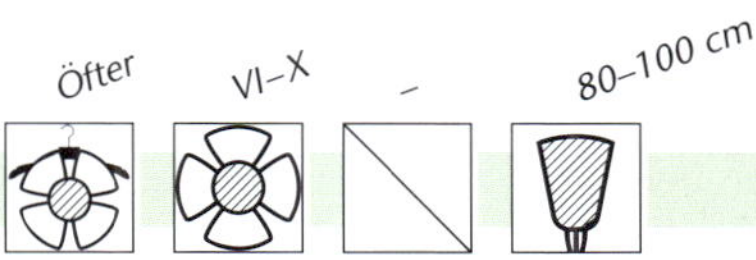

Flushing Meadow
Dorieux, 1993
Tee-Hybride

Blüte: 40–60 Blütenblätter je Blüte. Stark gefüllt. Cremeweiß bis karminrot, Knospen rot. 8,0–10,0 cm Durchmesser.
Blütezeit: Juni–Oktober. Öfter blühend.
Duft: Leichter Duft.
Wuchs: Buschig, aufrecht, 60–80 cm hoch.
Pflanzung: 5 Pflanzen/m^2, Pflanzabstand 45 cm, Gruppe, flächig.
Verwendung: Beetbepflanzung, Schnittrose.

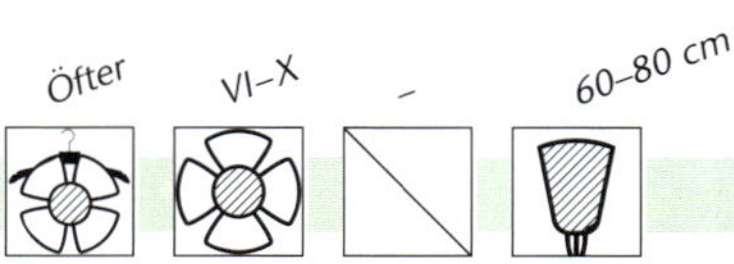

Auguste Renoir
Meilland, 1993
Tee-Hybride

Blüte: 60–70 Blütenblätter je Blüte, 1 Blüte je Stiel. Stark gefüllt. Dunkelrosa. ca. 10,0 cm Durchmesser.
Blütezeit: Juli–Oktober. Öfter blühend.
Duft: Angenehmer Duft.
Wuchs: Buschig, aufrecht, 60–80 cm hoch.
Pflanzung: 5 Pflanzen/m^2, Pflanzabstand 45 cm, Gruppen, Einzelstellung, flächig.
Verwendung: Beetbepflanzung, Duftrose, Schnittrosen.
Besonderheiten: Verklebt bei nasser Witterung.

Louise Odier

Margottin, 1851
Bourbon-Hybride

Blüte: 40–50 Blütenblätter je Blüte, 3–5 Blüten je Stiel. Stark gefüllt. Rosa. 5,0–7,0 cm Durchmesser.
Blütezeit: Juni–Juli, August–Oktober. Zweimal blühend.
Duft: Angenehmer Duft.
Wuchs: Buschig, bogenförmig-überhängend, 160–180 cm hoch.
Pflanzung: 1 Pflanze/m^2, Pflanzabstand 100 cm, Einzelstellung.
Verwendung: Duftrose, historische Gärten, Strauchrose.

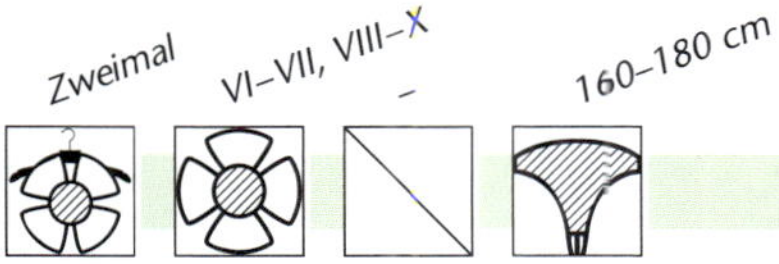

Candy Rose

Meilland, 1980
Strauchrose

Blüte: 15–25 Blütenblätter je Blüte, ca. 8 Blüten je Stiel. Gefüllt. Karminrosa. 5,0–6,0 cm Durchmesser.
Blütezeit: Juni–Juli, August–Oktober. Einmal blühend, geringe Nachblüte.
Duft: –
Wuchs: Buschig, bogenförmig-überhängend, starkwüchsig, 60–80 cm hoch.
Pflanzung: 2–3 Pflanzen/m^2, Pflanzabstand 60–70 cm, Gruppe, flächig.
Verwendung: Bodendeckerrose, sehr langtriebig.

Haendel
McGredy, 1965
Strauchrose

Blüte: 25–35 Blütenblätter je Blüte. Gefüllt. Cremeweiß, am Rand karminrosa. 3,0–6,0 cm Durchmesser.
Blütezeit: Juni–Oktober. Öfter blühend.
Duft: Sehr leichter Duft.
Wuchs: Buschig, aufrecht, starkwüchsig, 120–180 cm hoch.
Pflanzung: 1–3 Pflanzen/m^2, Pflanzabstand 60–100 cm, Gruppe oder Einzelstellung.
Verwendung: Strauchrose.

The McCartney Rose
Meilland, 1991
Tee-Hybride

Blüte: 40–50 Blütenblätter je Blüte, 1–3 Blüten je Stiel. Stark gefüllt. Rosa. 8,0–10,0 cm Durchmesser.
Blütezeit: Juni–Oktober. Öfter blühend.
Duft: Angenehmer Duft.
Wuchs: Buschig, aufrecht, 60–80 cm hoch.
Pflanzung: 5 Pflanzen/m^2, Pflanzabstand 45 cm, Gruppe oder flächig.
Verwendung: Beetbepflanzung, Duftrose, Liebhaberpflanze.

Romanze
Tantau, M., 1984
Strauchrose

Blüte: 25–35 Blütenblätter je Blüte. Gefüllt. Karminrosa. 6,0–9,0 cm Durchmesser.
Blütezeit: Juni–Oktober. Öfter blühend.
Duft: Mäßiger Duft.
Wuchs: Buschig, aufrecht, 120–150 cm hoch.
Pflanzung: 1 Pflanze/m², Pflanzabstand 100 cm, Einzelstellung oder Gruppe.
Verwendung: Strauchrose, Staudenbeete, niedrige Hecken.

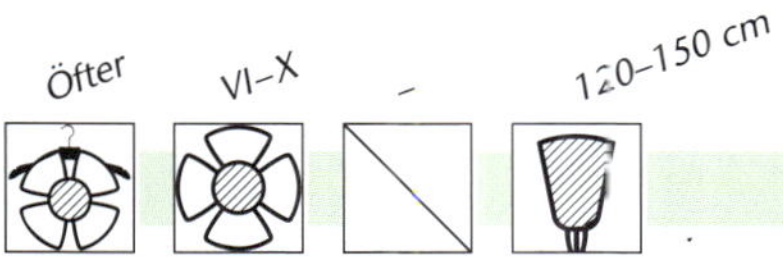

Iga 83 München
Meilland, 1981
Floribundarose

Blüte: 15–25 Blütenblätter je Blüte, 20–25 Blüten je Stiel. Gefüllt. Dunkelrosa. 5,0–7,0 cm Durchmesser.
Blütezeit: Juni–Oktober. Öfter blühend.
Duft: Sehr leichter Duft.
Wuchs: Buschig, aufrecht, starkwüchsig, 60–100 cm hoch.
Pflanzung: 3–4 Pflanzen/m², Pflanzabstand 50–60 cm, flächig oder Gruppe.
Verwendung: Beetbepflanzung, niedrige Strauchrose, Staudengärten.

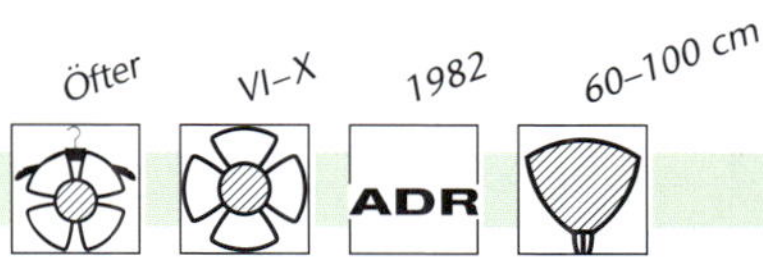

Heidi

Noack, 1987
Bodendeckerrose

Blüte: 10–15 Blütenblätter je Blüte. Leicht gefüllt. Karminrosa. 3,0–4,0 cm Durchmesser.
Blütezeit: Juni–Oktober. Öfter blühend.
Duft: –
Wuchs: Buschig, bogenförmig-überhängend, 60–80 cm hoch.
Pflanzung: 3 Pflanzen/m^2, Pflanzabstand 60 cm, Gruppe oder flächig.
Verwendung: Beetbepflanzung, Bodendeckerrose.

Felicitas

Kordes, W. Söhne, 1998
Strauchrose

Blüte: 5 Blütenblätter je Blüte, 10–15 Blüten je Stiel. Einfach. Karminrosa. 3,0–6,0 cm Durchmesser.
Blütezeit: Juni–Oktober. Öfter blühend.
Duft: Sehr leichter Duft.
Wuchs: Buschig, bogenförmig-überhängend, starkwüchsig, 80–120 cm hoch.
Pflanzung: 1 Pflanze/m^2, Pflanzabstand 100 cm, Gruppe, flächig.
Verwendung: Strauchrose, Bodendecker, Rabatten, Staudengärten.

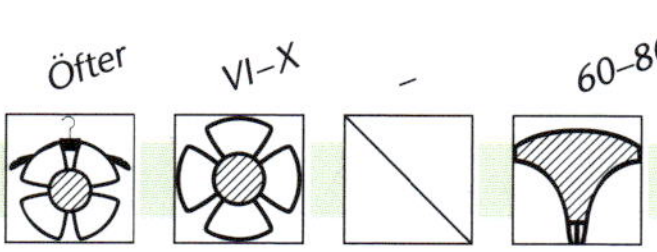

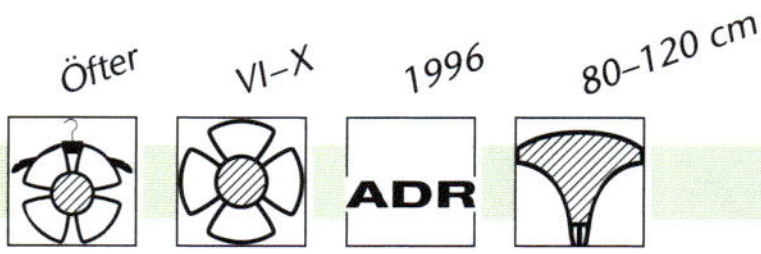

Violett Satina

Tantau, 1994
Bodendeckerrose

Blüte: 25–35 Blütenblätter je Blüte. Gefüllt. Karminrosa. 3,0–6,0 cm Durchmesser.
Blütezeit: Juli–Oktober. Öfter blühend.
Duft: –
Wuchs: Buschig, bogenförmig-überhängend, 40–50 cm hoch.
Pflanzung: 3 Pflanzen/m^2, Pflanzabstand 60 cm, Gruppe oder flächig.
Verwendung: Bodendeckerrose, Topfrose, Rabatten.

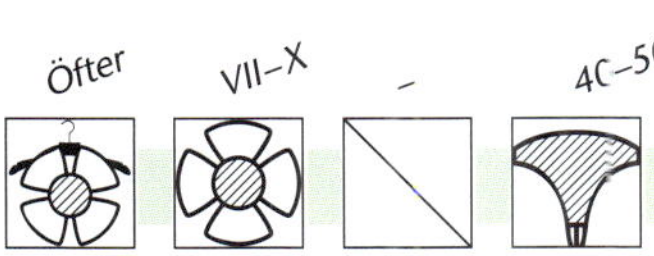

Bella Rosa

Kordes, W. Söhne, 1982
Polyantha-Hybride

Blüte: 25–40 Blütenblätter je Blüte. Gefüllt. Rosa. 3,0–4,0 cm Durchmesser.
Blütezeit: Juni–November. Öfter blühend.
Duft: Sehr leichter Duft.
Wuchs: Buschig, aufrecht, 50–70 cm hoch.
Pflanzung: 5 Pflanzen/m^2, Pflanzabstand 45 cm, Gruppe, flächig.
Verwendung: Beetbepflanzung, Staudengärten.
Besonderheiten: Ständig nachtreibend, blüht bis zum ersten Frost.

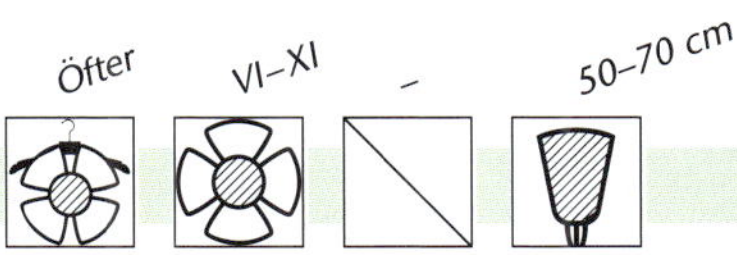

Urdh
Tantau, M., 1930
Remontant-Hybride

Blüte: 40–60 Blütenblätter je Blüte. Stark gefüllt. Rosa. 9,0–12,0 cm Durchmesser.
Blütezeit: Juni–Juli, August–Oktober. Zweimal blühend.
Duft: Starker Duft.
Wuchs: Buschig, aufrecht, starkwüchsig, 120–150 cm hoch.
Pflanzung: 3 Pflanzen/m^2, Pflanzabstand 60 cm, Gruppe.
Verwendung: Historische Gärten, Bauerngärten.

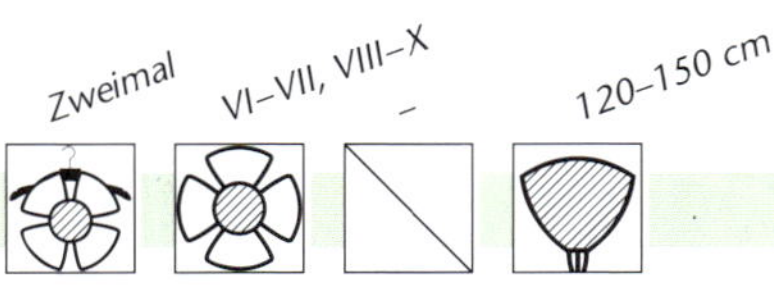

Vanity
Pemberton, 1920
Moschata-Hybride

Blüte: 10–15 Blütenblätter je Blüte, 9–15 Blüten je Stiel. Leicht gefüllt. Rosa. 3,0–6,0 cm Durchmesser.
Blütezeit: Juni–Juli, August–Oktober. Zweimal blühend.
Duft: Mäßiger Duft.
Wuchs: Buschig, bogenförmig-überhängend, starkwüchsig, 150–180 cm hoch.
Pflanzung: 1 Pflanze/m^2, Pflanzabstand 100 cm, Einzelstellung oder Gruppe.
Verwendung: Historische Gärten, Strauchrose.
Besonderheiten: Abstammung: Chateau de Clos Vougeot (Pernet – Ducher – 1908) × Sämling, wächst sehr sparrig.

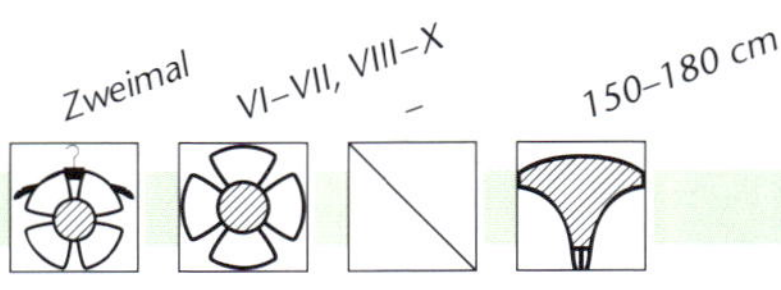

Leonardo da Vinci

Meilland, 1993
Floribundarose

Blüte: 40–60 Blütenblätter je Blüte, 3–5 Blüten je Stiel. Stark gefüllt. Dunkelrosa. 5,0–6,0 cm Durchmesser.
Blütezeit: Juni–Oktober. Öfter blühend.
Duft: –
Wuchs: Buschig, aufrecht, bogenförmig-überhängend, 50–60 cm hoch.
Pflanzung: 5 Pflanzen/m^2, Pflanzabstand 45 cm, Gruppe, flächig.
Verwendung: Beetbepflanzung, Kübel, Rabatten.
Besonderheiten: Nach Erziehungsschnitt kletternd.

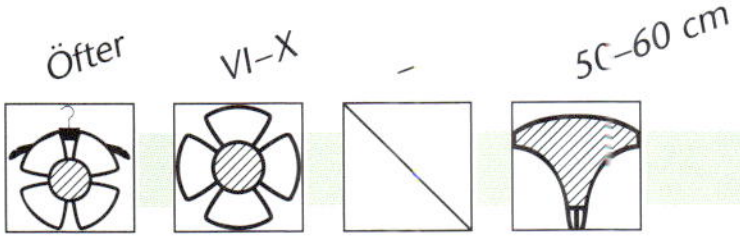

Magic Meidiland

Meilland, Alain, 1992
Strauchrose

Blüte: 30–35 Blütenblätter je Blüte, ca. 15 Blüten je Stiel. Gefüllt. Dunkelrosa. 3,0–4,0 cm Durchmesser.
Blütezeit: Juni–Oktober. Öfter blühend.
Duft: Leichter Duft.
Wuchs: Buschig, bogenförmig-überhängend, starkwüchsig, 40–60 cm hoch.
Pflanzung: 3 Pflanzen/m^2, Pflanzabstand 60 cm, Gruppe oder flächig.
Verwendung: Beetbepflanzung, Bodendeckerrose, Kübel, Rabatten.

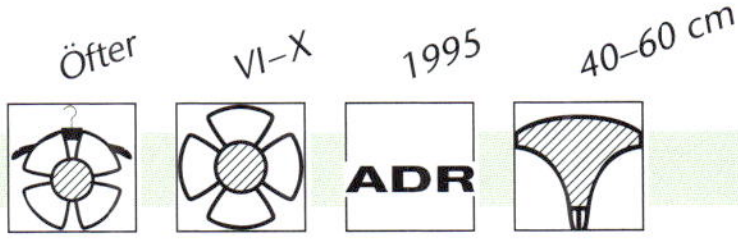

Mme. Louis Lévêque
Lévêque, 1864
Remontant-Hybride

Blüte: 50–80 Blütenblätter je Blüte. Stark gefüllt. Hellrosa bis karminrosa. 8,0–10,0 cm Durchmesser.
Blütezeit: Juni–Juli, August–Oktober. Zweimal blühend.
Duft: Mäßiger Duft.
Wuchs: Buschig, aufrecht, 100–120 cm hoch.
Pflanzung: 3 Pflanzen/m^2, Pflanzabstand 60 cm, Gruppe.
Verwendung: Historische Gärten, Bauerngärten.

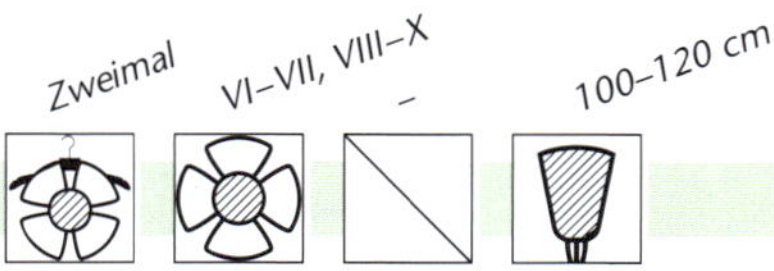

Heidegruß
Tantau, M., 1937
Polyantha-Hybride

Blüte: 50–60 Blütenblätter je Blüte. Stark gefüllt. Lachsrosa. 6,0–9,0 cm Durchmesser.
Blütezeit: Juni–Oktober. Öfter blühend.
Duft: Mäßiger Duft.
Wuchs: Buschig, aufrecht, 50–60 cm hoch.
Pflanzung: 5 Pflanzen/m^2, Pflanzabstand 45 cm, flächig, Gruppe.
Verwendung: Beetbepflanzung, Liebhabersorte.
Besonderheiten: Schwer zu beschaffen.

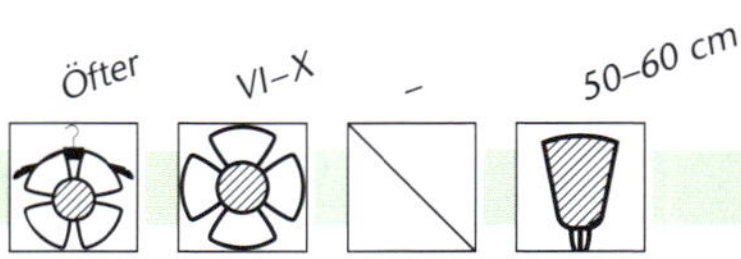

Foxi
Uhl, J., 1989
Rugosa-Hybride

Blüte: 10–25 Blütenblätter je Blüte. Gefüllt. Dunkelrosa. 3,0–6,0 cm Durchmesser.
Blütezeit: Juni–Oktober. Öfter blühend.
Duft: Starker Duft.
Wuchs: Buschig, aufrecht, bogenförmig-überhängend, 80–120 cm hoch.
Pflanzung: 1 Pflanze/m^2, Pflanzabstand 100 cm, Gruppe, flächig.
Verwendung: Strauchrose, Straßenbegleitpflanze, Rabatten.

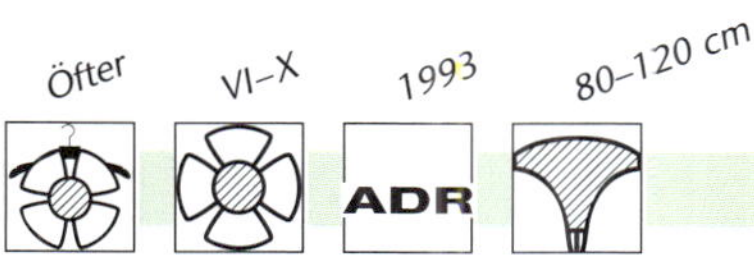

Île de France
Nonin, 1922
Wichuraiana-Hybride

Blüte: 10–25 Blütenblätter je Blüte. Gefüllt. Karminrot, innen weiß. 3,0–3,5 cm Durchmesser.
Blütezeit: Juli. Einmal blühend.
Duft: Leichter Duft.
Wuchs: Bogenförmig-überhängend, kletternd, 250–300 cm hoch.
Pflanzung: 1 Pflanze/m^2, Pflanzabstand 100 cm, Einzelstellung.
Verwendung: Kletterrose, Spalier, Säule.

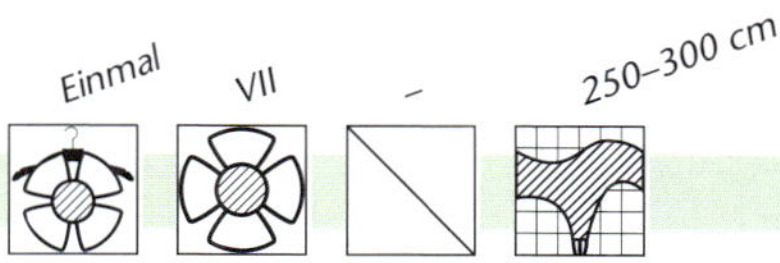

Belinda

Bentall, J. A., 1936
Moschata-Hybride

Blüte: 15–25 Blütenblätter je Blüte, 15–25 Blüten je Stiel. Gefüllt. Rosa. 2,0–3,0 cm Durchmesser.
Blütezeit: Juni–Oktober. Öfter blühend.
Duft: –
Wuchs: Buschig, aufrecht, bogenförmig-überhängend, starkwüchsig, 120–150 cm hoch.
Pflanzung: 1–3 Pflanzen/m^2, Pflanzabstand 60–100 cm, in Gruppen oder Einzelstellung.
Verwendung: Staudengärten, Strauchrose.

Rosa glauca var. glaucescens

Pourret
Wildrose

Blüte: 5 Blütenblätter je Blüte. Einfach. Rosa-karminrosa. 4,0–5,0 cm Durchmesser.
Blütezeit: Juni. Einmal blühend.
Duft: Sehr leichter Duft.
Wuchs: Buschig, aufrecht, bogenförmig-überhängend, starkwüchsig, 150–200 cm hoch.
Pflanzung: 1 Pflanze/m^2, Pflanzabstand 100 cm, Gruppe oder Einzelstellung.
Verwendung: Hecken, Strauchrose, naturnahe Gärten.

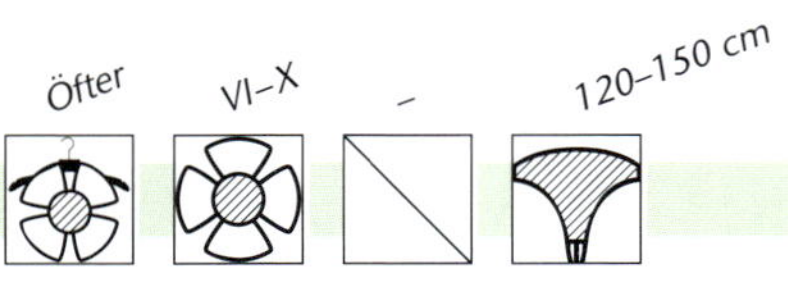

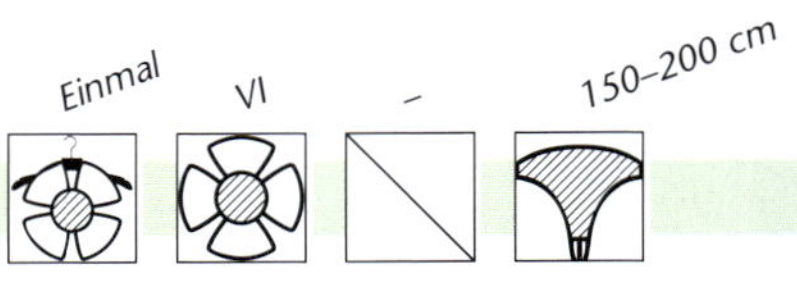

Pink Grootendorst
Grootendorst, 1923
Rugosa-Hybride

Blüte: 15–25 Blütenblätter je Blüte, 5–10 Blüten je Stiel. Gefüllt. Rosa. ca 3,0 cm Durchmesser.
Blütezeit: Juni–Oktober. Öfter blühend.
Duft: –
Wuchs: Buschig, aufrecht, bogenförmig-überhängend, 100–150 cm hoch.
Pflanzung: 1 Pflanze/m², Pflanzabstand 100 cm, Einzelstellung oder Gruppe.
Verwendung: Bauerngärten, Staudengärten.

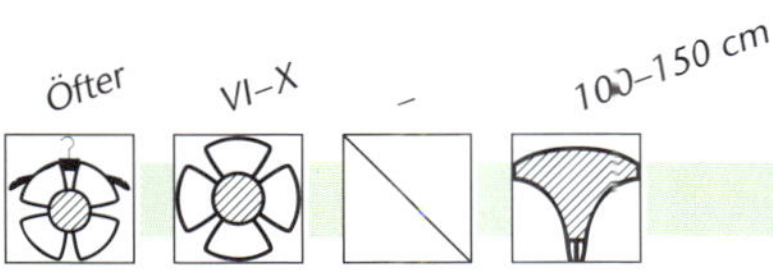

Egeskov
Poulsen, 1982
Floribundarose

Blüte: 35–50 Blütenblätter je Blüte. Gefüllt. Hellrosa. 6,0–9,0 cm Durchmesser.
Blütezeit: Juni–Oktober. Öfter blühend.
Duft: Sehr leichter Duft.
Wuchs: Buschig, aufrecht, 60–80 cm hoch.
Pflanzung: 4–5 Pflanzen/m², Pflanzabstand 45–50 cm, Gruppe, flächig.
Verwendung: Beetbepflanzung, Rabatten, Kübel.

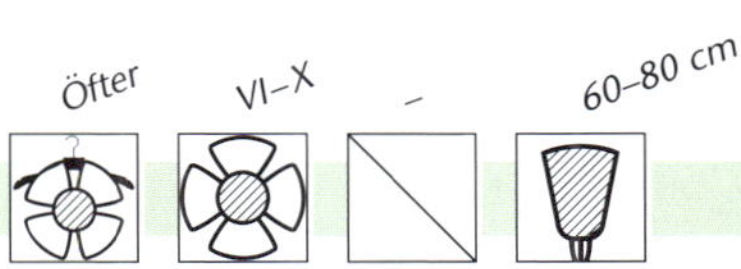

Mondiale

Kordes, W. Söhne, 1993
Tee-Hybride

Blüte: 25–50 Blütenblätter je Blüte. Gefüllt. Lachsrosa. 6,0–9,0 cm Durchmesser.
Blütezeit: Juni–Oktober. Öfter blühend.
Duft: –
Wuchs: Aufrecht, starkwüchsig, 80–100 cm hoch.
Pflanzung: 4–5 Pflanzen/m², Pflanzabstand 45–50 cm, Gruppe oder flächig.
Verwendung: Beetbepflanzung, Schnittrose.

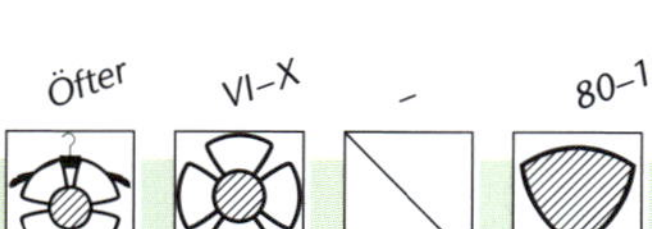

Schloss Balthasar

Kordes, W. Söhne, 1997
Floribundarose

Blüte: 25–50 Blütenblätter je Blüte. Stark gefüllt. Lachsrot. 3,0–6,0 cm Durchmesser.
Blütezeit: Juni–Oktober. Öfter blühend.
Duft: Sehr leichter Duft.
Wuchs: Buschig, aufrecht, starkwüchsig, 50–60 cm hoch.
Pflanzung: 5 Pflanzen/m², Pflanzabstand 45 cm, Gruppe oder flächig.
Verwendung: Beetbepflanzung, Rabatten, Terrasse, Kübel.

Barby

Kordes, W. Söhne, 1995
Tee-Hybride

Blüte: 50–60 Blütenblätter je Blüte, 1 Blüte je Stiel. Stark gefüllt. Rosa. 9,0–12,0 cm Durchmesser.
Blütezeit: Juni–Oktober. Öfter blühend.
Duft: –
Wuchs: Aufrecht, starkwüchsig, 80–100 cm hoch.
Pflanzung: 3–5 Pflanzen/m^2, Pflanzabstand 45–60 cm, Gruppe, flächig.
Verwendung: Beetbepflanzung, Gruppen, Schnitt.
Besonderheiten: Regenfest.

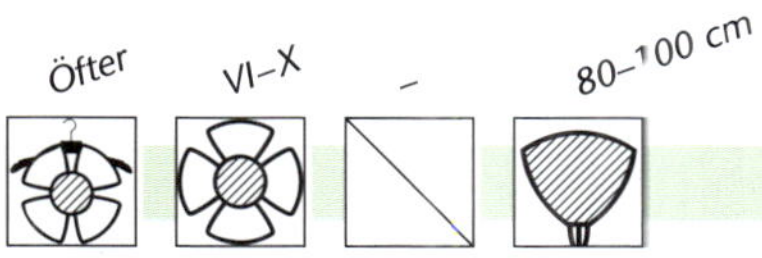

Blühwunder

Kordes, W. Söhne, 1995
Floribundarose

Blüte: 20–25 Blütenblätter je Blüte, ca. 50 Blüten je Stiel. Gefüllt. Silbrig rosa. 3,0–6,0 cm Durchmesser.
Blütezeit: Juni–Oktober. Öfter blühend.
Duft: Sehr leichter Duft, nach Apfel.
Wuchs: Buschig, aufrecht, bogenförmig-überhängend, starkwüchsig, 60–80 cm hoch.
Pflanzung: 4–5 Pflanzen/m^2, Pflanzabstand 45–50 cm, Gruppe, flächig.
Verwendung: Beetbepflanzung, Rabatte, Kübel.

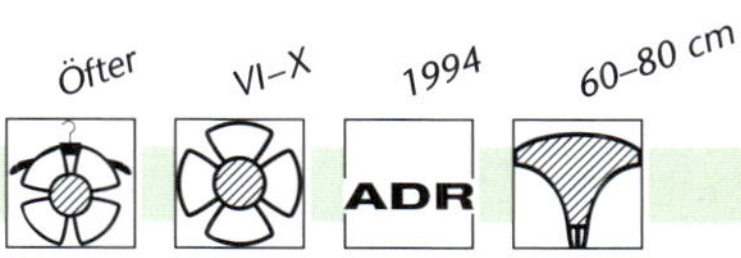

Münsterland
Noack, 1986
Strauchrose

Blüte: 25–30 Blütenblätter je Blüte. Gefüllt. Lachsrosa. 6,0–9,0 cm Durchmesser.
Blütezeit: Juni–Oktober. Öfter blühend.
Duft: Starker Duft.
Wuchs: Buschig, aufrecht, starkwüchsig, 150–180 cm hoch.
Pflanzung: 1–3 Pflanzen/m², Pflanzabstand 60–100 cm, Gruppe.
Verwendung: Strauchrose, Hecken.
Besonderheiten: Wächst sehr steif.

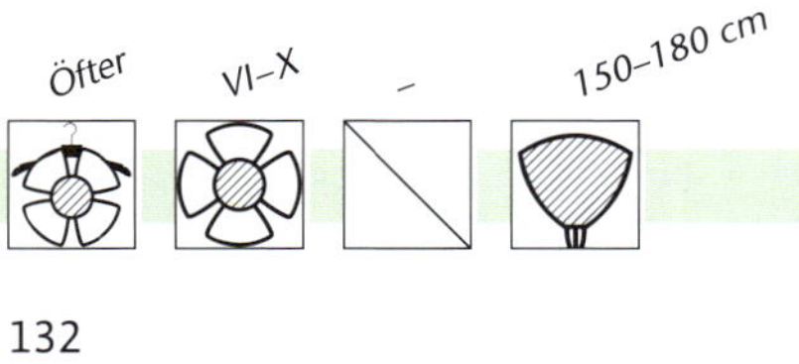

Carola
Noack, 1988
Strauchrose

Blüte: 20–25 Blütenblätter je Blüte, ca. 20 Blüten je Stiel. Gefüllt. Dunkelrosa. 3,0–6,0 cm Durchmesser.
Blütezeit: Juni–Oktober. Öfter blühend.
Duft: –
Wuchs: Buschig, aufrecht, 120–150 cm hoch.
Pflanzung: 1–3 Pflanzen/m², Pflanzabstand 60–100 cm, Gruppe oder Einzelstellung.
Verwendung: Strauchrose, Staudengärten.

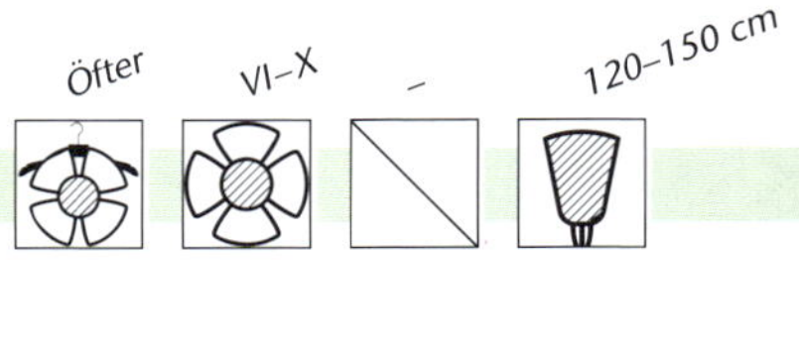

Rosarium Uetersen

Kordes, W. Söhne, 1977
öfterblühende Kletterrose

Blüte: 40–50 Blütenblätter je Blüte. Stark gefüllt. Rosa, Knospen dunkelrosa. 6,0–9,0 cm Durchmesser.
Blütezeit: Juli–Oktober. Öfter blühend.
Duft: –
Wuchs: Aufrecht, bogenförmig-überhängend, kletternd, 200–300 cm hoch, langsam wachsend.
Pflanzung: 1 Pflanze/m^2, Pflanzabstand 100 cm, Gruppe oder Einzelstellung.
Verwendung: Kletterrose, Spalier, Säule, Hochstamm.

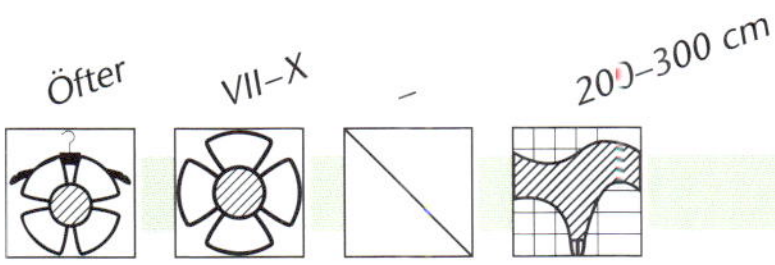

Aachener Dom

Meilland, 1982
Tee-Hybride

Blüte: 40–60 Blütenblätter je Blüte, 1 Blüte je Stiel. Stark gefüllt. Lachsrosa. 10,0–12,0 cm Durchmesser.
Blütezeit: Juni–Oktober. Öfter blühend.
Duft: Leichter Duft.
Wuchs: Buschig, aufrecht, starkwüchsig, 60–80 cm hoch.
Pflanzung: 4–5 Pflanzen/m^2, Pflanzabstand 45–50 cm, flächig, Gruppen.
Verwendung: Beetbepflanzung.

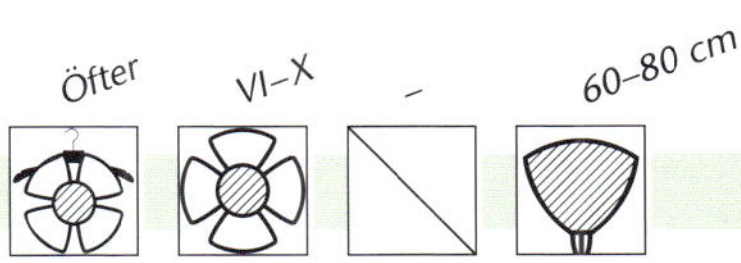

Blühendes Barock
Noack, 1997
Floribundarose

Blüte: 30–35 Blütenblätter je Blüte. Gefüllt. Altrosa. 3,0–6,0 cm Durchmesser.
Blütezeit: Juni–Oktober. Öfter blühend.
Duft: –
Wuchs: Buschig, bogenförmig-überhängend, 60–80 cm hoch.
Pflanzung: 4–5 Pflanzen/m^2, Pflanzabstand 45–50 cm, flächig, Gruppe, Einzelstellung.
Verwendung: Beetbepflanzung, Rabatte, Kübel, Terrasse.

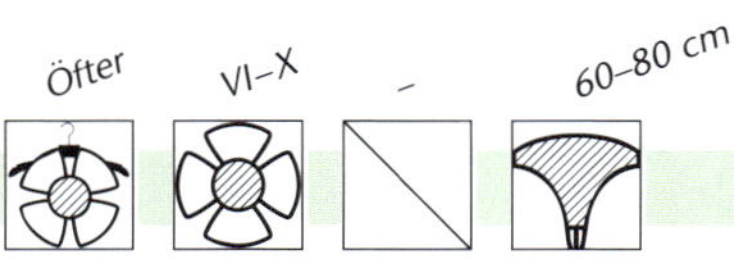

Sorbet
Meilland, 1993
öfterblühende Kletterrose

Blüte: 30–50 Blütenblätter je Blüte, 3–5 Blüten je Stiel. Stark gefüllt. Cremegelb bis zartrosa. 10,0–12,0 cm Durchmesser.
Blütezeit: Juni–Oktober. Öfter blühend.
Duft: –
Wuchs: Buschig, aufrecht, 200–250 cm hoch.
Pflanzung: 2–3 Pflanzen/m^2, Pflanzabstand 60–70 cm, Gruppe, Einzelstellung.
Verwendung: Kletterrose, Strauchrose.

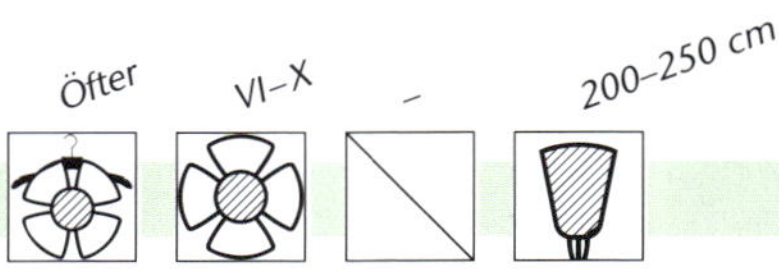

Gaspard Monge
Robert, 1854
Zentifolie oder Kohlrose

Blüte: 50–80 Blütenblätter je Blüte. Stark gefüllt. Rosa, hellrotviolett schattiert. 6,0–9,0 cm Durchmesser.
Blütezeit: Juni–Juli. Einmal blühend.
Duft: Starker Duft.
Wuchs: Buschig, aufrecht, bogenförmig-überhängend, starkwüchsig, 150–180 cm hoch.
Pflanzung: 1 Pflanze/m^2, Pflanzabstand 100 cm, Einzelstellung oder Gruppe.
Verwendung: Historische Gärten, Bauerngärten, Strauchrose.

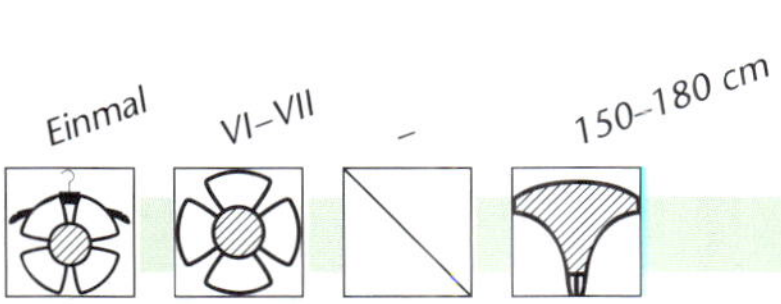

Mme. Grégoire Staechelin
Dot, P., 1927
kletternde Tee-Hybride

Blüte: 15–25 Blütenblätter je Blüte, 3–5 Blüten je Stiel. Gefüllt. Rosa, am Rand hellrosa. 6,0–9,0 cm Durchmesser.
Blütezeit: Juni–Juli. Geringe Nachblüte.
Duft: Mäßiger Duft.
Wuchs: Aufrecht, bogenförmig-überhängend, kletternd, starkwüchsig, 300–400 cm hoch.
Pflanzung: 1 Pflanze/m^2, Pflanzabstand 100 cm, Einzelstellung.
Verwendung: Bogen, Kletterrose, Säule.
Besonderheiten: Riesige Hagebutten.

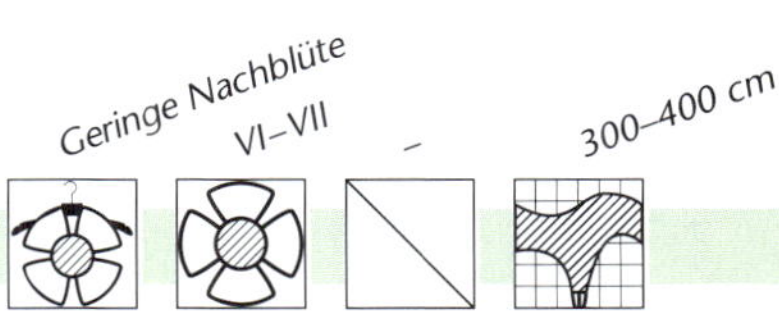

Madona

Meilland, 1992
Tee-Hybride

Blüte: 40–60 Blütenblätter je Blüte, 1 Blüte je Stiel. Stark gefüllt. Rosa, auf der Rückseite hellrosa. 8,0–10,0 cm Durchmesser.
Blütezeit: Juni–Oktober. Öfter blühend.
Duft: Angenehmer Duft.
Wuchs: Buschig, aufrecht, 80–100 cm hoch.
Pflanzung: 4–5 Pflanzen/m^2, Pflanzabstand 45–50 cm, Gruppe oder flächig.
Verwendung: Beetbepflanzung, Schnittrose.

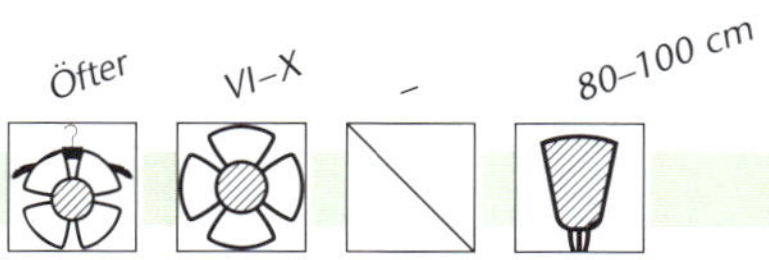

Rosario

Tantau, 1993
Strauchrose

Blüte: 25–50 Blütenblätter je Blüte. Gefüllt. Rosa. 5,0–7,0 cm Durchmesser.
Blütezeit: Juli, August–Oktober. Zweimal blühend.
Duft: Leichter Duft.
Wuchs: Buschig, bogenförmig-überhängend, starkwüchsig, 120–150 cm hoch.
Pflanzung: 1 Pflanze/m^2, Pflanzabstand 100 cm, Einzelstellung oder Gruppe.
Verwendung: Strauchrose.

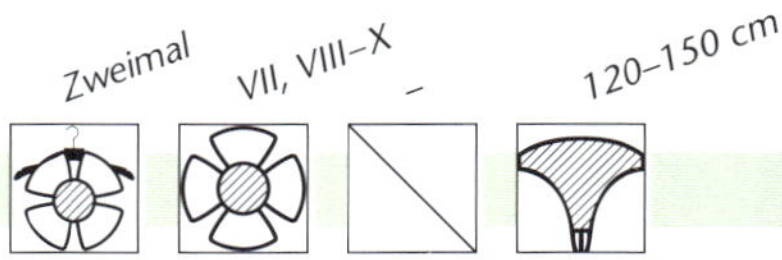

Rosenprofessor Sieber
Kordes, W. Söhne, 1997
Floribundarose

Blüte: 40–50 Blütenblätter je Blüte. Stark gefüllt. Rosa bis cremerosa. 3,0–6,0 cm Durchmesser.
Blütezeit: Juni–Oktober. Öfter blühend.
Duft: Sehr leichter Duft.
Wuchs: Buschig, aufrecht, bogenförmig-überhängend, starkwüchsig, 50–70 cm hoch.
Pflanzung: 3–5 Pflanzen/m², Pflanzabstand 45–60 cm, Gruppe oder flächig.
Verwendung: Beetbepflanzung, Bodendeckerrose, Rabatten, Kübel.

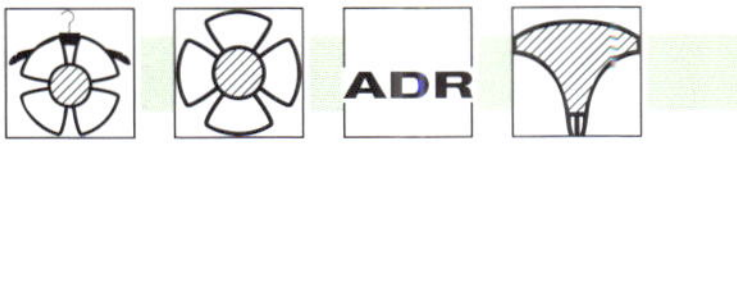

Frederic Mistral
Meilland, 1993
Tee-Hybride

Blüte: 50–60 Blütenblätter je Blüte, 1 Blüte je Stiel. Stark gefüllt. Hellrosa, innen dunkelrosa. 10,0–12,0 cm Durchmesser.
Blütezeit: Juni–Oktober. Öfter blühend.
Duft: Starker Duft.
Wuchs: Buschig, aufrecht, starkwüchsig, 60–80 cm hoch.
Pflanzung: 4–5 Pflanzen/m², Pflanzabstand 45–50 cm, Gruppe, flächig.
Verwendung: Beetbepflanzung, Duftrose.

Armada
Harkness, 1989
Strauchrose

Blüte: 25–50 Blütenblätter je Blüte, 5–7 Blüten je Stiel. Gefüllt. Rosa. 6,0–9,0 cm Durchmesser.
Blütezeit: Juli–Oktober. Öfter blühend.
Duft: Sehr leichter Duft.
Wuchs: Buschig, aufrecht, 90–150 cm hoch.
Pflanzung: 2–3 Pflanzen/m², Pflanzabstand 60–70 cm, Gruppen, Einzelstellung.
Verwendung: Strauchrose, Rabatten.

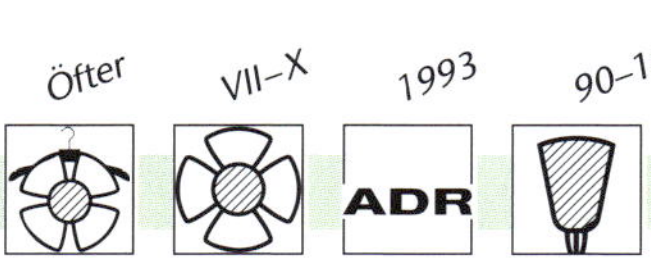

Nostalgie
Tantau, 1995
Tee-Hybride

Blüte: 25–50 Blütenblätter je Blüte. Stark gefüllt. Cremeweiß, am Rand karminrosa. 5,0–7,0 cm Durchmesser.
Blütezeit: Juni–Oktober. Öfter blühend.
Duft: Mäßiger Duft.
Wuchs: Buschig, aufrecht, starkwüchsig, 80–100 cm hoch.
Pflanzung: 3–5 Pflanzen/m², Pflanzabstand 45–60 cm, Gruppe oder flächig.
Verwendung: Beetbepflanzung, Farbenrose, Kübel.

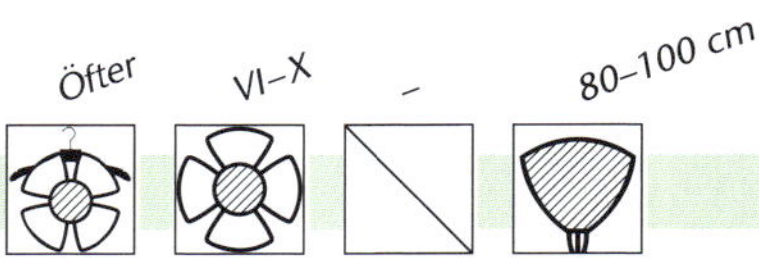

Heritage
Austin, David, 1984
Strauchrose

Blüte: 40–60 Blütenblätter je Blüte, 3–5 Blüten je Stiel. Stark gefüllt. Hellrosa – weißlich rosa. 6,0–9,0 cm Durchmesser.
Blütezeit: Juni–Oktober. Öfter blühend.
Duft: Starker Duft.
Wuchs: Buschig, aufrecht, bogenförmig-überhängend, 120–130 cm hoch.
Pflanzung: 1 Pflanze/m², Pflanzabstand 100 cm, Gruppe oder Einzelstellung.
Verwendung: Duftrose, Strauchrose.

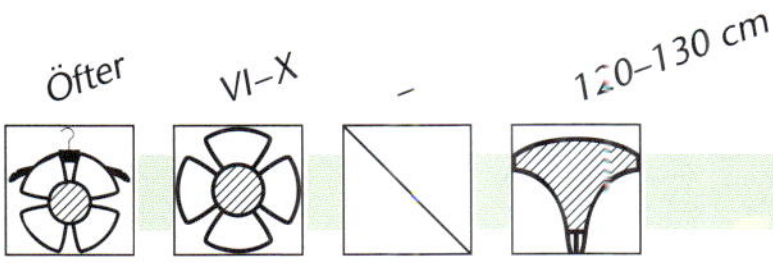

Diadem
Tantau, 1986
Floribundarose

Blüte: 25–50 Blütenblätter je Blüte. Stark gefüllt. Hellrosa. 3,0–6,0 cm Durchmesser.
Blütezeit: Juni–Oktober. Öfter blühend.
Duft: –
Wuchs: Buschig, aufrecht, 60–80 cm hoch.
Pflanzung: 5 Pflanzen/m², Pflanzabstand 45 cm, Gruppe, flächig.
Verwendung: Beetbepflanzung, Parkanlagen, Schnittrose.

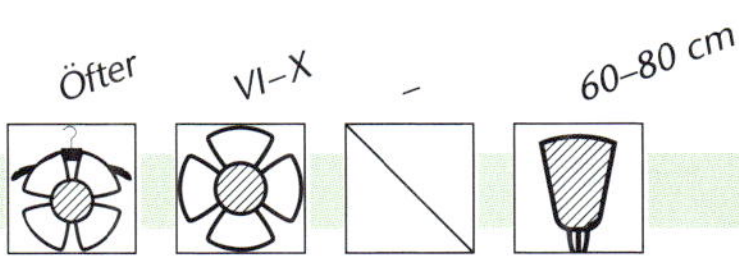

New Dawn

Somerset, 1930
Wichuraiana-Hybride

Blüte: 25–50 Blütenblätter je Blüte, 3–5 Blüten je Stiel. Gefüllt. Hellrosa bis creme. 6,0–9,0 cm Durchmesser.
Blütezeit: Juli, August–Oktober. Zweimal blühend.
Duft: Mäßiger Duft.
Wuchs: Aufrecht, bogenförmig-überhängend, kletternd, starkwüchsig, 300–500 cm hoch.
Pflanzung: 1 Pflanze/m^2, Pflanzabstand 100 cm, Einzelstellung.
Verwendung: Kletterrose, Pergolen, Häuserwände.

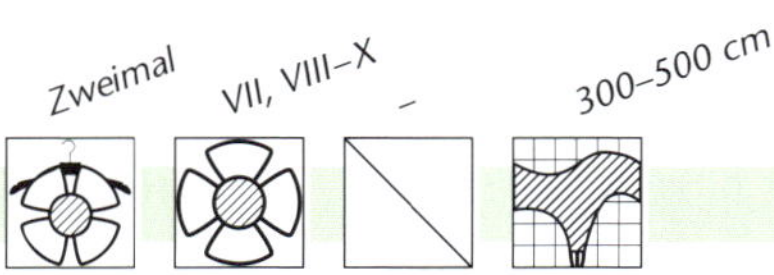

Scintillation

Austin, David, 1967
Strauchrose

Blüte: 10–15 Blütenblätter je Blüte, 3–7 Blüten je Stiel. Leicht gefüllt. Hellrosa. 3,0–6,0 cm Durchmesser.
Blütezeit: Juni–Juli. Einmal blühend.
Duft: Mäßiger Duft.
Wuchs: Buschig, bogenförmig-überhängend, kletternd, starkwüchsig, 100–150 cm hoch.
Pflanzung: 1 Pflanze/m^2, Pflanzabstand 100 cm, Einzelstellung oder Gruppe.
Verwendung: Strauchrose, naturnahe Gärten, auch als Kletterrose.

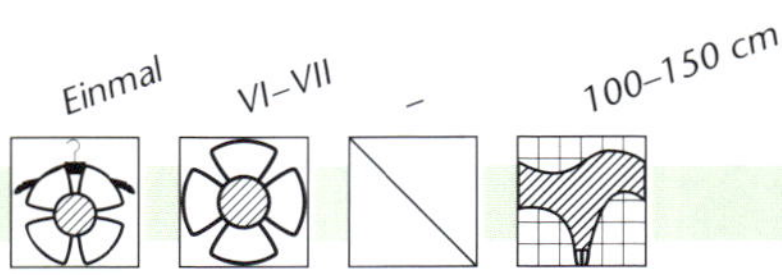

Marytje Cazant

Van Nees, 1927
Polyantharose

Blüte: 10–25 Blütenblätter je Blüte. Gefüllt. Hellkorallenrosa. 2,5–3,0 cm Durchmesser.
Blütezeit: Juli, August–Oktober. Zweimal blühend.
Duft: –
Wuchs: Buschig, aufrecht, bogenförmig-überhängend, 40–50 cm hoch.
Pflanzung: 5 Pflanzen/m^2, Pflanzabstand 45 cm, Gruppe oder flächig.
Verwendung: Beetbepflanzung, Staudengärten.
Besonderheiten: Abstammung: Jessie (Merryweather – 1909) × Selbstung.

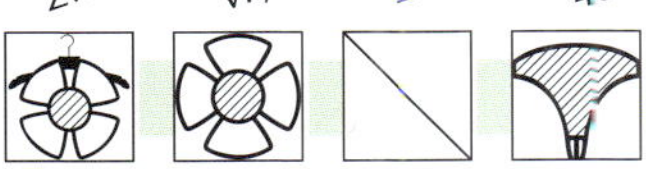

Holstentor

Meilland, 1990
Floribundarose

Blüte: 25–30 Blütenblätter je Blüte, 5–8 Blüten je Stiel. Gefüllt. Lachsrosa. 6,0–7,0 cm Durchmesser.
Blütezeit: Juni–Oktober. Öfter blühend.
Duft: –
Wuchs: Buschig, aufrecht, 50–70 cm hoch.
Pflanzung: 5 Pflanzen/m^2, Pflanzabstand 45 cm, flächig oder Gruppe.
Verwendung: Beetbepflanzung, Rabatten.

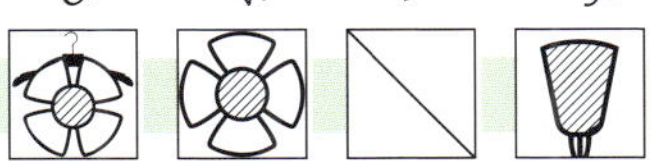

Vogelpark Walsrode
Kordes, W. Söhne, 1988
Strauchrose

Blüte: 40–50 Blütenblätter je Blüte. Stark gefüllt. Hellrosa. 6,0–9,0 cm Durchmesser.
Blütezeit: Juli, August–Oktober. Zweimal blühend.
Duft: Leichter Duft.
Wuchs: Buschig, bogenförmig-überhängend, 120–150 cm hoch.
Pflanzung: 1–3 Pflanzen/m^2, Pflanzabstand 60–100 cm, Einzelstellung oder Gruppe.
Verwendung: Strauchrose, Staudengärten.
Besonderheiten: Strauch baut sich schön auf.

Bonica
Meilland, 1981
Floribundarose

Blüte: 25–30 Blütenblätter je Blüte, 5–10 Blüten je Stiel. Gefüllt. Hellrosa, Knospen dunkelrosa. 5,0–7,0 cm Durchmesser.
Blütezeit: Juni–Oktober. Öfter blühend.
Duft: –
Wuchs: Buschig, aufrecht, bogenförmig-überhängend, 60–80 cm hoch.
Pflanzung: 4–5 Pflanzen/m^2, Pflanzabstand 45–50 cm, flächig oder Gruppe.
Verwendung: Beetbepflanzung, Rabatte, Kübel, Terrasse.

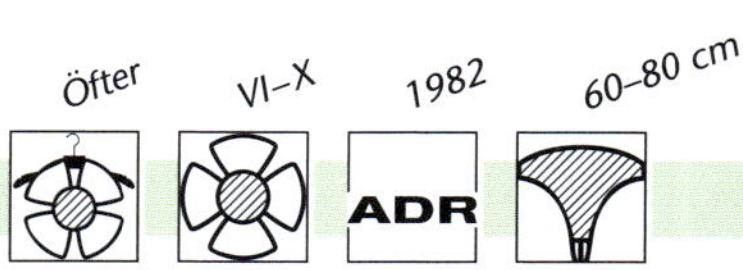

Sommermelodie

Noack, 1993
Bodendeckerrose

Blüte: 15–25 Blütenblätter je Blüte, ca. 25 Blüten je Stiel. Gefüllt. Cremerosa, Knospen rosa. 3,0–4,0 cm Durchmesser.
Blütezeit: Juni–Oktober. Öfter blühend.
Duft: –
Wuchs: Buschig, bogenförmig-überhängend, 70–80 cm hoch.
Pflanzung: 3 Pflanzen/m^2, Pflanzabstand 60 cm, Gruppe oder flächig.
Verwendung: Bodendeckerrose, Kleinstrauchrose, Böschungen, Kübel.

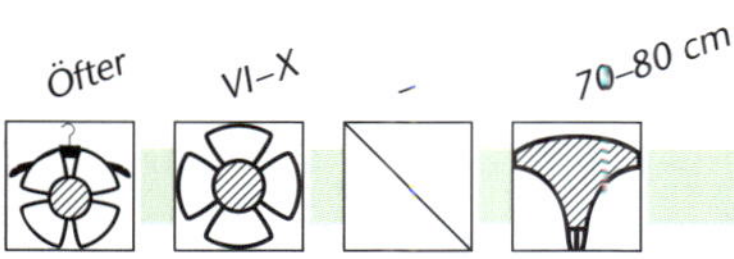

Felicia

Pemberton, 1928
Moschata-Hybride

Blüte: 25–40 Blütenblätter je Blüte, 7–11 Blüten je Stiel. Gefüllt. Rosa bis cremerosa, schattiert. 3,0–6,0 cm Durchmesser.
Blütezeit: Juni–Oktober. Öfter blühend.
Duft: Starker Duft.
Wuchs: Buschig, bogenförmig-überhängend, starkwüchsig, 120–150 cm hoch.
Pflanzung: 1 Pflanze/m^2, Pflanzabstand 100 cm, Gruppen oder Einzelstellung.
Verwendung: Strauchrose.

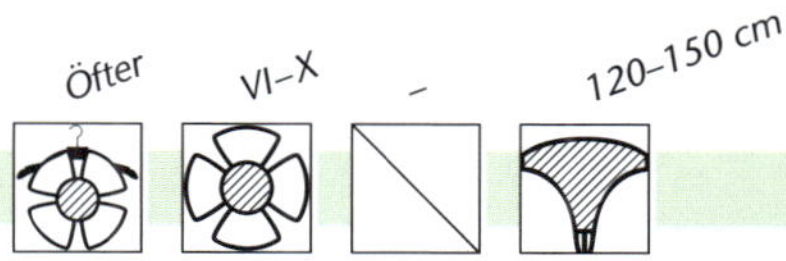

Falkland

In Nordirland entstanden
Strauchrose

Blüte: 25–30 Blütenblätter je Blüte, 1 Blüte je Stiel. Gefüllt. Hellrosa bis cremerosa. 3,0–4,0 cm Durchmesser.
Blütezeit: Mai–Juni. Einmal blühend.
Duft: Leichter Duft.
Wuchs: Buschig, bogenförmig-überhängend, starkwüchsig, 120–150 cm hoch.
Pflanzung: 1 Pflanze/m^2, Pflanzabstand 100 cm, in Gruppen oder Einzelstellung.
Verwendung: Strauchrose, Hecken, naturnahe Gärten.

Bingo Meidiland

Meilland, 1991
Bodendeckerrose

Blüte: 5–7 Blütenblätter je Blüte, 15–20 Blüten je Stiel. Einfach. Rosa bis weiß. 3,0–4,0 cm Durchmesser.
Blütezeit: Juni–Oktober. Öfter blühend.
Duft: –
Wuchs: Buschig, bogenförmig-überhängend, starkwüchsig, 60–80 cm hoch.
Pflanzung: 3 Pflanzen/m^2, Pflanzabstand 60 cm, flächig oder Gruppe.
Verwendung: Beetbepflanzung, Bodendeckerrose, Kübel.

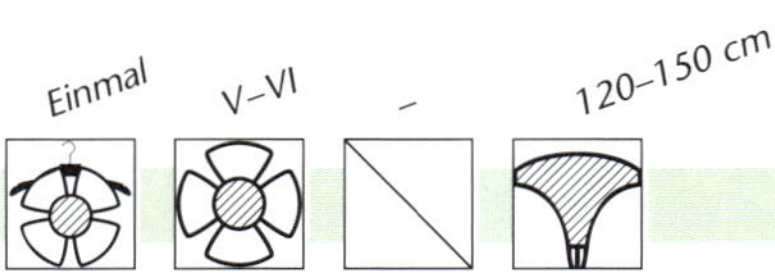

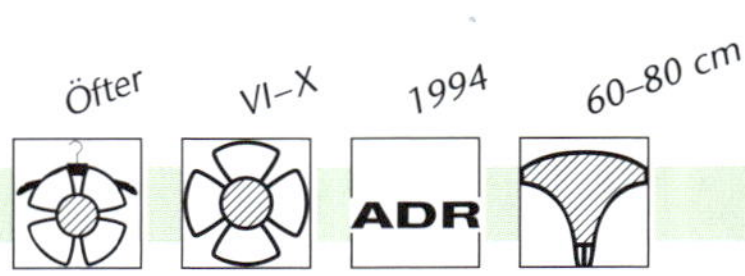

Heinrich Conrad Söth

Lambert, 1919
Lambertianarose

Blüte: 5 Blütenblätter je Blüte. Einfach. Rosa, innen weiß. 2,5–3,0 cm Durchmesser.
Blütezeit: Juli, August–Oktober. Zweimal blühend.
Duft: –
Wuchs: Buschig, bogenförmig-überhängend, starkwüchsig, 120–180 cm hoch.
Pflanzung: 1 Pflanze/m^2, Pflanzabstand 100 cm, Gruppe oder Einzelstellung.
Verwendung: Strauchrose, naturnahe Gärten, Staudengärten.

Général Kleber

Robert, 1856
Moosrose (Centifolia muscosa)

Blüte: 25–50 Blütenblätter je Blüte, 1 Blüte je Stiel. Stark gefüllt. Rosa. 6,0–9,0 cm Durchmesser.
Blütezeit: Juni. Einmal blühend.
Duft: Leichter Duft.
Wuchs: Buschig, bogenförmig-überhängend, 150–180 cm hoch.
Pflanzung: 1 Pflanze/m^2, Pflanzabstand 100 cm, Einzelstellung oder Gruppe.
Verwendung: Historische Gärten, Bauerngärten, Strauchrose.

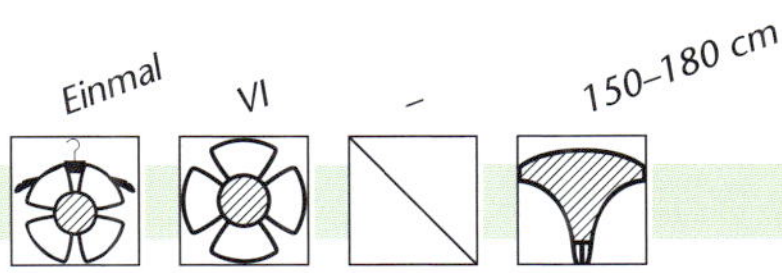

Francis

Fauque, 1909
Multiflora-Hybride

Blüte: 10–25 Blütenblätter je Blüte. Gefüllt. Rosa, innen cremerosa. 2,5–3,0 cm Durchmesser.
Blütezeit: Juni–Juli. Einmal blühend.
Duft: Sehr leichter Duft.
Wuchs: Bogenförmig-überhängend, kletternd, starkwüchsig, 300–500 cm hoch.
Pflanzung: 1 Pflanze/m^2, Pflanzabstand 100 cm, Einzelstellung.
Verwendung: Kletterrose, Pergolen, Mauern.

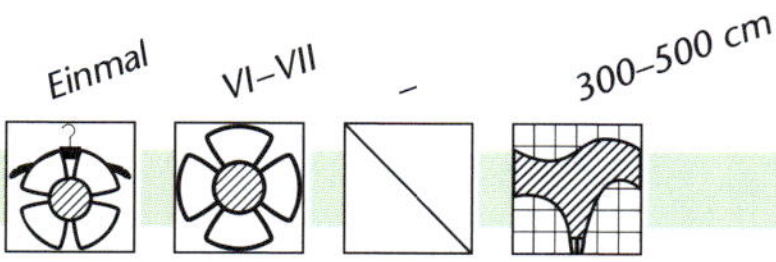

Pink Bassino

Kordes, W. Söhne, 1995
Bodendeckerrose

Blüte: 5 Blütenblätter je Blüte. Einfach. Hellrosa, Knospen apfelblütenrosa. 3,0–4,0 cm Durchmesser.
Blütezeit: Juni–Oktober. Öfter blühend.
Duft: –
Wuchs: Niederliegend, buschig, bogenförmig-überhängend, 40–60 cm hoch.
Pflanzung: 3 Pflanzen/m^2, Pflanzabstand 60 cm, Gruppe oder flächig.
Verwendung: Beetbepflanzung, Bodendeckerrose, Rabatten, Kübel.

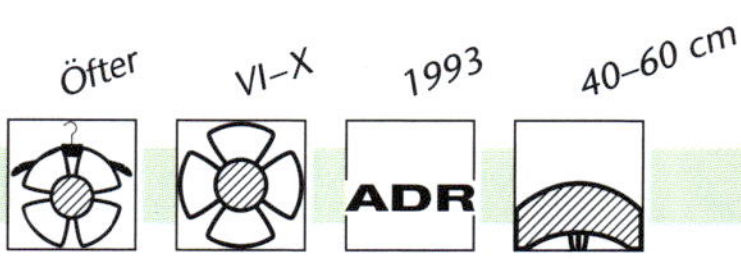

Richard Strauß

Noack, 1989
Bodendeckerrose

Blüte: 5 Blütenblätter je Blüte, 25–30 Blüten je Stiel. Einfach. Karminrosa, innen weiß. 2,5–3,0 cm Durchmesser.
Blütezeit: Juli–Oktober. Öfter blühend.
Duft: –
Wuchs: Buschig, bogenförmig-überhängend, starkwüchsig, 80–130 cm hoch.
Pflanzung: 1 Pflanze/m^2, Pflanzabstand 100 cm, Einzelstellung oder Gruppe.
Verwendung: Kleinstrauchrose, naturnahe Gärten, über Mauern hängend.

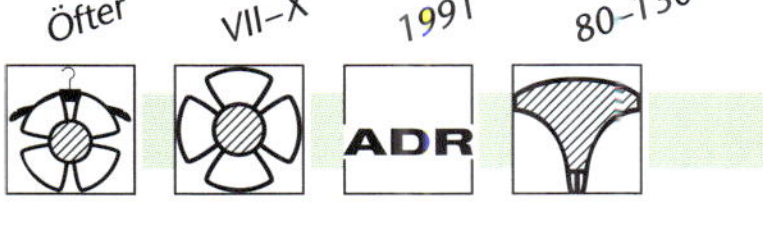

Michèle Meilland

Meilland, F., 1945
Tee-Hybride

Blüte: 25–50 Blütenblätter je Blüte, 1 Blüte je Stiel. Stark gefüllt. Hellrosa bis lachsgelb. 6,0–9,0 cm Durchmesser.
Blütezeit: Juni–Oktober. Öfter blühend.
Duft: Mäßiger Duft.
Wuchs: Buschig, aufrecht, 60–80 cm hoch.
Pflanzung: 5 Pflanzen/m^2, Pflanzabstand 45 cm, Gruppe oder flächig.
Verwendung: Beetbepflanzung, Liebhaberpflanze.

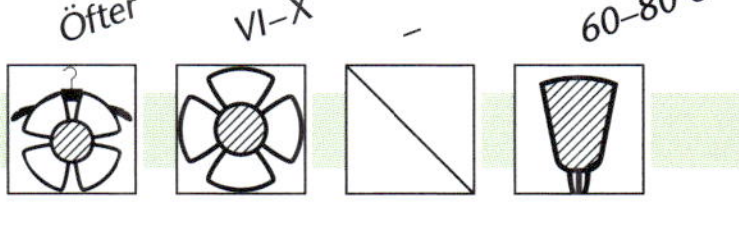

The Fairy

Bentall, J. A., 1932
Polyantharose

Blüte: 25–50 Blütenblätter je Blüte, 25–50 Blüten je Stiel. Gefüllt. Rosa. 2,0–3,0 cm Durchmesser.
Blütezeit: Juli, August–Oktober. Zweimal blühend.
Duft: –
Wuchs: Buschig, bogenförmig-überhängend, 40–60 cm hoch.
Pflanzung: 5 Pflanzen/m^2, Pflanzabstand 45 cm, Gruppe oder flächig.
Verwendung: Beetbepflanzung, Bodendeckerrose, Kübel.

Koralle

Harkness, 1991
Floribundarose

Blüte: 25–50 Blütenblätter je Blüte. Stark gefüllt. Korallenrosa. 3,0–6,0 cm Durchmesser.
Blütezeit: Juni–Oktober. Öfter blühend.
Duft: –
Wuchs: Buschig, aufrecht, 70–90 cm hoch.
Pflanzung: 4–5 Pflanzen/m^2, Pflanzabstand 45–50 cm, Gruppe oder flächig.
Verwendung: Beetbepflanzung, Rabatten, Kübel, Schnittrose.
Besonderheiten: Schnittrose, gute Haltbarkeit der Blüten.

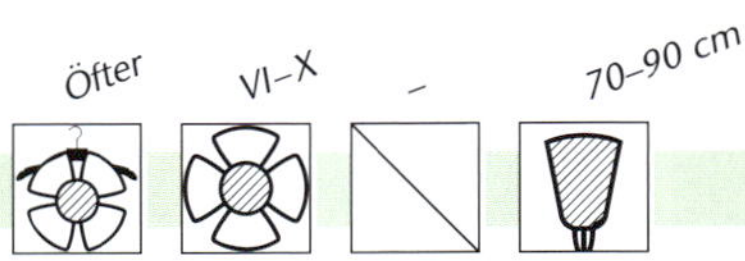

Raubritter

Kordes, W. Söhne, 1936
Macrantha-Hybride

Blüte: 10–25 Blütenblätter je Blüte, 7–11 Blüten je Stiel. Gefüllt. Rosa. 3,0–4,0 cm Durchmesser.
Blütezeit: Juli. Einmal blühend
Duft: –
Wuchs: Buschig, bogenförmig-überhängend, kletternd, starkwüchsig, 250–350 cm hoch.
Pflanzung: 1 Pflanze/m², Pflanzabstand 100 cm, Einzelstellung.
Verwendung: Bogen, Kletterrose.
Besonderheiten: Gut winterhart.

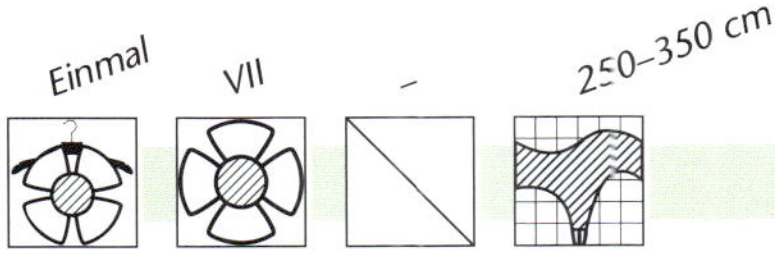

Mirato

Tantau, 1990
Bodendeckerrose

Blüte: 25–50 Blütenblätter je Blüte. Gefüllt. Rosa. 3,0–6,0 cm Durchmesser.
Blütezeit: Juli–Oktober. Öfter blühend.
Duft: –
Wuchs: Buschig, bogenförmig-überhängend, 50–70 cm hoch.
Pflanzung: 3–4 Pflanzen/m², Pflanzabstand 50–60 cm, Gruppe oder flächig.
Verwendung: Beetbepflanzung, Bodendeckerrose, Kübel, Rabatten.

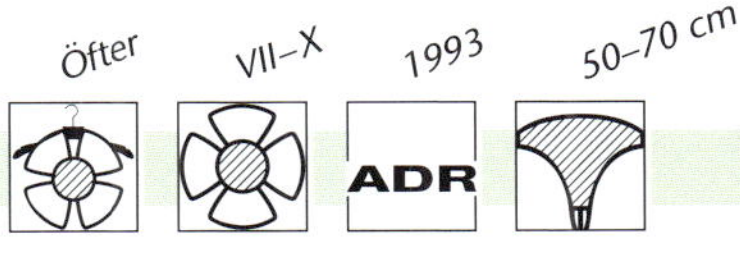

Amulett

Tantau, 1991
Miniaturrose

Blüte: 40–50 Blütenblätter je Blüte. Stark gefüllt. Rosa, Knospen rot. ca. 3,0 cm Durchmesser.
Blütezeit: Juni–Oktober. Fast fortlaufend.
Duft: –
Wuchs: Buschig, bogenförmig-überhängend, 30–40 cm hoch.
Pflanzung: 5–8 Pflanzen/m^2, Pflanzabstand 35–45 cm, flächig, Gruppe.
Verwendung: Kübel, Grab und Terrasse.

Brother Cadfael

Austin, David, 1990
Strauchrose

Blüte: 50–60 Blütenblätter je Blüte. Stark gefüllt. Rosa. 8,0–10,0 cm Durchmesser.
Blütezeit: Juni–Oktober. Öfter blühend.
Duft: Starker Duft.
Wuchs: Buschig, aufrecht, 80–120 cm hoch.
Pflanzung: 1–3 Pflanzen/m^2, Pflanzabstand 60–100 cm, Gruppe, Einzelstellung.
Verwendung: Duftrose, Strauchrose.

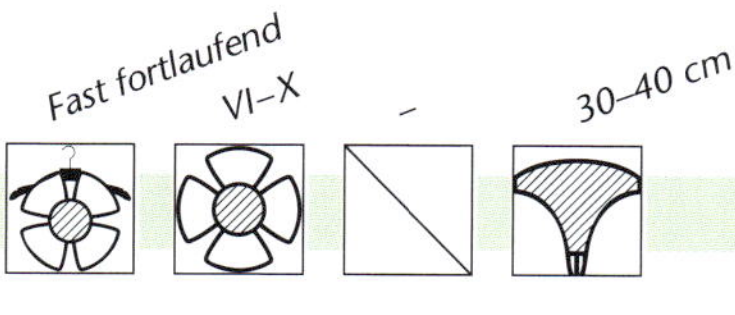

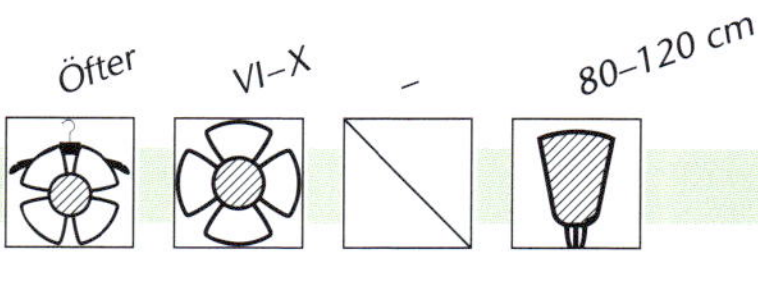

Ferdinand Pichard

Tanne, 1921
Remontant-Hybride

Blüte: 25–50 Blütenblätter je Blüte, 3–7 Blüten je Stiel. Gefüllt. Rosa, Petalen gestreift (karminrot). 9,0–12,0 cm Durchmesser.
Blütezeit: Juni–Juli, August–Oktober. Zweimal blühend.
Duft: Angenehmer Duft.
Wuchs: Buschig, aufrecht, starkwüchsig, 120–150 cm hoch.
Pflanzung: 1–3 Pflanzen/m^2, Pflanzabstand 60–100 cm, Gruppe oder Einzelstellung.
Verwendung: Historische Gärten, Bauerngärten, Strauchrose.

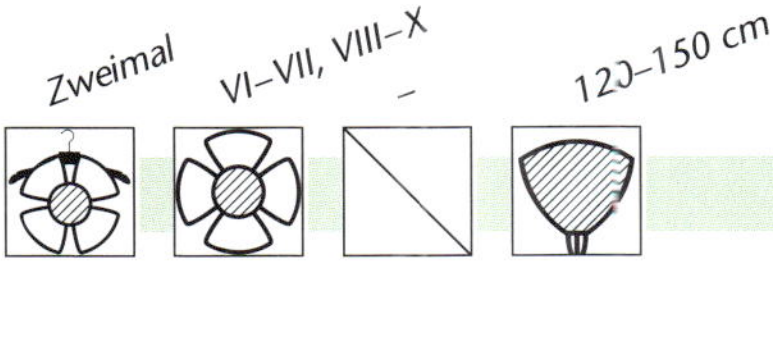

Weihenstephan

Kordes, W. Söhne, 1964
Strauchrose

Blüte: 25–40 Blütenblätter je Blüte. Gefüllt. Dunkelkarminrosa. 6,0–9,0 cm Durchmesser.
Blütezeit: Juni–Oktober. Öfter blühend.
Duft: Sehr leichter Duft.
Wuchs: Buschig, aufrecht, 120–150 cm hoch.
Pflanzung: 1–3 Pflanzen/m^2, Pflanzabstand 60–100 cm, Einzelstellung oder Gruppe.
Verwendung: Strauchrose, Staudengärten.

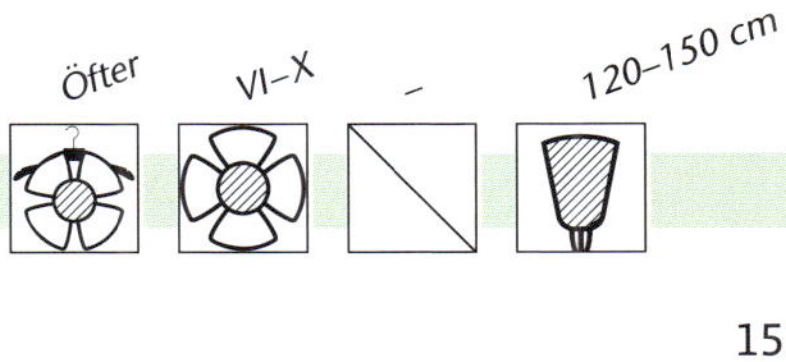

Georgette
Kordes, W. Söhne, 1995
Floribundarose

Blüte: 25–30 Blütenblätter je Blüte. Gefüllt. Rosa. 3,0–6,0 cm Durchmesser.
Blütezeit: Juni–Oktober. Öfter blühend.
Duft: Sehr leichter Duft.
Wuchs: Buschig, aufrecht, bogenförmig-überhängend, starkwüchsig, 80–100 cm hoch.
Pflanzung: 3–5 Pflanzen/m², Pflanzabstand 45–60 cm, Gruppe, flächig.
Verwendung: Beetbepflanzung, Bodendeckerrose.

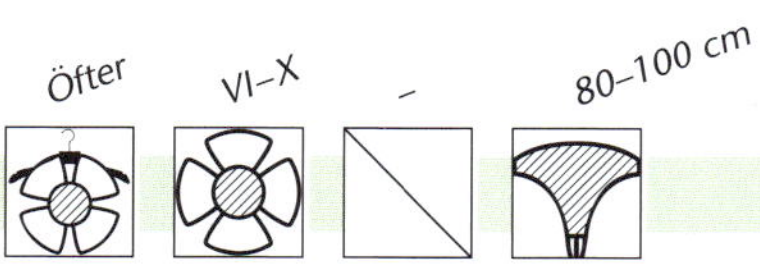

Catherine Guillot
Guillot, 1861
Bourbon-Hybride

Blüte: 40–60 Blütenblätter je Blüte. Stark gefüllt. Dunkelpurpurrosa. 6,0–9,0 cm Durchmesser.
Blütezeit: Juni–Juli, August–Oktober. Zweimal blühend.
Duft: Starker Duft.
Wuchs: Buschig, aufrecht, bogenförmig-überhängend, 150–200 cm hoch.
Pflanzung: 1 Pflanze/m², Pflanzabstand 100 cm, Einzelstellung oder Gruppe.
Verwendung: Historische Gärten, Strauchrose.

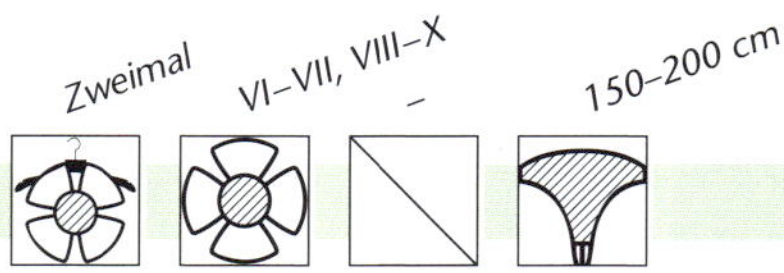

Sächs. Lichtenstein
Noack, 1996
Bodendeckerrose

Blüte: 5–10 Blütenblätter je Blüte. Einfach bis leicht gefüllt. Rosa, innen weiß. 3,0–6,0 cm Durchmesser.
Blütezeit: Juni–Oktober. Öfter blühend.
Duft: –
Wuchs: Buschig, bogenförmig-überhängend, starkwüchsig, 70–80 cm hoch.
Pflanzung: 3 Pflanzen/m^2, Pflanzabstand 60 cm, Gruppe oder flächig.
Verwendung: Bodendeckerrose, Rabatten, Beetbepflanzung.

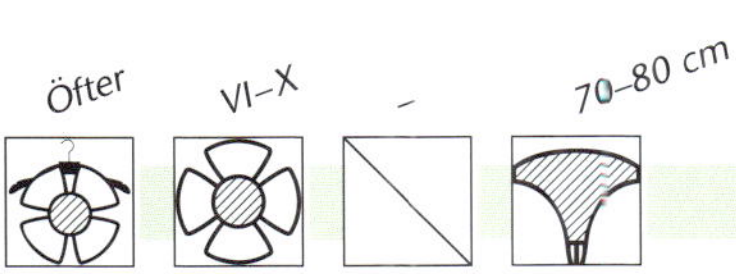

Rosa majalis
Herrm.
Wildrose

Blüte: 5 Blütenblätter je Blüte, 1–3 Blüten je Stiel. Einfach. Rosa. 3,0–5,0 cm Durchmesser.
Blütezeit: Mai. Einmal blühend.
Duft: Mäßiger Duft.
Wuchs: Buschig, aufrecht, bogenförmig-überhängend, 120–150 cm hoch.
Pflanzung: 1–2 Pflanzen/m^2, Pflanzabstand 70–100 cm, Gruppe oder Einzelstellung.
Verwendung: Bauerngärten, Strauchrose, naturnahe Gärten, Hecken.

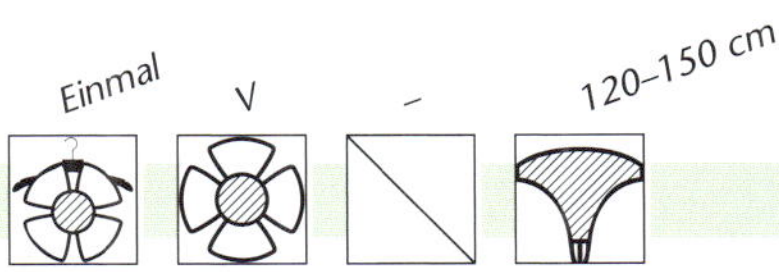

Inermis Morletii

Morlet, 1883
Alpina- oder Pendulina-Hybride

Blüte: 25–30 Blütenblätter je Blüte. Gefüllt. Karminrosa. 3,0–6,0 cm Durchmesser.
Blütezeit: Juni. Einmalblühend.
Duft: Leichter Duft.
Wuchs: Aufrecht, bogenförmig-überhängend, kletternd, starkwüchsig, 300–500 cm hoch.
Pflanzung: 1 Pflanze/m^2, Pflanzabstand 100 cm, Einzelstellung.
Verwendung: Kletterrose, Pergolen, Häuserwände.
Besonderheiten: Fast stachellos, schöne Herbstfärbung.

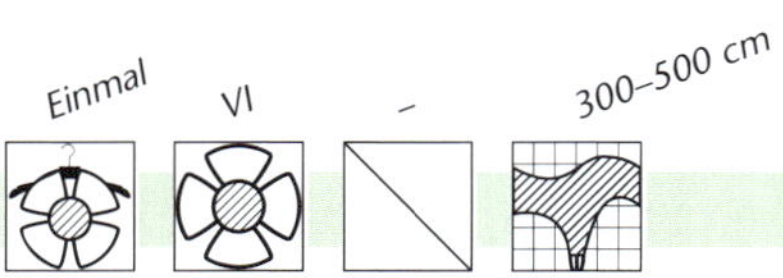

Rosa rugosa

Thunb.
Wildrose

Blüte: 5 Blütenblätter je Blüte, 1–5 Blüten je Stiel. Einfach. Rosa. 6,0–9,0 cm Durchmesser.
Blütezeit: Juni. Einmal blühend.
Duft: Mäßiger Duft.
Wuchs: Buschig, aufrecht, 100–200 cm hoch.
Pflanzung: 1 Pflanze/m^2, Pflanzabstand 100 cm, Gruppe.
Verwendung: Strauchrose, naturnahe Gärten, Straßenbegleitgrün, Dünenbefestigung.
Besonderheiten: Salzverträglich.

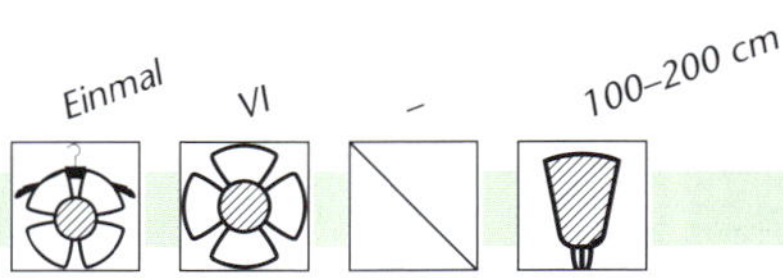

Rosa nitida
Willd.
Wildrose

Blüte: 5 Blütenblätter je Blüte, 1–3 Blüten je Stiel. Einfach. Rosa, Staubgefäße goldgelb. 4,0–5,0 cm Durchmesser.
Blütezeit: Juli. Einmal blühend.
Duft: Leichter Duft.
Wuchs: Buschig, aufrecht, bogenförmig-überhängend, 60–80 cm hoch.
Pflanzung: 1–3 Pflanzen/m^2, Pflanzabstand 60–100 cm, Gruppe.
Verwendung: Straßenbegleitgrün, blühende Hecke, naturnahe Gärten.
Besonderheiten: In England 1807 eingeführt.

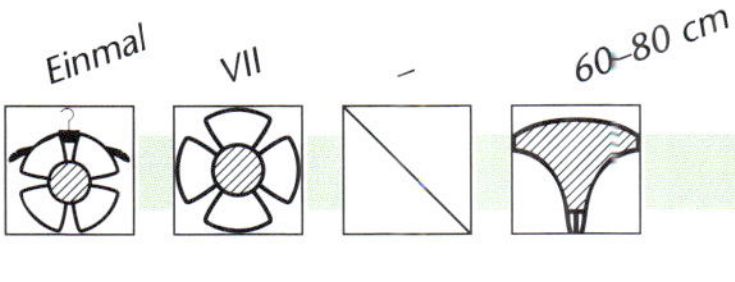

Sidonie
Vibert, 1847
Remontant-Hybride

Blüte: 50–80 Blütenblätter je Blüte, 3–5 Blüten je Stiel. Stark gefüllt. Rosa, Knospen karminrosa. 6,0–9,0 cm Durchmesser.
Blütezeit: Juni–Juli, August–Oktober. Zweimal blühend.
Duft: Starker Duft.
Wuchs: Buschig, aufrecht, bogenförmig-überhängend, 80–100 cm hoch.
Pflanzung: 3 Pflanzen/m^2, Pflanzabstand 60 cm, Einzelstellung oder Gruppe.
Verwendung: Historische Gärten, Bauerngärten.

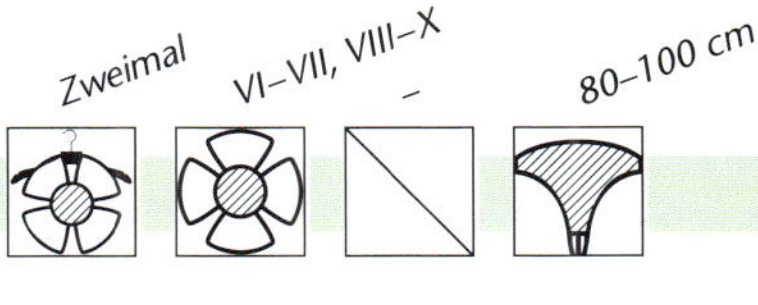

Felbergs Rosa Druschki
Felberg-Leclerc, J., 1925
Remontant-Hybride

Blüte: 50–60 Blütenblätter je Blüte. Stark gefüllt. Hellrosa–rosa. 6,0–9,0 cm Durchmesser.
Blütezeit: Juni–Juli, August–Oktober. Zweimal blühend.
Duft: Sehr leichter Duft.
Wuchs: Buschig, aufrecht, 100–120 cm hoch.
Pflanzung: 3 Pflanzen/m^2, Pflanzabstand 60 cm, Gruppe, flächig.
Verwendung: Historische Gärten, Bauerngärten.

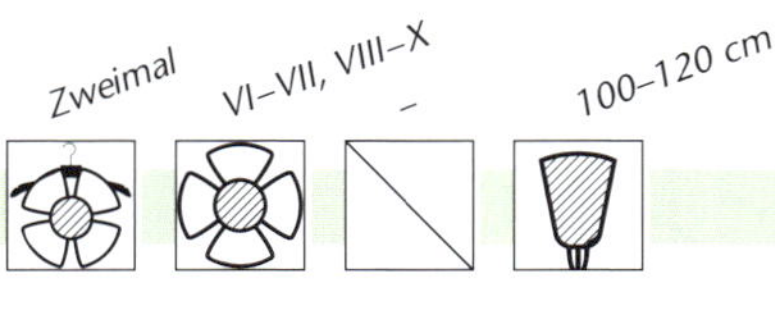

Pink Robusta
Kordes, W. Söhne, 1986
Strauchrose

Blüte: 15–25 Blütenblätter je Blüte. Gefüllt. Rosa. 5,0–7,0 cm Durchmesser.
Blütezeit: Juni–Oktober. Öfter blühend.
Duft: –
Wuchs: Buschig, aufrecht, starkwüchsig, 120–180 cm hoch.
Pflanzung: 1 Pflanze/m^2, Pflanzabstand 100 cm, Gruppe.
Verwendung: Hecken, Strauchrose.
Besonderheiten: Rückschnitt im Frühjahr notwendig.

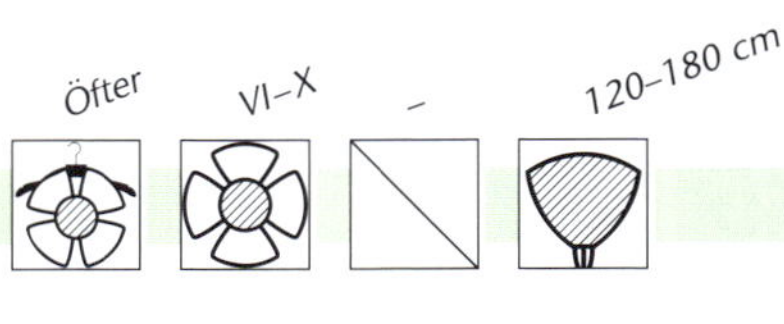

Maiden's Blush
In Kew Garden eingeführt 1797
Albarose

Blüte: 50–60 Blütenblätter je Blüte. Stark gefüllt. Rosa bis cremeweiß. 6,0–9,0 cm Durchmesser.
Blütezeit: Juni–Juli. Einmal blühend.
Duft: Starker Duft.
Wuchs: Buschig, aufrecht, bogenförmig-überhängend, 200–250 cm hoch.
Pflanzung: 1 Pflanze/m^2, Pflanzabstand 100 cm, Einzelstellung oder Gruppe.
Verwendung: Historische Gärten, Bauerngärten, Strauchrose.

Frau Astrid Späth
Späth, 1930
Polyantha-Hybride

Blüte: 25–35 Blütenblätter je Blüte. Gefüllt. Karminrosa. 3,0–4,0 cm Durchmesser.
Blütezeit: Juni–Oktober. Öfter blühend.
Duft: –
Wuchs: Buschig, aufrecht, 40–60 cm hoch.
Pflanzung: 5 Pflanzen/m^2, Pflanzabstand 45 cm, Gruppe, flächig.
Verwendung: Beetbepflanzung, Staudengärten, historische Gärten.

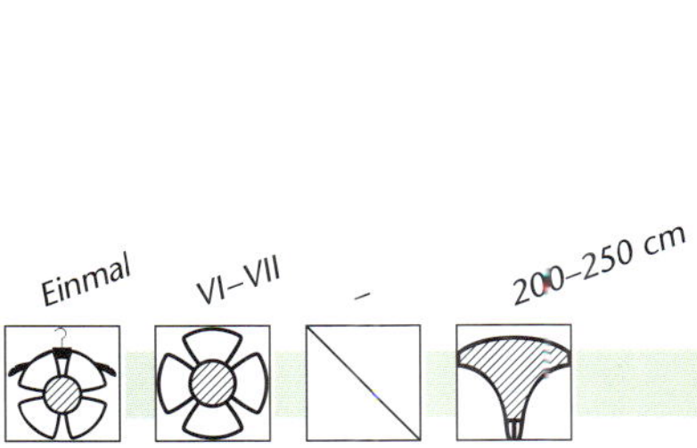

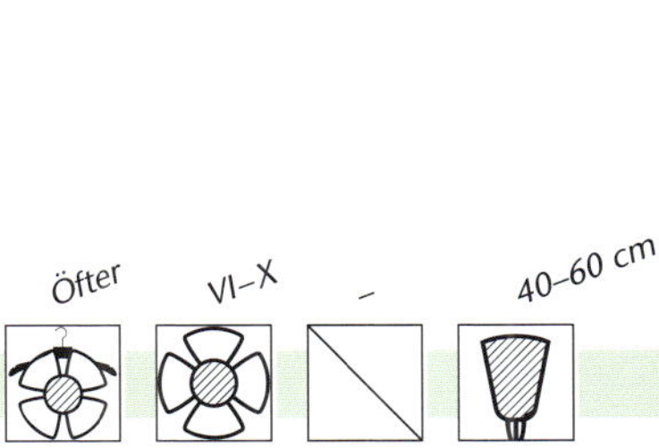

Gloire des Polyantha
Guillot, 1887
Polyantharose

Blüte: 30–40 Blütenblätter je Blüte. Gefüllt. Rosa. 2,5–3,0 cm Durchmesser.
Blütezeit: Juli, August–Oktober. Zweimal blühend.
Duft: –
Wuchs: Buschig, aufrecht, 30–40 cm hoch.
Pflanzung: 5 Pflanzen/m^2, Pflanzabstand 45 cm, Gruppe oder flächig.
Verwendung: Beetbepflanzung, Rabatten, Staudengärten.

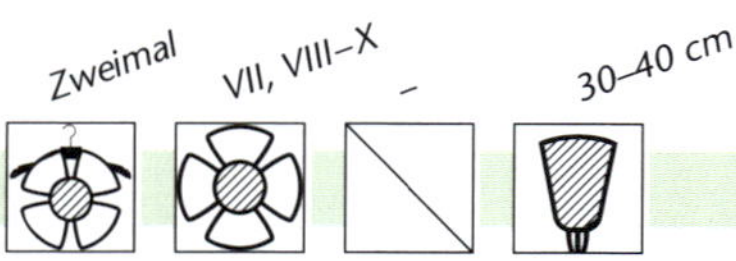

Heidemarie Plücker
Westphal, 1940
Remontant-Hybride

Blüte: 50–60 Blütenblätter je Blüte. Stark gefüllt. Rosa, Knospen karminrosa. 8,0–10,0 cm Durchmesser.
Blütezeit: Juni–Juli, August–Oktober. Zweimal blühend.
Duft: Mäßiger Duft.
Wuchs: Buschig, aufrecht, starkwüchsig, 80–120 cm hoch.
Pflanzung: 3 Pflanzen/m^2, Pflanzabstand 60 cm, Gruppe.
Verwendung: Duftrose, historische Gärten, Bauerngärten.

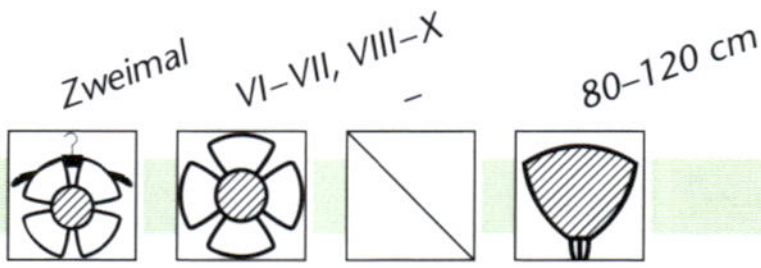

Bijou des Prairies

Schwartz, 1880
Setigera-Hybride

Blüte: 50–60 Blütenblätter je Blüte. Stark gefüllt. Rosa, innen dunkelkarminrosa. 6,0–9,0 cm Durchmesser.
Blütezeit: Juni–Juli. Einmal blühend.
Duft: Angenehmer Duft.
Wuchs: Bogenförmig-überhängend, kletternd, 250–350 cm hoch.
Pflanzung: 1 Pflanze/m², Pflanzabstand 100 cm, Einzelstellung.
Verwendung: Historische Gärten, Kletterrose.

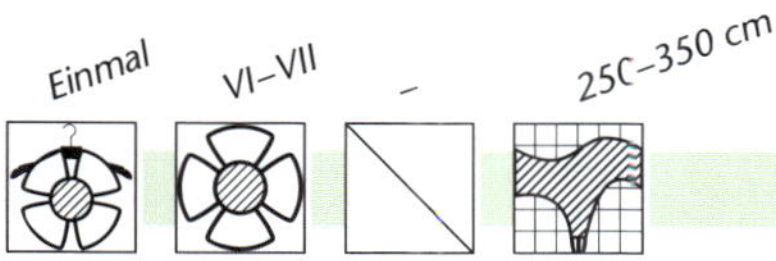

Bunte Frau Astrid Späth

Vogel, M., um 1940
Polyantha-Hybride

Blüte: 15–25 Blütenblätter je Blüte. Gefüllt. Hellrosa, rot gestreift. 3,0–6,0 cm Durchmesser.
Blütezeit: Juni–Oktober. Öfter blühend.
Duft: –
Wuchs: Buschig, aufrecht, 60–80 cm hoch.
Pflanzung: 5 Pflanzen/m², Pflanzabstand 45 cm, Gruppe.
Verwendung: Beetbepflanzung, Farbenrose, Liebhaberpflanze.

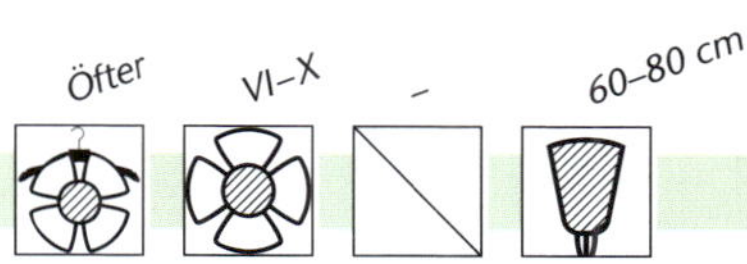

Deutsches Rosarium Dortmund

Noack, 1994
öfterblühende Kletterrose

Blüte: 25–50 Blütenblätter je Blüte, ca. 20 Blüten je Stiel. Stark gefüllt. Hellrosa bis rosa. 2,0–3,0 cm Durchmesser.
Blütezeit: Juli–Oktober. Öfter blühend.
Duft: –
Wuchs: Buschig, bogenförmig-überhängend, kletternd, starkwüchsig, 200–250 cm hoch.
Pflanzung: 1 Pflanze/m^2, Pflanzabstand 100 cm, Einzelstellung.
Verwendung: Kletterrose, Trauerrose, Spalier.

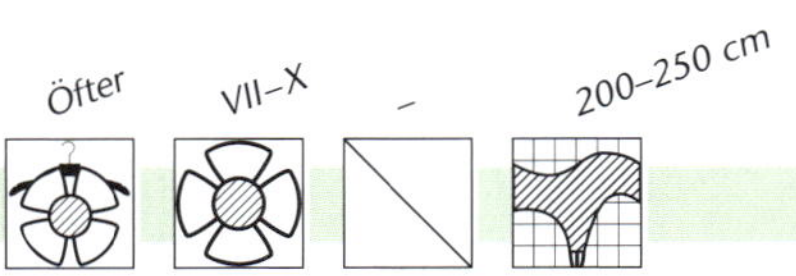

Manita

Kordes, W. Söhne, 1996
öfterblühende Kletterrose

Blüte: 10–25 Blütenblätter je Blüte. Gefüllt. Dunkelrosa. 6,0–9,0 cm Durchmesser.
Blütezeit: Juni–Oktober. Öfter blühend.
Duft: Sehr leichter Duft.
Wuchs: Aufrecht, bogenförmig-überhängend, kletternd, starkwüchsig, 250–300 cm hoch.
Pflanzung: 1 Pflanze/m^2, Pflanzabstand 100 cm, Einzelstellung.
Verwendung: Kletterrose, Pergolen, Häuserwände.

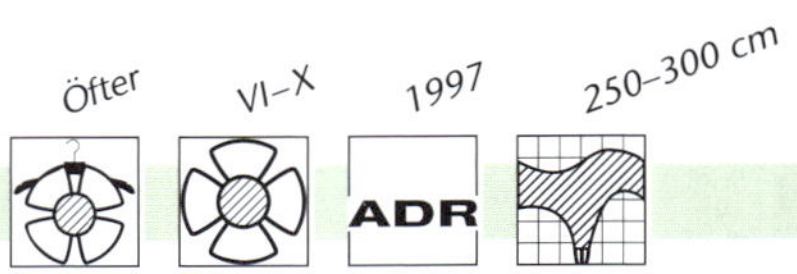

Princesse Bacchiochi

Moreau & Robert, 1866
Moosrose (Centifolia muscosa)

Blüte: 40–50 Blütenblätter je Blüte. Stark gefüllt. Rosa. 3,0–6,0 cm Durchmesser.
Blütezeit: Juni–Juli. Einmal blühend.
Duft: Starker Duft.
Wuchs: Buschig, aufrecht, bogenförmig-überhängend, 150–180 cm hoch.
Pflanzung: 1 Pflanze/m^2, Pflanzabstand 100 cm, Einzelstellung.
Verwendung: Historische Gärten, Strauchrose.
Besonderheiten: Stark bemoost.

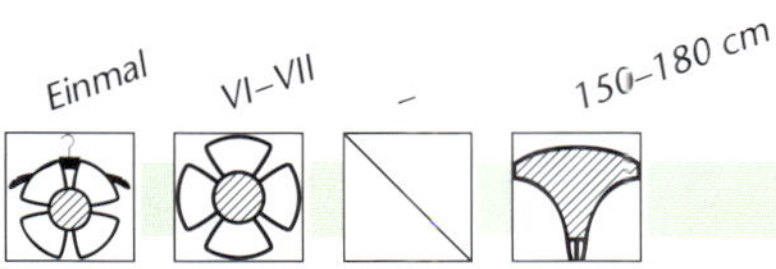

Minnehaha

Walsh, 1904
Wichuraiana-Hybride

Blüte: 25–50 Blütenblätter je Blüte, 15–25 Blüten je Stiel. Stark gefüllt. Lachsrosa. ca. 3,0 cm Durchmesser.
Blütezeit: Juli. Einmal blühend.
Duft: –
Wuchs: Bogenförmig-überhängend, kletternd, starkwüchsig, 400–500 cm hoch.
Pflanzung: 1 Pflanze/m^2, Pflanzabstand 100 cm, Einzelstellung.
Verwendung: Kletterrose, Pergolen, Säulen, Häuserwände.

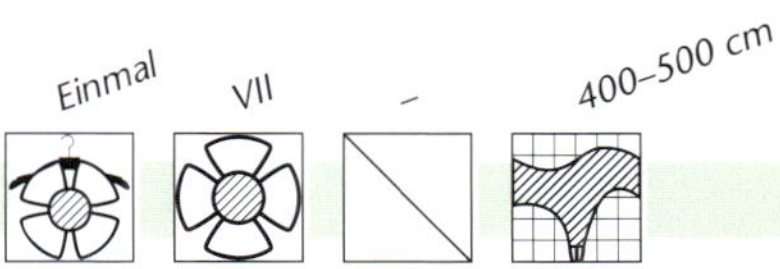

Hansa-Park

Kordes, W. Söhne, 1994
Strauchrose

Blüte: 25–50 Blütenblätter je Blüte. Stark gefüllt. Rosa. 3,0–6,0 cm Durchmesser.
Blütezeit: Juni–Oktober. Öfter blühend.
Duft: –
Wuchs: Buschig, aufrecht, starkwüchsig, 120–140 cm hoch.
Pflanzung: 1 Pflanze/m^2, Pflanzabstand 100 cm, Gruppe oder Einzelstellung.
Verwendung: Strauchrose.

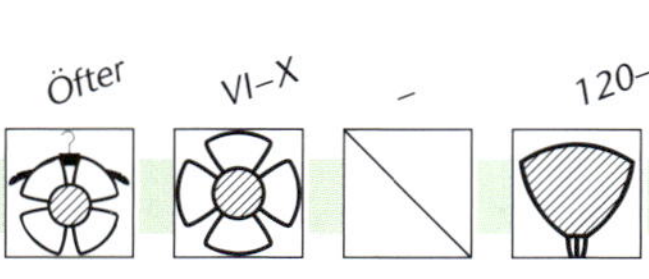

Carina

Meilland, Alain, 1963
Tee-Hybride

Blüte: 40–50 Blütenblätter je Blüte, 1 Blüte je Stiel. Gefüllt. Rosa. 8,0–10,0 cm Durchmesser.
Blütezeit: Juli–Oktober. Öfter blühend.
Duft: Mäßiger Duft.
Wuchs: Aufrecht, starkwüchsig, 80–100 cm hoch.
Pflanzung: 3–5 Pflanzen/m^2, Pflanzabstand 45–60 cm, Gruppe, Einzelstellung.
Verwendung: Beetbepflanzung, Schnittrose.
Besonderheiten: Elegante Blüte.

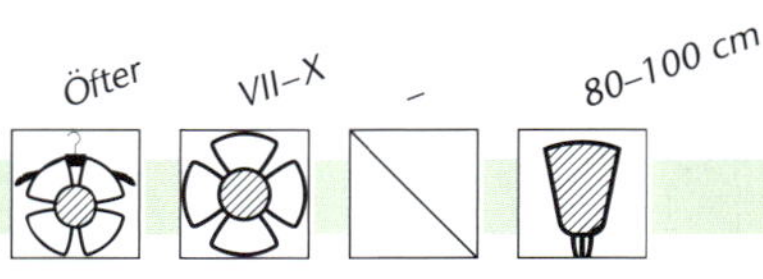

Rosa gallica var. versicolor
entstanden vor 1600
Wildrose

Blüte: 25–35 Blütenblätter je Blüte. Gefüllt. Rosa, Petalen gestreift (weiß). 5,0–7,0 cm Durchmesser.
Blütezeit: Juni–Juli. Einmal blühend.
Duft: Mäßiger Duft.
Wuchs: Bogenförmig-überhängend, 80–100 cm hoch.
Pflanzung: 1–3 Pflanzen/m^2, Pflanzabstand 60–100 cm, Einzelstellung oder Gruppe.
Verwendung: Historische Gärten, Bauerngärten, Strauchrose.

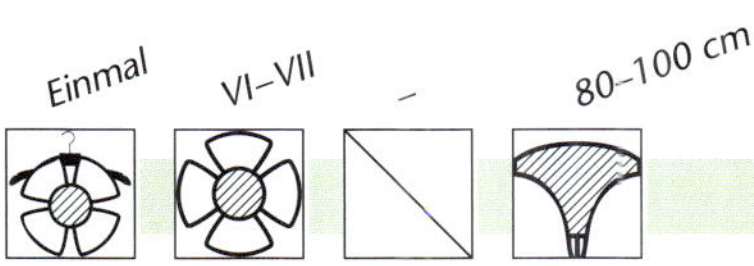

Gräfin Sonja
Kordes, W. Söhne, 1994
Tee-Hybride

Blüte: 40–60 Blütenblätter je Blüte. Stark gefüllt. Hellrosa, rosa schattiert. 8,0–10,0 cm Durchmesser.
Blütezeit: Juni–Oktober. Öfter blühend.
Duft: Sehr leichter Duft.
Wuchs: Buschig, aufrecht, 60–80 cm hoch.
Pflanzung: 5 Pflanzen/m^2, Pflanzabstand 45 cm, Gruppe, flächig.
Verwendung: Beetbepflanzung, Schnittrose.

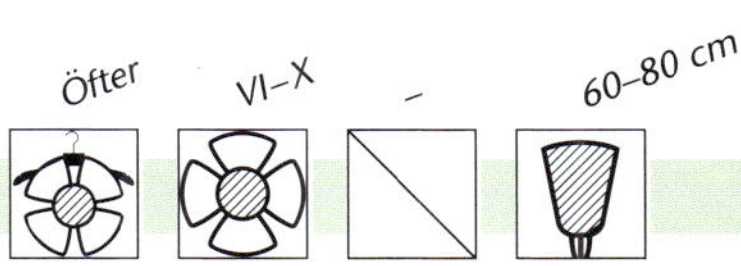

Pink Spray
Lens, L., 1980
Strauchrose

Blüte: 5 Blütenblätter je Blüte, 25–50 Blüten je Stiel. Einfach. Rosa, innen weiß. 2,0–3,0 cm Durchmesser.
Blütezeit: Juni–Oktober. Öfter blühend.
Duft: Sehr leichter Duft.
Wuchs: Buschig, bogenförmig-überhängend, starkwüchsig, 100–150 cm hoch.
Pflanzung: 1 Pflanze/m^2, Pflanzabstand 100 cm, Einzelstellung, Gruppen oder flächig.
Verwendung: Strauchrose, Bodendecker, naturnahe Gärten.

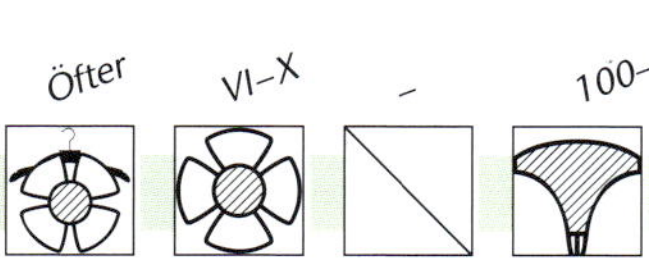

Belle Villageoise
Vibert, 1839
Gallische Rose

Blüte: 50–60 Blütenblätter je Blüte. Stark gefüllt. Violettrosa, Petalen gestreift (weiß). 6,0–9,0 cm Durchmesser.
Blütezeit: Juni–Juli. Einmal blühend.
Duft: Leichter Duft.
Wuchs: Buschig, aufrecht, bogenförmig-überhängend, 150–180 cm hoch.
Pflanzung: 1–2 Pflanzen/m^2, Pflanzabstand 70–100 cm, Gruppe oder Einzelstellung.
Verwendung: Historische Gärten, Strauchrose.
Besonderheiten: Synonym: 'Panachée Double'.

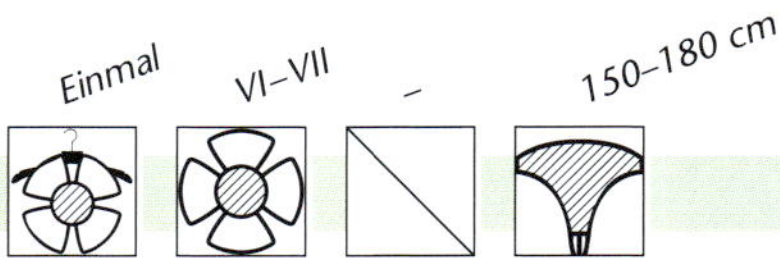

Enfant de France
Lartay, 1860
Remontant-Hybride

Blüte: 50–80 Blütenblätter je Blüte, 1 Blüte je Stiel. Stark gefüllt. Violettrot, am Rand weißrosa. 6,0–9,0 cm Durchmesser.
Blütezeit: Juni–Juli, August–Oktober. Zweimal blühend.
Duft: Starker Duft.
Wuchs: Buschig, aufrecht, 80–120 cm hoch.
Pflanzung: 3 Pflanzen/m², Pflanzabstand 60 cm, Gruppen.
Verwendung: Historische Gärten, Bauerngärten.

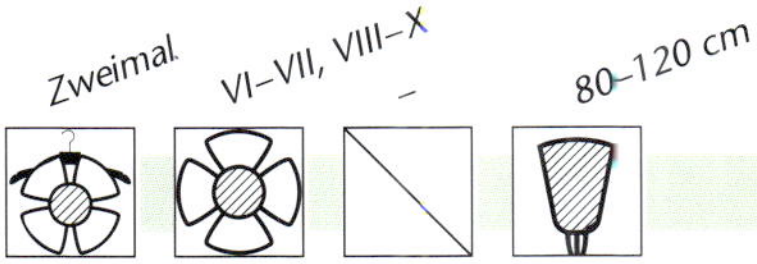

Super Dorothy
Hetzel, 1986
öfterblühende Kletterrose

Blüte: 25–35 Blütenblätter je Blüte. Gefüllt. Rosa. 2,5–3,0 cm Durchmesser.
Blütezeit: Juli–Oktober. Öfter blühend.
Duft: –
Wuchs: Bogenförmig-überhängend, kletternd, 250–300 cm hoch.
Pflanzung: 1 Pflanze/m², Pflanzabstand 100 cm, Einzelstellung.
Verwendung: Kletterrose, Trauerrose.

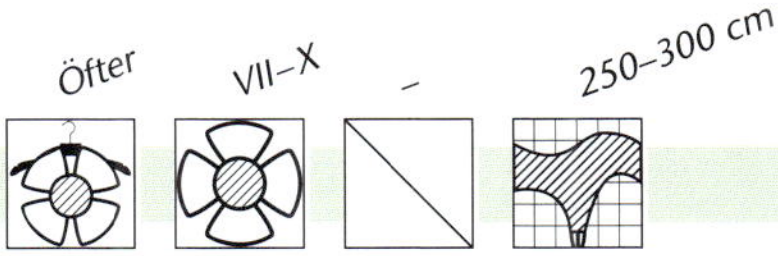

Bourbon Queen

Mauget, 1834
Bourbon-Hybride

Blüte: 25–50 Blütenblätter je Blüte, 7–11 Blüten je Stiel. Gefüllt. Rosa, Knospen lachsrosa. 6,0–9,0 cm Durchmesser.
Blütezeit: Juni–Juli. Einmal blühend.
Duft: Mäßiger Duft.
Wuchs: Buschig, bogenförmig-überhängend, starkwüchsig, 150–220 cm hoch.
Pflanzung: 1–3 Pflanzen/m², Pflanzabstand 60–100 cm, Gruppen oder Einzelstellung.
Verwendung: Historische Gärten, Bauerngärten, Strauchrose, Kletterrose.
Besonderheiten: Synonym: 'Souvenir de Princesse de Lamballe'.

Angela

Kordes, W. Söhne, 1984
Strauchrose

Blüte: 15–20 Blütenblätter je Blüte, 25–50 Blüten je Stiel. Leicht gefüllt. Rosa. 3,0–4,0 cm Durchmesser.
Blütezeit: Juni–Oktober. Fast fortlaufend blühend.
Duft: –
Wuchs: Buschig, aufrecht, bogenförmig-überhängend, 120–150 cm hoch.
Pflanzung: 2–3 Pflanzen/m², Pflanzabstand 60–70 cm, Gruppen, Einzelstellung.
Verwendung: Strauchrose, Rabatten.

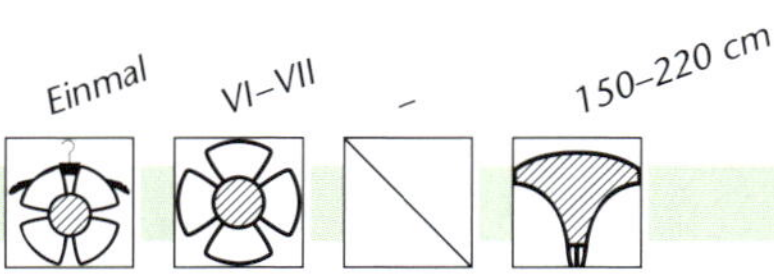

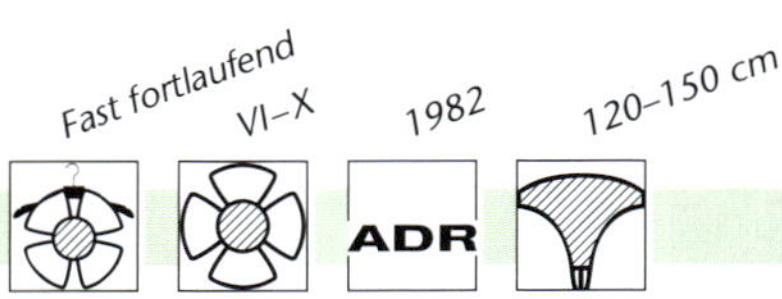

Yolande d'Aragon

Vibert, 1843
Remontant-Hybride

Blüte: 50–80 Blütenblätter je Blüte, 3–5 Blüten je Stiel. Stark gefüllt. Purpurrosa. 8,0–10,0 cm Durchmesser.
Blütezeit: Juni–Juli, August–Oktober. Zweimal blühend.
Duft: Starker Duft.
Wuchs: Buschig, aufrecht, starkwüchsig, 100–120 cm hoch.
Pflanzung: 3 Pflanzen/m², Pflanzabstand 60 cm, Einzelstellung oder Gruppe.
Verwendung: Bauerngärten, Duftrose, historische Gärten.

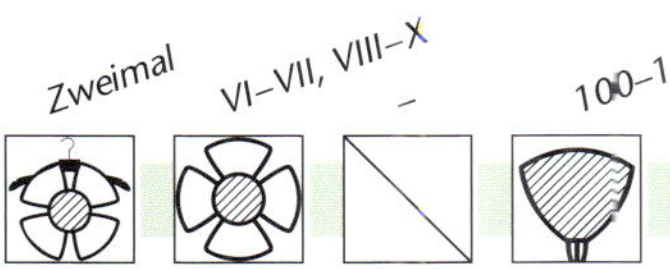

Königin von Dänemark

Booth, Rachel, 1816
Albarose

Blüte: 50–60 Blütenblätter je Blüte, 1–3 Blüten je Stiel. Stark gefüllt. Rosa, innen dunkler. 8,0–10,0 cm Durchmesser.
Blütezeit: Juni–Juli. Einmal blühend.
Duft: Starker Duft.
Wuchs: Buschig, aufrecht, bogenförmig-überhängend, 120–150 cm hoch.
Pflanzung: 1 Pflanze/m², Pflanzabstand 100 cm, Einzelstellung oder Gruppe.
Verwendung: Historische Gärten, Bauerngärten, Strauchrose.

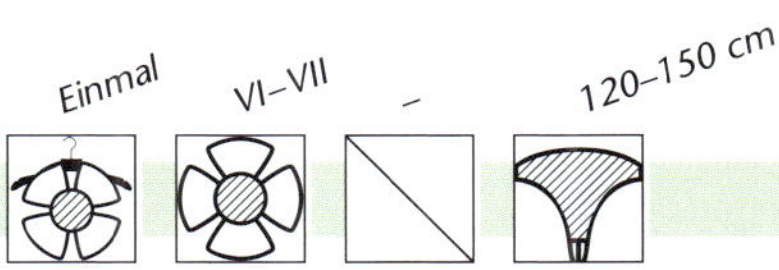

Gros Choux d'Hollande
unbekannt
Bourbon-Hybride

Blüte: 50–80 Blütenblätter je Blüte, 3–5 Blüten je Stiel. Stark gefüllt. Rosarot. 6,0–9,0 cm Durchmesser.
Blütezeit: Juni–Juli. Einmal blühend.
Duft: Starker Duft.
Wuchs: Buschig, aufrecht, bogenförmig-überhängend, 180–200 cm hoch.
Pflanzung: 1 Pflanze/m^2, Pflanzabstand 100 cm, Einzelstellung oder Gruppe.
Verwendung: Duftrose, historische Gärten, Bauerngärten, Strauchrose.

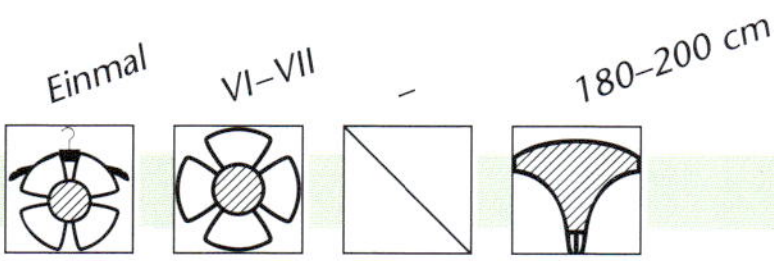

Paul Ricault
Portemer, 1845
Remontant-Hybride

Blüte: 50–60 Blütenblätter je Blüte, 1–3 Blüten je Stiel. Stark gefüllt. Karminrot. 8,0–10,0 cm Durchmesser.
Blütezeit: Juni–Juli, August–Oktober. Zweimal blühend.
Duft: –
Wuchs: Buschig, aufrecht, bogenförmig-überhängend, starkwüchsig, 120–150 cm hoch.
Pflanzung: 3–4 Pflanzen/m^2, Pflanzabstand 50–60 cm, Gruppe, flächig.
Verwendung: Bauerngärten, Beetbepflanzung, historische Gärten, Kleinstrauchrose.

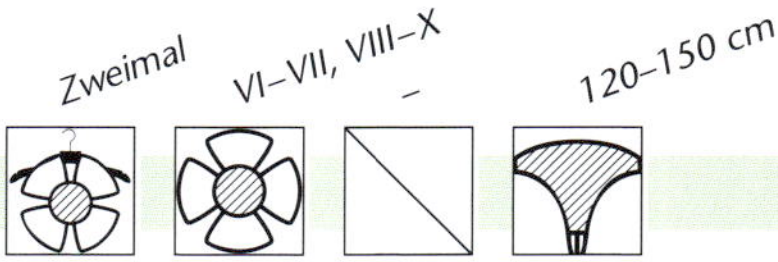

Dawson
Dawson, 1888
Multiflora-Hybride

Blüte: 25–35 Blütenblätter je Blüte. Gefüllt. Rosa. 2,5–3,0 cm Durchmesser.
Blütezeit: Juni–Juli. Einmal blühend.
Duft: –
Wuchs: Bogenförmig-überhängend, kletternd, starkwüchsig, 250–300 cm hoch.
Pflanzung: 1 Pflanze/m^2, Pflanzabstand 100 cm, Einzelstellung.
Verwendung: Kletterrose, Säulen, Pergolen.

Einmal VI–VII – 250–300 cm

Frühlingsanfang
Kordes, W. Söhne, 1950
Strauchrose

Blüte: 5 Blütenblätter je Blüte, 5–7 Blüten je Stiel. Einfach. Cremerosa bis cremeweiß, innen cremegelb bis weiß. 6,0–9,0 cm Durchmesser.
Blütezeit: Mai–Juni. Einmal blühend.
Duft: Starker Duft.
Wuchs: Buschig, aufrecht, bogenförmig-überhängend, starkwüchsig, 200–250 cm hoch.
Pflanzung: 1 Pflanze/m^2, Pflanzabstand 100 cm, Gruppe oder Einzelstellung.
Verwendung: Naturnahe Gärten, Hecke, Strauchrose.
Besonderheiten: Schöne Staubgefäße.

Einmal V–VI – 200–250 cm

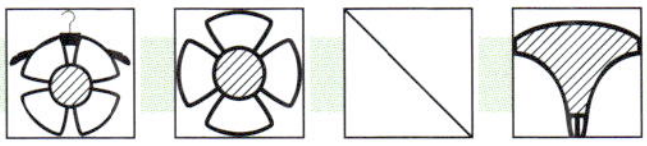

Erfurt

Kordes, W., 1939
Lambertianarose

Blüte: 10–15 Blütenblätter je Blüte, 3–7 Blüten je Stiel. Leicht gefüllt. Cremeweiß, mit karminrosa Rand.. 3,0–6,0 cm Durchmesser.
Blütezeit: Juni–Oktober. Öfter blühend.
Duft: Sehr leichter Duft.
Wuchs: Buschig, aufrecht, 80–150 cm hoch.
Pflanzung: 1–3 Pflanzen/m^2, Pflanzabstand 60–100 cm, flächig, in Gruppen oder einzeln.
Verwendung: Beetbepflanzung, Strauchrose, Staudengärten.
Besonderheiten: Schöne, gelbe Staubgefäße.

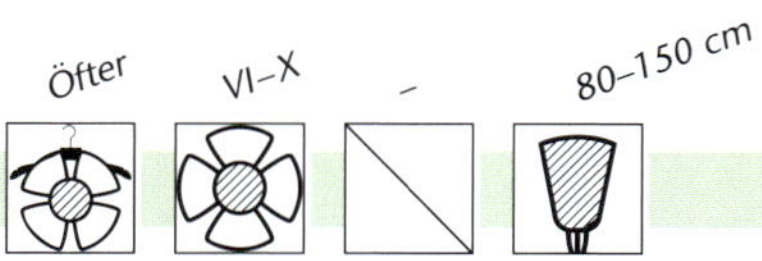

Cristata

Hilzer oder Kirsch, 1827
Zentifolie oder Kohlrose

Blüte: 50–80 Blütenblätter je Blüte, 3–5 Blüten je Stiel. Stark gefüllt. Silbrig rosa. 3,0–6,0 cm Durchmesser.
Blütezeit: Juni–Juli. Einmal blühend.
Duft: Angenehmer Duft.
Wuchs: Buschig, aufrecht, bogenförmig-überhängend, 130–200 cm hoch.
Pflanzung: 1 Pflanze/m^2, Pflanzabstand 100 cm, Gruppe oder Einzelstellung.
Verwendung: Duftrose, Strauchrose.

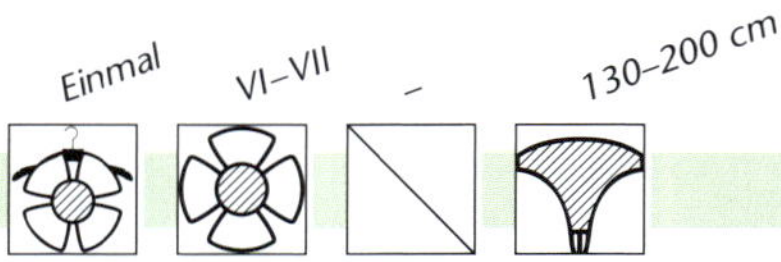

König Ludwig-Rose
Tantau, 1994
Strauchrose

Blüte: 25–50 Blütenblätter je Blüte. Stark gefüllt. Rosa. 6,0–9,0 cm Durchmesser.
Blütezeit: Juni–Oktober. Öfter blühend.
Duft: –
Wuchs: Buschig, aufrecht, 120–150 cm hoch.
Pflanzung: 1–3 Pflanzen/m^2, Pflanzabstand 60–100 cm, Gruppe.
Verwendung: Strauchrose, niedrige Hecken.

Baronne Prévost
Desprez, 1842
Remontant-Hybride

Blüte: 50–60 Blütenblätter je Blüte, 3–5 Blüten je Stiel. Stark gefüllt. Dunkelrosa, schattiert. 8,0–10,0 cm Durchmesser.
Blütezeit: Juni–Juli, August–Oktober. Zweimal blühend.
Duft: Starker Duft.
Wuchs: Buschig, aufrecht, starkwüchsig, 100–150 cm hoch.
Pflanzung: 1–3 Pflanzen/m^2, Pflanzabstand 60–100 cm, flächig, Gruppen oder Einzelstellung.
Verwendung: Duftrose, Bauerngärten.

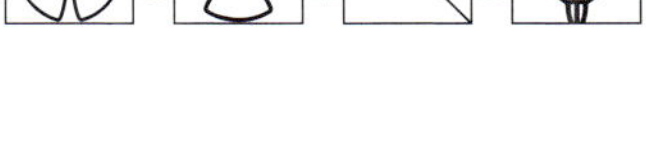

Pink Leda

England, Einführungsjahr unbekannt
Damaszenerrose

Blüte: 40–60 Blütenblätter je Blüte. Stark gefüllt. Rosa, Knospen rot. 3,0–6,0 cm Durchmesser.
Blütezeit: Juni–Juli. Einmal blühend.
Duft: Starker Duft.
Wuchs: Buschig, aufrecht, bogenförmig-überhängend, 100–120 cm hoch.
Pflanzung: 1 Pflanze/m^2, Pflanzabstand 100 cm, Einzelstellung oder Gruppe.
Verwendung: Historische Gärten, Strauchrose.

Rosa canina

L.
Wildrose

Blüte: 5 Blütenblätter je Blüte. Einfach. Rosa – weißlich rosa. 3,0–5,0 cm Durchmesser.
Blütezeit: Mai–Juni. Einmal blühend.
Duft: Leichter Duft.
Wuchs: Buschig, aufrecht, bogenförmig-überhängend, starkwüchsig, 200–300 cm hoch.
Pflanzung: 1 Pflanze/m^2, Pflanzabstand 100 cm, Gruppe, Einzelstellung.
Verwendung: Hecken, naturnahe Gärten.

Conrad Ferdinand Meyer

Dr. Müller, 1899
Rugosa-Hybride

Blüte: 40–50 Blütenblätter je Blüte, 1–5 Blüten je Stiel. Gefüllt. Hellrosa, Knospen silbrig rosa. 8,0–10,0 cm Durchmesser.
Blütezeit: Juni–Juli, August–Oktober. Zweimal blühend.
Duft: Starker Duft.
Wuchs: Buschig, aufrecht, bogenförmig-überhängend, kletternd, 180–250 cm hoch.
Pflanzung: 1 Pflanze/m^2, Pflanzabstand 100 cm, Gruppe oder Einzelstellung.
Verwendung: Duftrose.
Besonderheiten: Rostanfällig.

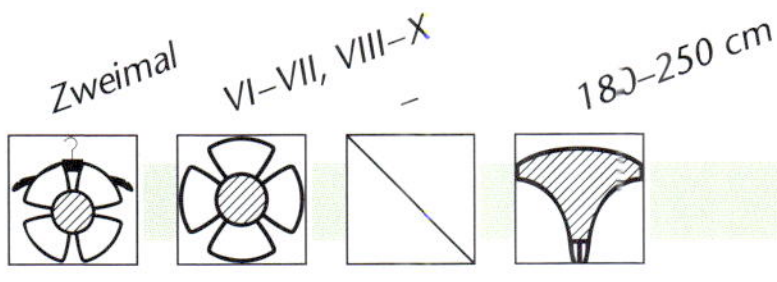

De Meaux

Sweet, um 1700
Zentifolie

Blüte: 40–50 Blütenblätter je Blüte, 3–5 Blüten je Stiel. Stark gefüllt. Hellrosa, innen rosa. ca. 3,0 cm Durchmesser.
Blütezeit: Juni. Einmal blühend.
Duft: Mäßiger Duft.
Wuchs: Buschig, aufrecht, 80–100 cm hoch.
Pflanzung: 3 Pflanzen/m^2, Pflanzabstand 60 cm, Gruppe oder Einzelstellung.
Verwendung: Staudengärten, Strauchrose, historische Gärten.

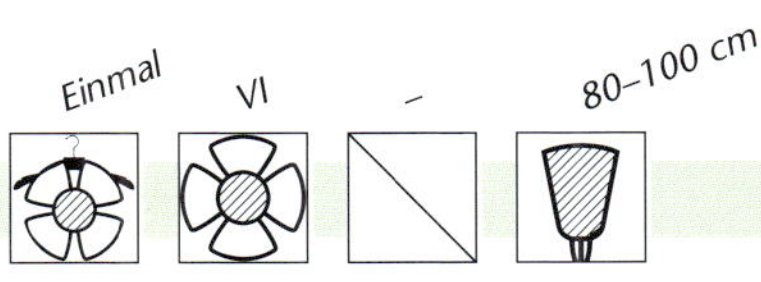

Mrs. John Laing

Bennett, 1887
Remontant-Hybride

Blüte: 40–60 Blütenblätter je Blüte, 1–3 Blüten je Stiel. Stark gefüllt. Silbrig rosa. 8,0–10,0 cm Durchmesser.
Blütezeit: Juli, August–Oktober. Zweimal blühend.
Duft: Angenehmer Duft.
Wuchs: Buschig, aufrecht, starkwüchsig, 120–180 cm hoch.
Pflanzung: 3 Pflanzen/m^2, Pflanzabstand 60 cm, Gruppe.
Verwendung: Historische Gärten, Bauerngärten.

Fulgens

Vibert, um 1830
Gallische Rose

Blüte: 40–60 Blütenblätter je Blüte, 3–5 Blüten je Stiel. Stark gefüllt. Rosa, dunkler schattiert, Knospen rot. 5,0–8,0 cm Durchmesser.
Blütezeit: Juni. Einmal blühend.
Duft: Mäßiger Duft.
Wuchs: Buschig, bogenförmig-überhängend, 90–150 cm hoch.
Pflanzung: 1–3 Pflanzen/m^2, Pflanzabstand 60–100 cm, Gruppe, Einzelstellung.
Verwendung: Bauerngärten, Beetbepflanzung, historische Gärten, Kleinstrauchrose.

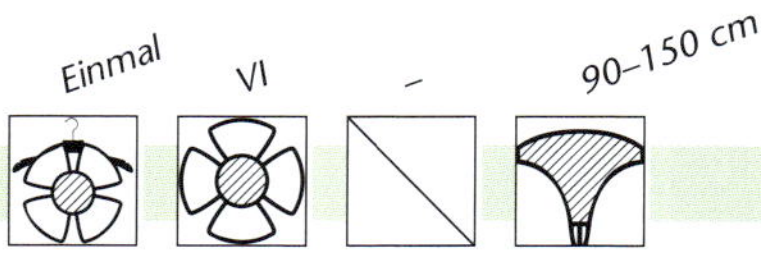

Magenta Diadem

Tantau, 1994
Floribundarose

Blüte: 25–50 Blütenblätter je Blüte. Gefüllt. Rosa bis violettrosa. ca. 3,0 cm Durchmesser.
Blütezeit: Juni–Oktober. Öfter blühend.
Duft: –
Wuchs: Buschig, aufrecht, starkwüchsig, 60–80 cm hoch.
Pflanzung: 5–6 Pflanzen/m², Pflanzabstand 40–45 cm, flächig oder Gruppen.
Verwendung: Beetbepflanzung. Schnittrose, Rabatten.

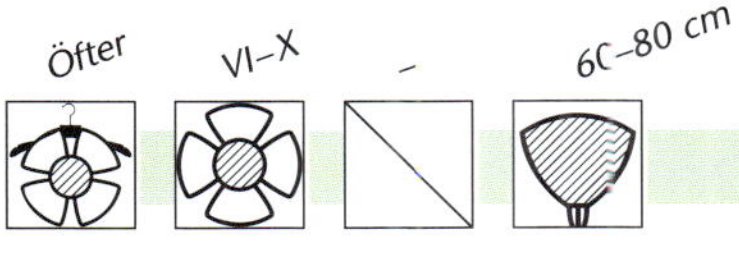

Lavender Lassie

Kordes, W. Söhne, 1960
Lambertianarose

Blüte: 40–50 Blütenblätter je Blüte, 7–9 Blüten je Stiel. Stark gefüllt. Violettrosa. 3,0–6,0 cm Durchmesser.
Blütezeit: Juni–Oktober. Öfter blühend.
Duft: Starker Duft.
Wuchs: Buschig, bogenförmig-überhängend, starkwüchsig, 120–180 cm hoch.
Pflanzung: 1 Pflanze/m², Pflanzabstand 100 cm, Einzelstellung.
Verwendung: Duftrose, Strauchrose, Bauerngärten, Staudengärten.

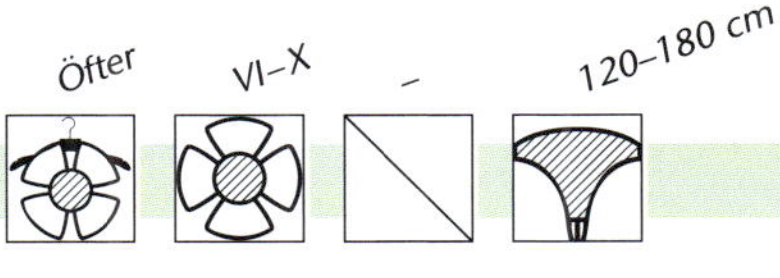

Blossomtime

O'Neal, 1951
Kordesii-Hybride

Blüte: 40–60 Blütenblätter je Blüte. Stark gefüllt. Rosa. 8,0–10,0 cm Durchmesser.
Blütezeit: Juni–Oktober. Öfter blühend.
Duft: Starker Duft.
Wuchs: Aufrecht, bogenförmig-überhängend, kletternd, starkwüchsig, 150–250 cm hoch.
Pflanzung: 1 Pflanze/m^2, Pflanzabstand 100 cm, Einzelstellung, Gruppe.
Verwendung: Duftrose, Kletterrose, Strauchrose, Spalier.

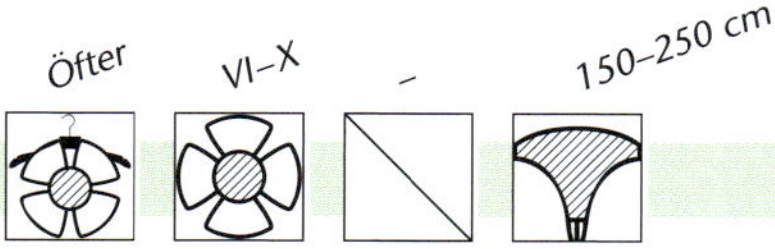

Escapade

Harkness, 1967
Floribundarose

Blüte: 10–15 Blütenblätter je Blüte, 7–9 Blüten je Stiel. Leicht gefüllt. Violettrosa, innen weiß. 6,0–9,0 cm Durchmesser.
Blütezeit: Juni–Oktober. Öfter blühend.
Duft: Angenehmer Duft.
Wuchs: Buschig, aufrecht, starkwüchsig, 80–120 cm hoch.
Pflanzung: 4–5 Pflanzen/m^2, Pflanzabstand 45–50 cm, flächig oder Gruppe.
Verwendung: Liebhabersorte, Beetbepflanzung, Staudenbeete.

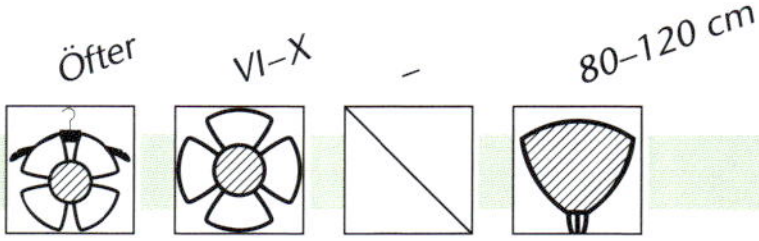

Baron de Wassenaer

Verdier, V., 1854
Moosrose (Centifolia muscosa)

Blüte: 25–50 Blütenblätter je Blüte, 5–9 Blüten je Stiel. Stark gefüllt. Rosaviolett. 6,0–9,0 cm Durchmesser.
Blütezeit: Juni–Juli. Einmal blühend.
Duft: Mäßiger Duft.
Wuchs: Buschig, bogenförmig-überhängend, starkwüchsig, 160–200 cm hoch.
Pflanzung: 1 Pflanze/m^2, Pflanzabstand 100 cm, Einzelstellung.
Verwendung: Historische Gärten, Bauerngärten, Strauchrose.

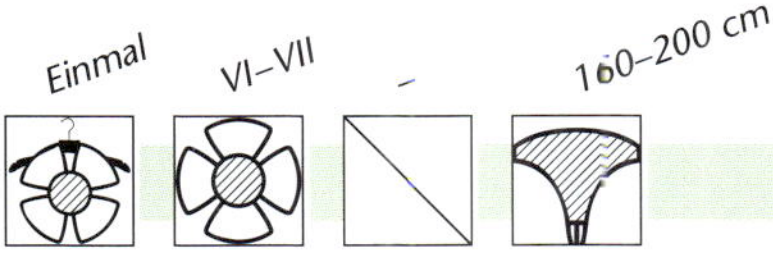

Améthyste

Nonin, 1912
Multiflora-Hybride

Blüte: 10–25 Blütenblätter je Blüte, 15–25 Blüten je Stiel. Gefüllt. Violettrosa. 2,0–3,0 cm Durchmesser.
Blütezeit: Juni–Juli. Einmal blühend.
Duft: Leichter Duft.
Wuchs: Bogenförmig-überhängend, kletternd, starkwüchsig, 300–450 cm hoch.
Pflanzung: 1 Pflanze/m^2, Pflanzabstand 100 cm, Einzelstellung.
Verwendung: Kletterrose, Pergolen, Säule.
Besonderheiten: Abstammung: Sport von × 'Non plus ultra' (Weigand – 1903).

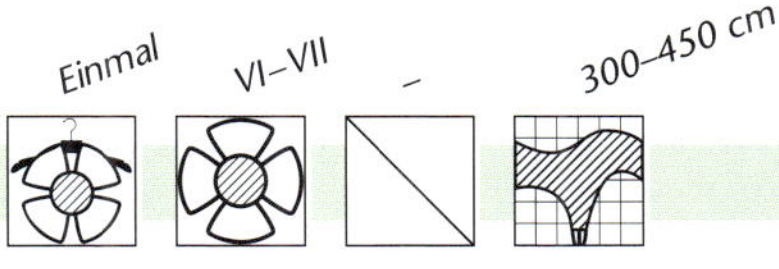

Yesterday
Harkness, 1972
Floribundarose

Blüte: 10–15 Blütenblätter je Blüte, 15–25 Blüten je Stiel. Leicht gefüllt. Violettrosa. 2,0–3,0 cm Durchmesser.
Blütezeit: Juni–Oktober. Öfter blühend.
Duft: –
Wuchs: Buschig, aufrecht, bogenförmig-überhängend, 80–120 cm hoch.
Pflanzung: 3 Pflanzen/m^2, Pflanzabstand 60 cm, Gruppe.
Verwendung: Strauchrose, Rabatten, Beetbepflanzung.

Magenta
Barbier, 1916
Polyantharose

Blüte: 10–25 Blütenblätter je Blüte. Gefüllt. Violettrot. 2,5–3,0 cm Durchmesser.
Blütezeit: Juli, August–Oktober. Zweimal blühend.
Duft: –
Wuchs: Buschig, aufrecht, 30–40 cm hoch.
Pflanzung: 5–6 Pflanzen/m^2, Pflanzabstand 40–45 cm, Gruppe oder flächig.
Verwendung: Beetbepflanzung, Staudengärten, Kübel.

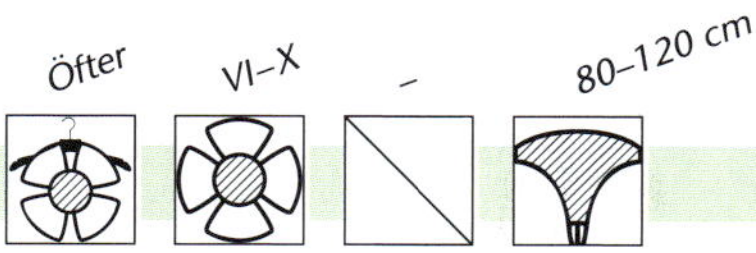

Mosel

Lambert, 1920
Multiflora-Hybride

Blüte: 25–50 Blütenblätter je Blüte, 8–10 Blüten je Stiel. Stark gefüllt. Rötlich violett. 3,0–4,0 cm Durchmesser.
Blütezeit: Juni–Juli. Einmal blühend.
Duft: Sehr leichter Duft.
Wuchs: Bogenförmig-überhängend, kletternd, starkwüchsig, 250–350 cm hoch.
Pflanzung: 1 Pflanze/m², Pflanzabstand 100 cm, Einzelstellung.
Verwendung: Kletterrose, Bögen, Pergolen.

Scabrosa

Harkness, eingeführt 1950
Rugosa-Hybride

Blüte: 5 Blütenblätter je Blüte, 1–3 Blüten je Stiel. Einfach. Lilarosa. 5,0–7,0 cm Durchmesser.
Blütezeit: Juni. Geringe Nachblüte.
Duft: Angenehmer Duft.
Wuchs: Buschig, aufrecht, bogenförmig-überhängend, 150–200 cm hoch.
Pflanzung: 1 Pflanze/m², Pflanzabstand 100 cm, Einzelstellung oder Gruppe.
Verwendung: Hecke, Strauchrose, naturnahe Gärten, Straßenbegleitgrün.

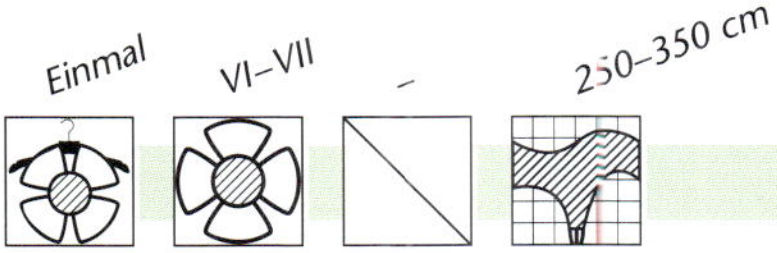

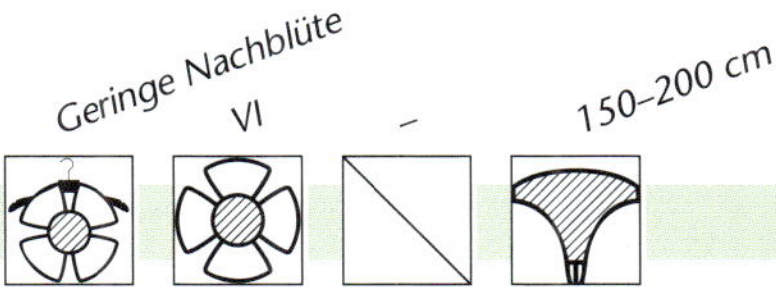

Bluenette

De Ruiter, 1984
Miniaturrose

Blüte: 15–25 Blütenblätter je Blüte. Gefüllt. Hellrötlich violett. 2,5–3,0 cm Durchmesser.
Blütezeit: Juni–Oktober. Öfter blühend.
Duft: –
Wuchs: Buschig, aufrecht, 30–35 cm hoch.
Pflanzung: 5–7 Pflanzen/m², Pflanzabstand 40–45 cm, Gruppe.
Verwendung: Miniatur, Kübel, Rabatte, Staudenbeet.

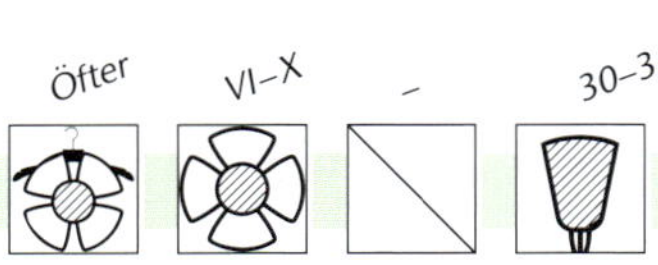

William Lobb

Laffay, M., 1855
Moosrose (Centifolia muscosa)

Blüte: 30–40 Blütenblätter je Blüte, 9–15 Blüten je Stiel. Gefüllt. Purpurrot bis violettrot. 3,0–6,0 cm Durchmesser.
Blütezeit: Juni–Juli. Einmal blühend.
Duft: Leichter Duft.
Wuchs: Buschig, bogenförmig-überhängend, starkwüchsig, 200–250 cm hoch.
Pflanzung: 1 Pflanze/m², Pflanzabstand 100 cm, Gruppe oder Einzelstellung.
Verwendung: Historische Gärten, Strauchrose, Bauerngärten.
Besonderheiten: Starke Bemoosung.

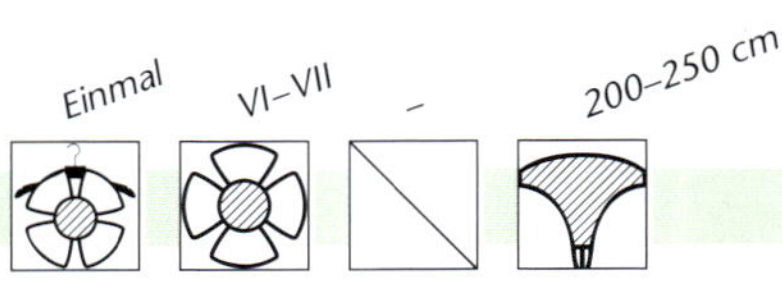

Erinnerung an Brod
Geschwind, 1886
Setigera-Hybride

Blüte: 50–60 Blütenblätter je Blüte. Stark gefüllt. Dunkelpurpurrot bis violettrot. 3,0–6,0 cm Durchmesser.
Blütezeit: Juni–Juli. Einmal blühend.
Duft: Starker Duft.
Wuchs: Buschig, aufrecht, bogenförmig-überhängend, kletternd, 300–350 cm hoch.
Pflanzung: 1 Pflanze/m², Pflanzabstand 100 cm, Einzelstellung.
Verwendung: Historische Gärten, Kletterrose, Säulen.

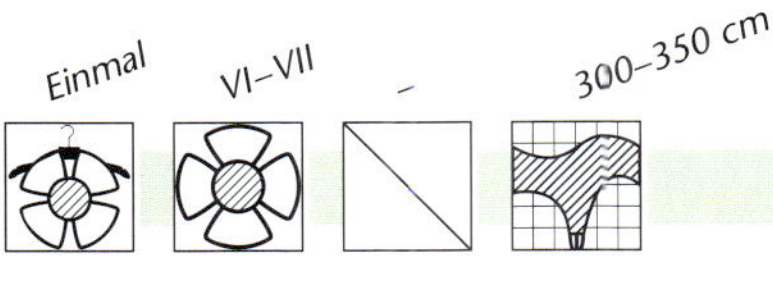

Cardinal Hume
Harkness, 1984
Strauchrose

Blüte: 25–35 Blütenblätter je Blüte, 11–15 Blüten je Stiel. Gefüllt. Purpurviolett. 3,0–6,0 cm Durchmesser.
Blütezeit: Juni–Oktober. Öfter blühend.
Duft: Leichter Duft.
Wuchs: Buschig, aufrecht, bogenförmig-überhängend, 70–100 cm hoch.
Pflanzung: 3 Pflanzen/m², Pflanzabstand 60 cm, flächig oder Gruppe.
Verwendung: Strauchrose, Staudengärten.

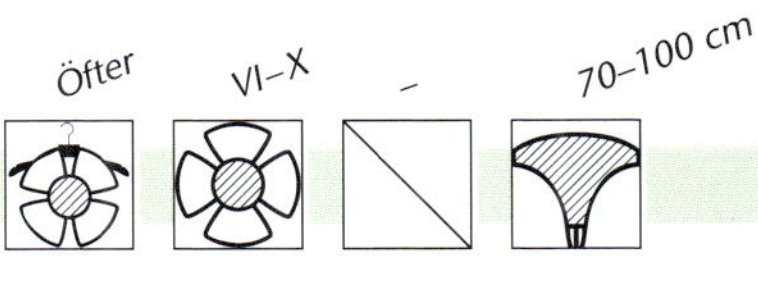

Kölner Karneval

Kordes, W. Söhne, 1964
Tee-Hybride

Blüte: 40–50 Blütenblätter je Blüte, 1–3 Blüten je Stiel. Stark gefüllt. Helllila. 8,0–10,0 cm Durchmesser.
Blütezeit: Juni–Oktober. Öfter blühend.
Duft: Starker Duft.
Wuchs: Buschig, aufrecht, 60–80 cm hoch.
Pflanzung: 5 Pflanzen/m^2, Pflanzabstand 45 cm, Gruppe.
Verwendung: Beetbepflanzung, Liebhaberpflanze.

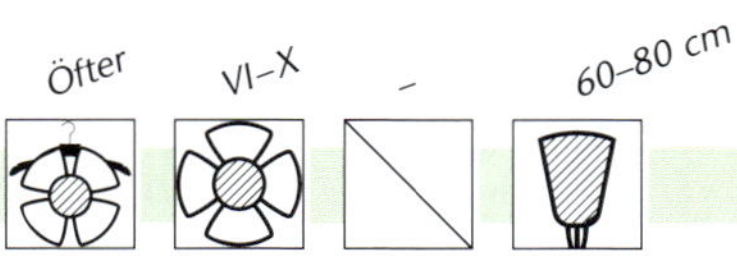

Mainzer Fastnacht × Passion

Mießler, Herbert, um 1980
Tee-Hybride

Blüte: 40–60 Blütenblätter je Blüte. Stark gefüllt. Dunkelviolett. 8,0–10,0 cm Durchmesser.
Blütezeit: Juni–Oktober. Öfter blühend.
Duft: Sehr starker Duft.
Wuchs: Buschig, aufrecht, 60–80 cm hoch.
Pflanzung: 5 Pflanzen/m^2, Pflanzabstand 45 cm, Gruppe.
Verwendung: Beetbepflanzung, Duftrose, Liebhabersorte.
Besonderheiten: Schwer beschaffbar.

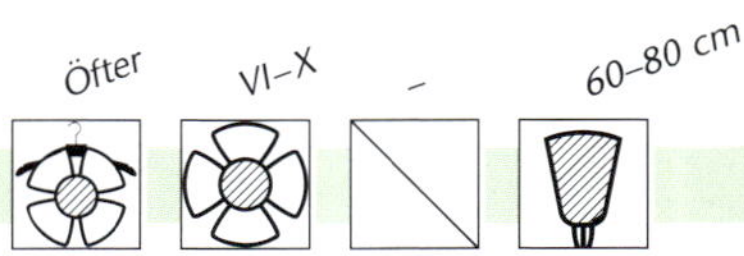

Rosenverwendung im Garten

Der Satz Karl Foersters, obwohl er mehr als 70 Jahre alt ist, gilt heute nach wie vor. Nicht zuletzt deshalb, weil die Züchter uns immer wieder mit neuen Rosen überraschen, die zuvor nicht geahnte Anwendungsmöglichkeiten erschließen:

„Wir stehen noch sehr in den Anfängen herzhafter Rosenverwendung; das Ding wurde uns unter den Händen so rasend schön, daß wir noch immer zu sehr an den Ton und zu wenig an die Musik denken."

So vielfältig die Rose selbst ist, so vielfältig sind auch die Möglichkeiten ihrer Verwendung. Unsere Betrachtungen sollen sich auf die Verwendung der Pflanze und weitgehend den privaten Bereich beschränken.

Jeder Garten wird erst dann interessant, wenn er etwas Individuelles, etwas Besonderes darstellt. Die Persönlichkeit des Nutzers muss sich in ihm widerspiegeln, er muss etwas über ihn aussagen und sich mit ihm weiterentwickeln.

Im vollen Bewusstsein der Tatsache, dass in jedem Falle andere Bedingungen wirken, seien es Gartengröße oder -lage, Pflegemöglichkeiten, persönliche Vorlieben usw., können zur Verwendung der Rosen immer nur Hinweise und Anregungen vermittelt werden. Rezepte, die nur zu kopieren sind, gibt es glücklicherweise nicht. Aus diesem Grund soll auch in diesem Buch nicht versucht werden, Pflanzpläne zusammenzustellen.

Einige Grundregeln ziehen sich durch alle Vorhaben. Die Wirkung der Rosen wird vor allem durch die Farbe und damit durch die Farbenzusammenstellung erzielt. Buntheit allein bringt keine gute Wirkung. Damit soll gesagt sein, dass nicht ein Gemisch zahlreicher Sorten, seien diese noch so hervorragend, auch gut aussieht. Wenige Sorten in größerer Stückzahl erreichen mehr. Auch im kleinen Garten sollten drei, besser fünf Rosen einer Sorte als Gruppe gepflanzt sein, um als Fläche wirken zu können.

Die Farbigkeit selbst und ihre Zusammenstellung innerhalb des Rosensortimentes ist relativ unproblematisch. Hier kann der persönliche Geschmack des Rosenfreundes weitgehend frei walten. Eine Ausnahme sollte doch beachtet werden: rote Farbtöne, die einen Blauanteil enthalten, können nicht mit solchen aus dem zinnoberroten Farbbereich kombiniert werden. Bei Karl Foerster klingt das so:

„Wer also anspruchsvolle Blumenohren hat, bittet auch seine Rosenlieferanten um Weglassung oder Sonderbezeichnung jeglichen unfeinen Rots und Rosa. Alle anderen Rosenfarben klingen ohne Mißton miteinander."

Die zu bepflanzende Fläche wird weitgehend von Größe und Form des Gar-

tens vorgegeben sein. Exakt geometrische Formen, Kreise oder Rechtecke wirken oft sehr steif. Geschwungene Linien bringen mehr Bewegung in den Garten, wirken lockerer, bieten unterschiedliche Blickwinkel – damit Abwechslung und den Reiz öfter und intensiver hinzusehen.

Rosensorten erreichen sehr unterschiedliche Höhen. Damit hat man ein wesentliches Gestaltungsmerkmal, das ganz bewusst ausgenutzt werden soll. Pflanzungen mit gleichmäßiger Höhe sind schnell langweilig, und das umso mehr, je größer die Fläche ist. Erst die Ausnutzung der dritten Dimension, der Höhe, bringt Bewegung und Abwechslung. Dabei spielt es weniger eine Rolle, ob dies nur innerhalb des Rosensortimentes oder mit anderen Pflanzen erreicht wird. Zu berücksichtigen ist aber, dass die ausgewachsenen Pflanzen nicht den Blick verstellen dürfen. In Hauptblickrichtung stehen im Vordergrund die niedrigen Sorten. Die Höhe steigert sich im Verlauf nach hinten bis zum Abschluss, der dem Auge die Räumlichkeit vermittelt. Wenn es um die Höhen von Rosensorten geht, sei allerdings davor gewarnt, die in Katalogen oder Sortenbeschreibungen angegebenen Höhen als Dogma anzusehen. Die Rose ist ein Lebewesen, das auf unterschiedliche Bedingungen entsprechend reagiert. Die angegebenen Werte können bei entsprechenden Boden- und Klimabedingungen leicht erheblich

'Schneewittchen' beugt sich über Salvia nemorosa und Erigeron (Feinstrahl). Der lockere Wuchs der Sorte bringt einen beschwingten Akzent in die Kombination.

überschritten, andererseits aber auch bei weitem nicht erreicht werden. Die Angaben sind trotzdem wertvoll und wichtig, denn die Rosen reagieren alle ähnlich. Das bedeutet, dass die Relationen zwischen den Sorten in der Regel erhalten bleiben, d. h. eine niedrige Sorte bleibt gegenüber einer hohen immer niedriger.

Leider gibt es in den Sortenbeschreibungen nur wenige Hinweise zum Blühverhalten der Sorten. Gerade weil die Hauptblütezeit der Rosen sehr stark konzentriert verläuft, sind solche Sorten von Interesse, die davon abweichen. Einige Wildrosen und ihre Hybriden beginnen schon Anfang Mai zu blühen, extrem spät dagegen einige Hybriden der *Rosa wichuraiana*, die erst Anfang Juli Farbe zeigen.

Aber auch innerhalb des üblichen Sortimentes treten sortenbedingte Differenzen des Blühbeginns von zwei bis drei Wochen auf.

In der Regel wird nur zwischen einmal und öfter blühenden Sorten unterschieden. Bei genauer Beobachtung kann man jedoch feststellen, dass das Blühverhalten der Sorten sehr unterschiedlich sein kann. Es gibt Sorten, die nach einem starken ersten Flor zwar immer wieder Blüten entwickeln, aber dann keine konzentrierte Blütezeit mehr aufweisen. Andere Sorten entwickeln nach einer mehr oder weniger stark ausgeprägten Blühpause noch einen kräftigen Spätsommerflor, und es gibt selbst solche Sorten, bei denen man drei Florhöhepunkte beobachten kann. Diese Merkmale sind nicht zuletzt deshalb weitgehend unbekannt, weil sie nur in mehrjährigen Beobachtungen sicher feststellbar sind,

das Rosensortiment jedoch sehr starken Wandlungen unterworfen ist.

Schließlich sollte nicht vergessen werden, die unterschiedliche Krankheitsresistenz der Rosen zu berücksichtigen. Je weniger der Standort den optimalen Anforderungen der Rosen entspricht, umso bedeutsamer ist es, solche Sorten zu wählen, die auch mit ungünstigeren Bedingungen zurechtkommen und wenig von Krankheiten befallen werden.

Die Rose als „Königin der Blumen" beansprucht in der Regel eine dominierende Rolle, der sich andere Pflanzen unterzuordnen haben. Ausnahmen mögen einige Wildrosen sein. Zum einen stellt Sie gewisse Anforderungen an den Standort, die zum guten Gedeihen erfüllt sein müssen. Nur bei Einhaltung dieser Anforderungen kann sie sich erwartungsgemäß entwickeln. Zum anderen ist die Rose das einzige Gehölz, das – mit Ausnahme der einmal blühenden Sorten und Arten – über lange Monate mehr oder weniger blüht und damit über diesen langen Zeitraum Farbe an ihrem Standort bringt.

Das wiederum hat zur Folge, dass andere Pflanzen in der Nachbarschaft bei der Farbauswahl der Rose angepasst oder untergeordnet werden müssen, es sei denn, es werden Pflanzen ausgewählt, die ausdrücklich die blütenlose Zeit der Rosen überbrücken.

Das zarte Rosa der Strauchrose 'Fritz Nobis' wird begleitet vom Blau des Delphinium (Rittersporn) und dem Gelb von Phlomis samia (Brandkraut).

Die Beetrose 'Crathes Castle' tritt farblich gegenüber dem kräftig leuchtenden Geranium (Storchschnabel) zurück.

Die Zeiten, in denen man glaubte Rosen dürften nur allein stehen, ohne Beziehung zur Umgebung, in abgezirkelten Beeten und möglichst durch Kieswege oder Beton abgetrennt, sind glücklicherweise vorbei, allerdings doch noch ab und an zu sehen.

Die Rose benötigt Begleiter. Sie sollen ihre Wirkung ergänzen oder unterstreichen, betonen oder auflockern. Sie sollen eine lebende Umrahmung bilden oder durch ihre Blüte zu einer Zeit Farbe bringen, in der die Rosen nicht blühen. Auf Dauer geht das aber nur, wenn diese Pflanzen Nachbarn sind. Zwischen- oder Unterpflanzungen bieten keine Dauerlösung. Dazu sind in der Regel die Ansprüche zu unterschiedlich. So sieht man immer wieder Unterpflanzungen mit Blumenzwiebeln. Natürlich blühen diese vor den Rosen, in der Regel sogar bevor die Rosen austreiben, und sie beleben dadurch zu dieser Zeit die Fläche. Dann aber sind die Rosen zu bearbeiten, der Boden zu lockern usw., wogegen die Blumenzwiebeln Ruhe zum Ausreifen brauchen und in dieser Phase meist nicht sehr attraktiv aussehen.

Seite 188/189:
Campanula medium (Marienglockenblume) und Bartnelken bilden den Hofstaat der Rosen.

Rosen für besondere klimatische Standorte – Webcode: rosen820

Stauden zwischen Rosen sind ebenso problematisch. Sie benötigen in der Regel keinen so nährstoffreichen Boden wie die Rosen. Entweder ist also für die Rosen nicht genügend Nahrung vorhanden oder aber die Stauden sind „überfüttert", sie werden zu mastig, entwickeln nicht ihren natürlichen Habitus oder verlieren beispielsweise die gewünschte Blattfärbung, insbesondere bei grauen und silberfarbenen Tönen.

Die Möglichkeiten, den Rosen Nachbarn zuzuordnen, seien es Gehölze oder Stauden, sind dennoch nahezu unerschöpflich. Einige Kombinationsmöglichkeiten zeigen sich immer wieder als lohnende Ergänzungen.

Da sind zum einen die farblichen Zusammenstellungen. Im Rosensortiment ist kein Blau vorhanden. Besonders im Staudenbereich finden sich eine ganze Reihe Arten, die diese Farbe zeitgleich mit der Rosenblüte einbringen können. Ähnliches gilt für grau- und silberfarbige Töne, die vor allem durch das Laub einiger Stauden eingebracht werden.

Neben der Farbe sind es von der Rose abweichende Formen, die Abwechslung bringen. Als Beispiel sei nur an kerzenförmige Blütenstände erinnert, wie z. B. Rittersporn *(Delphinium)* oder Steppenkerze *(Eremurus)*.

Dunkle, ruhige Hintergründe schließen die Pflanzung optisch ab und bringen die Farben der Rosen besonders zum Leuchten. Hierzu werden gern Nadelgehölze, z. B. Eiben *(Taxus)* oder immergrüne Laubgehölze verwendet.

Jede Empfehlung kann nur eine Anregung sein, die keineswegs andere Möglichkeiten ausschließt. Kreatives Probieren und auch einmal eine Korrektur gehören dazu, damit aus den Wunschträumen Rosen-Realität wird.

Wildrosen

Wildrosen im Garten? Für viele ist schon der Gedanke daran ein Unding, verbindet sich doch damit die Vorstellung eines undurchdringlichen, stachligen Gestrüpps, das zu viel Fläche des kostbaren Gartens nutzlos beansprucht. Jedem anderen Gehölz wird als selbstverständlich zugestanden, dass es nur einmal im Jahr blüht. Den Wildrosen wird diese Tatsache in Gedankenverbindungen zu den öfter blühenden Sorten als Negativum angelastet.

Unter ganz verschiedenen Gesichtspunkten sind Wildrosen sehr wirkungsvoll einzusetzen. Sie bieten Möglichkeiten, die im übrigen Rosensortiment nicht oder nicht in dem Umfang zu finden sind.

Die Blütezeit der Rosen lässt sich mit einigen Wildrosen weit nach vorn verlängern. Viele Rosenarten beginnen gegenüber dem üblichen Rosensortiment mindestens 2 Wochen früher mit der Blüte. In günstigen Jahren und entsprechendem Standort kann der Blütenreigen z. B. mit *Rosa hugonis* sogar schon Ende April, teils auch Mitte April beginnen. Kurz danach beginnt *Rosa pimpinellifolia*. Der überreiche Blütenflor kommt am besten zur Geltung, wenn die Pflanzen frei stehen oder vor dunklen Gehölzen einen leuchtenden Kontrast bilden.

Rosa canina, die heimische Hundsrose.

Eine Reihe Wildrosen besticht zu einer Zeit, in der man kaum noch an Rosen denkt, durch ganz andere Farben: Herbstfärbung des Laubes und Hagebuttenschmuck:

So leuchtet das Laub von *Rosa rugosa* im Herbst kräftig gelb, das von *Rosa nitida* braunrot, das von *Rosa virginiana* rot.

Die Hagebutten bringen in den herbstlichen Garten kräftige Farben. Dabei bieten die Wildrosen nicht nur von der Menge der Hagebutten Blickfänge – verschiedenste Größen, Farben, Formen sind ungeahnt abwechslungsreich.

Neben der bekannten Form der Hagebutte von *Rosa canina* sei an die zahlreichen kleinen runden Perlen bei *Rosa multiflora* erinnert, die sich in großen Fruchtständen finden.

Bis 5 cm groß sind die flaschenförmigen Hagebutten bei *Rosa sweginzowii* 'Macrocarpa'. Besonders viel Fruchtfleisch enthalten die flachkugeligen Hagebutten der *Rosa rugosa*.

Sehr interessant sind beispielsweise auch die Hagebutten von *Rosa moyesii*, die flaschenförmig, groß und borstig behaart sind oder von *Rosa roxburghii*, der kastanienfrüchtigen Rose, deren Hagebutten ihrem Namen nach wie kleine Kastanien oder Morgensterne aussehen.

Nicht alle Hagebutten sind rot. Obwohl es schon sehr verschiedene Farbnuancen von hell- bis dunkelrot oder orangerot gibt, sind die Hagebutten einiger Arten völlig abweichend gefärbt. Einige bleiben grün, wie bei der oben genannten *Rosa roxburghii*, andere sind fast schwarz wie bei *Rosa hugonis* oder *Rosa pimpinellifolia*.

Wildrosen sind nicht nur wegen ihrer Schönheit oder aus gestalterischen Gründen für den Garten interessant. Insbesondere den Vögeln bieten sie praktischen Nutzen als Schutz- und Nährgehölz. In den wehrhaften Büschen können sie sich von Feinden weitgehend unbedroht aufhalten, sodass sie nicht selten dort nisten. Die Hagebutten einer ganzen Reihe von Arten dienen ihnen als Nahrung, die nicht nur in Notzeiten wie im Winter gern gefressen werden. Die kleinen Hagebutten von *Rosa multiflora* locken oft schon als Leckerbissen, wenn sie gerade erst anfangen rot zu werden. Die größeren Hagebutten von *Rosa canina, Rosa moyesii, Rosa rubiginosa, Rosa rugosa, Rosa sweginzowii* 'Macrocarpa' und vielen anderen werden ebenfalls gut angenommen.

Die einfachen, offenen Blüten der Wildrosen werden von den Bienen gern aufgesucht und als Pollenspender genutzt. Zahlreiche andere Insekten finden sich ebenfalls auf den Blüten ein.

Unter den Wildrosen finden sich Arten, die an solchen Standorten verwendet werden können, die für die üblichen Sorten nicht oder nur eingeschränkt genutzt werden können.

Im Halbschatten gedeiht *Rosa arvensis*. Auch *Rosa majalis*, die Zimtrose, oder *Rosa pendulina*, die Alpenheckenrose, vertragen einen halbschattigen Standort.

Als besonders salzverträglich hat sich *Rosa rugosa* erwiesen.

Während *Rosa rugosa* auf hohen Kalkgehalt im Boden mit Vergilbung des Laubes reagiert, sind andere Arten wie *Rosa canina* in dieser Hinsicht wenig anspruchsvoll.

Eine ganze Reihe einheimischer Rosenarten findet auf steinigen, recht trockenen Standorten gute Entwicklungsmöglichkeiten, beispielsweise *Rosa pendulina* oder *Rosa majalis*.

Einige Rosenarten bilden Ausläufer, sie können damit den Boden festigen. Das kann bei Bepflanzung von Hängen zur Verhinderung von Bodenerosion von Bedeutung sein. Zu diesen Arten gehören z. B. *Rosa majalis, Rosa nitida, Rosa rugosa, Rosa × rugotida*.

Einige Arten werden häufiger verwendet:

***Rosa arvensis*, Kriechrose, Feldrose**
Dünne Triebe kriechen am Boden entlang oder halten sich an anderen Gehölzen fest und erreichen dann 1 bis 2 m Höhe. Die kleinen Blüten sind weiß, sie erscheinen im Juni bis Juli, meist einzeln. Die Hagebutten sind klein, kugelig, rot.

***Rosa canina*, Hundsrose**
Die allbekannte Hecken- oder Hundsrose findet sich an vielen Stellen, sowohl angepflanzt als auch wild vorkommend. Die zahlreichen weißen bis rosafarbenen Blüten erscheinen im Juni, im Herbst färben sich die 2 bis 3 cm langen Hagebutten rot. Die

Hagebutten sind nicht nur leuchtender Herbstschmuck, viele werden gern von Vögeln gefressen.

Nimm' Rosen zum Brot – Webcode: rosen829

Sträucher werden bis 3 m hoch, die Zweige hängen etwas über. Die Art variiert sehr stark in Blütenfarbe, Wuchs und vielen anderen Eigenschaften.

***Rosa canina* 'Kiese'**
Eine auffallende Erscheinung mit zahlreichen einfachen, kräftig roten, duftenden Blüten an einer stark wüchsigen Pflanze von etwa 2 m Höhe. Im Herbst schmücken zahlreiche rote Hagebutten.

***Rosa foetida* 'Bicolor', Kapuziner-Rose**
Die Kapuzinerrose, in England als 'Austrian Copper' bekannt, ist eine schon vor 1590 entstandene Mutation der gelben Ausgangsart *Rosa foetida*. Die einfachen offenen Blüten sind innen leuchtend orangerot, die Außenseiten dagegen gelb. Der Busch wird etwa 1,5 m hoch.

***Rosa glauca* (Syn. *Rosa rubrifolia*), Blaue Hechtrose, Rotblättrige Rose**
Das auffallendste an dieser Art sind die bräunlich dunkelroten Blätter mit bläulicher Bereifung. Auch die schlanken Triebe sind braunrot gefärbt. Der Strauch wird etwa 3 m hoch und vor allem wegen seiner Farbwirkung zur Auflockerung von Gehölzgruppen gepflanzt.

***Rosa hugonis*, Chinesische Gold-Rose**
Diese aus Mittelchina stammende Art wird bis 2,5 m hoch. Die Blüten sind hellgelb, einfach und stehen einzeln an kurzen Seitentrieben. Sie erscheinen bereits im Mai. Die Hagebutten sind kugelig und von dunkel- bis schwarzroter Farbe.

***Rosa moyesii*, Mandarin-Rose**
Die Sträucher werden bis zu 3 m hoch, sind locker und haben braunrote Triebe. Die großen, einfachen, meist zu mehreren stehenden Blüten sind dunkelweinrot und haben goldgelbe Staubgefäße. Später bilden sich krugförmige, große Hagebutten mit auffallend langem Hals und borstenartigen Haaren.

***Rosa multiflora*, Vielblütige Rose, Büschel-Rose**
Die aus Japan und Korea stammende Art wächst stark und bringt im Juni große Blütenstände mit Massen von zierlichen, etwa 2 cm großen, leicht duftenden Blüten hervor. Bis zum Herbst entwickeln sich dann kaum erbsengroße, rote Früchte. Der Wuchscharakter ist kletternd, die Pflanzen werden bis 3 m hoch.

***Rosa nitida*, Glanz-Rose**
Die mit glänzend dunkelgrünen Blättern ausgestattete Art stammt aus Nordamerika und verträgt Trockenheit relativ gut. Sie wird nur 50 bis 70 cm hoch und treibt viele Ausläufer. Die Blüten erscheinen im Juni/Juli. Sie stehen einzeln oder zu wenigen zusammen, sind rosa, einfach, etwa 5 cm groß. Die erbsengroßen Hagebutten schmücken bis in den Winter, ebenso fällt die orangerote bis braunrote Laubfärbung im Herbst auf.

***Rosa pimpinellifolia* (Syn. *Rosa spinosissima*), Bibernell-Rose, Dünen-Rose**
Ein Strauch mit sehr dicht bestachelten oder borstigen Zweigen, der meist nur etwa 1 m hoch wird. Schon im Mai entfalten sich die zahlreichen weißen

bis gelblich weißen Blüten. Die Hagebutten sich flachkugelig, bräunlich dunkelviolett. Der Name „Dünenrose" weist auf ihre Verwendbarkeit auf sandigen, nährstoffarmen, trockenen Standorten hin. Die Art ist relativ salz- und kalkverträglich.

***Rosa rubiginosa*, Apfel-Rose, Wein-Rose, Schottische Zaun-Rose, Sweet Briar**
Die Art ist durch das dunkelgrüne, apfelartig duftende Laub gekennzeichnet. Die stark bestachelte Pflanze wird 2 bis 3 m hoch, sie blüht im Juni hellrosa und ist im Herbst mit scharlachroten Früchten geschmückt.

***Rosa rugosa*, Kartoffel-Rose**
Die Kartoffelrose hat ihren deutschen Namen wohl nach den großen, flachkugeligen Hagebutten bekommen, die ab Spätsommer den Strauch schmücken. Aber auch durch die dicken, stark stachligen und borstigen Triebe, das typische dunkelgrüne, runzlige Laub, das im Herbst eine schöne gelbe Färbung annimmt, ist die Art gut zu erkennen. Die Blüten sind auffallend groß, rosarot, bei der Form *Rosa rugosa* 'Alba' rein weiß. Da die Art remontiert, sind ab Sommer Blüten und Früchte gleichzeitig an einer Pflanze zu finden. Der Strauch wird 1 bis 2 m hoch und wächst auch noch unter ungünstigen Bedingungen. Die Art ist recht salzverträglich, aber kalkfeindlich.

Rosa × rugotida
Ein in den Niederlanden entstandener Bastard aus *Rosa nitida × Rosa rugosa*. Die großen, einfachen, rosafarbenen duftenden Blüten erscheinen im Juni/

Rosa rugosa behauptet sich auf den unterschiedlichsten Standorten.

Juli. Der Wuchs ähnelt *Rosa rugosa*, bleibt aber zierlicher und niedriger, etwa bis 1 m hoch. Das glänzende, frischgrüne Laub färbt sich im Herbst kräftig gelb. Zahlreiche Ausläufer befestigen den Boden.

***Rosa sericea* fo. *pteracantha* (Syn. *Rosa omeiensis* fo. *pteracantha*), Stacheldraht-Rose**
Die Stacheldrahtrose ist etwas für den Liebhaber von Besonderheiten. Auffallendstes Kennzeichen sind die sehr großen, flügelförmigen Stacheln, die in der Jugend leuchtend rot und lichtdurchlässig sind; besonders im Gegenlicht wirken sie. Der Busch wird etwa 2 m hoch und hat sehr kleine Fiederblätter. Im Mai kommen die zahlreichen kleinen, weißen Blüten, an denen auffällt, dass sie in der Regel nur 4 Blütenblätter haben, während Rosen normalerweise 5 Blütenblätter bilden.

***Rosa sweginzowii* 'Macrocarpa'**
Eine sehr stark wachsende Rose, die 2,5 bis 3 m hoch und fast ebenso breit werden kann. Im Juni bringt sie zahlreiche rosafarbene, einfache Blüten

hervor. Besonders auffallend ist sie im Herbst, mit Massen großer flaschenförmiger Hagebutten, die hellrot bis orangerot leuchten.

***Rosa virginiana*, Virginische Rose, Wiesen-Rose, Sand-Rose**
Kleine, rosafarbene Blüten stehen einzeln oder zu mehreren zusammen. Der Busch wird etwa 1 bis 1,5 m hoch mit aufrechten, rotbraunen Trieben. Die glänzend dunkelgrüne Belaubung verfärbt sich im Herbst rot. Die Hagebutten sind flachkugelig, glänzend rot und bleiben lange an der Pflanze.

Wildrosen haben den Vorteil, dass sie wenig Pflegeaufwand erfordern. Frostschäden treten kaum auf. Wenn sie aus Samen angezogen sind, können sich keine Wildtriebe einer Veredlungsunterlage entwickeln. Regelmäßige Schnittarbeiten erübrigen sich weitgehend, von Zeit zu Zeit ist lediglich überaltertes und abgestorbenes Holz auszuschneiden bzw. bei sehr starken Trieben auszusägen. So gibt es Platz und Luft für neue Triebe, die Form wird etwas reguliert und Voraussetzungen für ständigen Blütenreichtum geschaffen.

Wildrosen können im Garten wie andere Blütensträucher auch verwendet werden. Frei stehend bilden die höher wachsenden Arten beachtliche und beeindruckende Büsche. Neben der Blütezeit kommt der Herbstschmuck durch Hagebutten und teils prächtige Herbstfärbung des Laubes zur Geltung. Um sich entfalten zu können, muss ihre Natürlichkeit gewahrt bleiben, eine zwanglose, naturnahe Gestaltung kommt ihnen am nächsten. Insofern sind besonders die einheimischen Arten prädestiniert, in Gärten am Siedlungsrand am Zaun oder über ihn hinweg den Übergang in die freie Landschaft zu vermitteln.

Entsprechend ihrem natürlichen Vorkommen können sie auch auf steinigen Standorten gepflanzt werden, die meisten vertragen Hitze und sind recht anspruchslos.

Als Hecke gepflanzt – und das kann je nach Bedarf ebenso als dichte unüberwindliche Barriere als auch mehr oder weniger locker geschehen – bieten sie einen ansehnlichen Sichtschutz und hindern unerwünschte Gäste.

Die niedrigen Arten lassen sich an Böschungen einzeln, in Gruppen oder flächendeckend verwenden. Durch Ausläuferbildung kann der Boden befestigt werden. Dabei sollte beachtet werden, dass die Ausläuferbildung auf leichten, trockenen Böden stärker als auf schweren ausgeprägt ist.

Die Verwendung der Wildrosen in Gemeinschaft mit anderen Pflanzen unterscheidet sich nicht von der der Strauchrosen – je nach Wuchscharakter kann man entsprechende Begleitpflanzen auswählen.

Dort wo der Platz vorhanden und es vom Charakter her erwünscht ist, lassen sich die einheimischen Arten gut mit entsprechenden Sträuchern kombinieren. Als Beispiel sei hier nur *Cornus mas*, die Kornelkirsche, genannt. Der Strauch kann bis 6 m hoch werden und fällt im Februar bis März durch seine zahlreichen gelben kleinen Blüten auf. Im Herbst ist er gekennzeichnet durch die glänzend roten Früchte, die zudem essbar sind und einen hohen Vitamin C-Gehalt aufweisen.

Strauchrosen

Es ist schon nicht leicht mit der Klassifikation der Rosen. Genau genommen sind alle Rosen Sträucher, aber eine Gruppe wird mit genau diesem Namen belegt. Es sind allerdings die Rosen, die unseren Vorstellungen von einem Strauch am nächsten kommen. Sie werden in der Regel mehr als 1 m hoch und einige Sorten erreichen an günstigen Standorten gut und gerne 2 m Höhe. Sie wachsen in der Regel dichtbuschig und aufrecht. Die Übergänge zu anderen Rosengruppen sind fließend und die Zuordnungen manchmal recht willkürlich. Eine ganze Reihe Beetrosensorten können bei entsprechendem Standort und Schnitt leicht als Strauchrose verwendet werden, ebenso wie eine Anzahl Kletterrosensorten.

Obwohl die einmal blühenden Sorten in der Regel noch einmal unter dem Begriff „Park- und Moosrosen" gesondert ausgewiesen werden, gehören sie doch meist vom Habitus und den Verwendungsmöglichkeiten hierher. Andererseits werden unter den Park- und Moosrosen teilweise die Wildrosen mit abgehandelt. Auch die so genannten „Englischen Rosen", die das Flair der Alten Rosen, ihre Blütenform und -füllung und vielfach den Duft mit modernen Eigenschaften kombinieren, sind nach ihren Wuchseigenschaften zu einem großen Teil hier mit einzuordnen.

Gleichgültig, wie man diese Gruppe abgrenzt, finden sich doch unterschiedlichste Wuchsformen, Blühverhalten, Blütengrößen, -füllungen und -farben, solche, die den Wildrosen sehr nahe stehen und solche, die an Beet- oder Edelrosen erinnern (Tabelle).

Auswahl historischer Rosen

Sorte	Farbe
'Blanche Moreau'	weiß
'Fantin Latour'	rosa
'Gloire de Dijon'	rahmweiß
'Königin von Dänemark'	silbrig rosa
'Louise Odier'	rosa
'Maiden's Blush'	hellrosa
'Rose de Rescht'	fuchsienrot
'Souvenir de la Malmaison'	zartrosa
'Suaveolens'	weiß
'Versicolor'	hellrosa, rote Streifen

Viele der historischen Rosen sind ihrem Wuchs entsprechend bei den Strauchrosen einzuordnen.

Für den Rosenfreund, der zwar das Flair der alten Rosen sucht, aber auf Eigenschaften wie das Öfterblühen der modernen Sorten nicht verzichten möchte, gibt es ein umfangreiches Angebot nostalgischer Rosen, die diese Wünsche erfüllen. Aus dem recht umfangreichen Sortiment sind in der Tabelle einige ausgewählt.

Die Bezeichnung „Strauchrosen" kommt gedanklich dem am nächsten, wie diese Gruppe im Garten anzuwenden ist. Sie assoziiert die Verbindung

Auswahl nostalgischer Rosen	
Sorte	Farbe
'Abraham Darby'	aprikosengelb mit rosa
'Charles Austin'	aprikosengelb
'Colette'	lachsrosa
'Eden Rose'	zartrosa
'Gebrüder Grimm'	orange bis gelb
'Graham Thomas'	bernsteinfarben
'Heritage'	rosa
'Leonardo da Vinci'	dunkelrosa
'Lions Rose'	cremeweiß

zu anderen Ziersträuchern, mit denen oder anstelle derer sie eingesetzt werden können.

Nahe liegend ist die Nutzung als Blickfang an einer exponierten Stelle im Garten. Häufig ist es empfehlenswert, die Wirkung dadurch zu steigern, dass man eine kleine Gruppe von drei Pflanzen setzt, die so eng gepflanzt werden, dass sie wie eine wirken. Die Farbauswahl richtet sich nach der Umgebung oder dem Hintergrund, und nicht immer ist Rot die wirkungsvollste Farbe.

Durch den Einsatz weniger Strauchrosen lassen sich ebenso Höhepunkte und Abwechslung schaffen. In einer größeren Gruppe von Beetrosen oder bodendeckenden Rosen bringt eine höhere Strauchrose Abwechslung in die meist gleichmäßige Höhe und kann farblich einen wirkungsvollen Kontrast setzen. So kann beispielsweise eine weiße Sorte die Leuchtkraft des umgebenden Rot ganz besonders unterstreichen. Umgekehrt kann eine Strauchrose oder Strauchrosengruppe durch vorgelagerte niedrigere Sorten zum Betrachter hin ausschwingen.

Oben links: Die Damaszener Rose 'Rose de Rescht' stammt aus Persien.
Oben rechts: Seit 1853 ist die Kletterrose 'Gloire de Dijon' bekannt.
Unten links: Rosa gallica 'Versicolor' steht schon in den Kräuterbüchern des 15. Jhd.
Unten rechts: 'Souv. de la Malmaison' (1843) hat auch im kleinen Garten Platz.

Auswahl bewährter Strauchrosensorten	
Sorte	Farbe*
'Caramella'	helles bernsteingelb
'Chippendale'	dunkelorange
'Cinderella'	zartrosa
'Cookie'	kardinalrot
'Eden Rose'	zart bis kräftig rosa
'Emil Nolde'	gelb
'Lichtkönigin Lucia'	zitronengelb
'Postillion'	gelb
'Rokoko'	cremegelb
'Romanze'	pink
'Rosario'	reinrosa
'Rosenstadt Freising'	weiß, Rand rot
'Sahara'	goldgelb bis bronzerot
'Schneewittchen'	weiß
'Ulmer Münster'	blutrot
'Westerland'	bernsteinorange

* Farbbezeichnungen bei Rosen sind ein Problem für sich. Eine Reduzierung auf Grundfarben ist ebenso problematisch wie eine ausführliche Bezeichnung. Durch Schrägstrich getrennte Farbbezeichnungen kennzeichnen meist unterschiedliche Blütenblattinnen- und -außenseiten, durch waagrechten Strich getrennte Bezeichnungen Veränderungen während der Blütezeit, ausgeschriebene bezeichnen Variationen innerhalb des Blütenblattes.

Aus Strauchrosen kann man lebende blühende Wände bauen – in Form einer frei wachsenden dichten Hecke oder aber, bei größerem Abstand der Pflanzen, mit Durchblickmöglichkeiten. Dabei bleibt es völlig dem Geschmack des Rosenfreundes überlassen, ob das eine einfarbige oder gemischte Reihe sein soll. Diese Hecken können das Grundstück freundlich und doch wirkungsvoll abgrenzen und gleichzeitig den Einblick verwehren. Auch ein kleinräumiger Sichtschutz an der Sitzecke oder die Abgrenzung von Gartenteilen, die nicht immer im Blickfeld liegen sollen, wie z. B. der Komposthaufen, kann mit Strauchrosen gestaltet werden.

Die öfter blühenden Sorten haben gegenüber anderen Ziergehölzen den Vorteil der viel länger anhaltenden Blütezeit. Während sich einmal blühende Sorten recht gut in Gehölzgruppen anderer Arten einordnen lassen, wird man die öfter blühenden Sorten in der Regel vor diese stellen.

Begleitpflanzen

Die Auswahlmöglichkeiten für die Kombination von Ziersträuchern mit Strauchrosen sind sehr vielfältig. Da die Ziersträucher immer nur eine begrenzte Blütezeit haben, ist zu überlegen, ob es solche sein sollen, die die blütenlose Zeit der Rosen überbrücken oder gleichzeitig mit ihnen blühen sollen. Im Wochenendgarten, der vielleicht im Winter oder Frühjahr weniger intensiv genutzt wird, ergeben sich andere Prämissen als in einem Garten direkt am Haus.

Aus den Blütensträuchern, die vor den Rosen blühen, seien nur wenige herausgegriffen:

Chaenomeles, die Scheinquitte, blüht im März bis April. Die Art *C. japonica* blüht ziegelrot und wird 1 bis 2 m hoch, die Art *C. speciosa* wird bis 3 m hoch und blüht rosa bis dunkelrot.

Die Forsythien, *Forsythia*, sind allgemein bekannt. Es gibt verschiedene Sorten unterschiedlich intensiver Gelbfärbung und Blütengröße sowie unterschiedliche Wuchshöhe.

Wichtiger sind Blütengehölze, die die Zeit der Rosenblüte tangieren.

Als spät blühendes Gehölz sollte man den Hibiscus, den Garten-Eibisch, beachten. Von den *Hibiscus syriacus*-Sorten ist es vor allem die blau blühende Sorte 'Oiseau Bleu', die mit Rosen gut verwendet werden kann, gegebenenfalls auch die weiß blühende 'Totus Albus'. Die Blütezeit liegt im Zeitraum Juli bis September. Die Pflanzen werden etwa 2 m hoch. Sie können in strengen Wintern zurückfrieren, erholen sich aber danach schnell wieder.

Die Kolkwitzie, *Kolkwitzia amabilis*, blüht im Mai bis Juni. In dieser Zeit ist der elegant überhängende, bis 2 m hoch werdende Strauch überschüttet mit glockenförmigen, zart rosafarbenen Blüten. Die Behaarung der Blüten gibt ihnen eine gewisse Weichheit, ganz besonders im Gegenlicht.

Oben links: Die Strauchrose 'Händel' fällt durch ihre lebhafte Färbung auf.
Oben rechts: 'Westerland', ebenfalls eine Strauchrose, ist mit ihrem kupferorangenem Farbton nicht zu verkennen.
Unten: 'Lichtkönigin Lucia' hat sich als wertvolle gelb blühende Strauchrose bewährt.

Der Falsche Jasmin, *Philadelphus*, gehört zu den auffälligsten Blütengehölzen im Juni. Die verschiedenen Arten und Sorten ermöglichen eine differenzierte Verwendung. Das leuchtende Weiß ihrer Blüten, im Farbenklang mit rosafarbenen oder roten Rosen und blauen Stauden wie Rittersporn oder hoch wachsenden Glockenblumen fesseln den Betrachter.

Hoch wachsende Formen sind beispielsweise *P. coronarius*, *P. inodorus* var. *grandiflorus* oder *P.* × *virginalis*. Sie werden etwa 3 bis 4 m hoch. Andere Sorten, wie die *P.* × *lemoinei*-Sorten 'Dame Blanche', 'Erectus' oder 'Manteau d'Hermine' werden nur 1 bis 1,5 m hoch. Wem es noch auf den besonders starken Duft ankommt, der sei aus den genannten auf *P. coronarius*, *P.* × *virginalis*, 'Dame Blanche' oder 'Erectus' hingewiesen.

Es ist gut möglich, hinter Strauchrosen eine geschlossene, geschnittene Laubgehölzhecke zu pflanzen. Dadurch werden die Rosen vor einen grünen, ruhigen Hintergrund gestellt. Dazu sind Arten nötig, mit denen sich entsprechend hohe Hecken aufbauen lassen. Hierzu sind zu rechnen die Hainbuche, *Carpinus betulus*, oder der Feldahorn, *Acer campestre*. Mit beiden lassen sich je nach Bedarf Hecken von 2 m Höhe und mehr entwickeln. Die Hainbuche hat den Vorteil, das Laub oft bis weit in den Winter zu halten.

Oben links: Die Strauchrose 'Kordes Brillant' blüht in leuchtendem Orangerot.
Oben rechts: Die Strauchrose 'Grandhotel' wird bis zu 2 m hoch.
Unten: Das dunkle Blauviolett von Salvia nemorosa (Salbei) erhöht die Leuchtkraft der Strauchrose 'Angela'.

Der auffällige Rotorangeton von 'Bonanza' wird durch das Weiß der Strauchrose 'Schneewittchen' und durch Lavendel abgemildert.

Feldahorn besticht im Herbst durch seine intensiv gelbe Laubfärbung.

Nadelgehölze als Hintergrund stellen die Rosen besonders heraus. Als Hecke gepflanzt ist die Eibe mit ihrem dunklen Grün geradezu prädestiniert für eine Rosennachbarschaft. *Taxus baccata* verträgt strengen Schnitt, selbst bis ins alte Holz, und gedeiht noch im Schatten. Wie bei den Beetrosen können auch die etwas höher werdenden Nadelgehölze durch vielfältige Farb- und Formkombinationen den Garten abwechslungsreich gestalten. Lediglich die Ebene, in der dies stattfindet, ist entsprechend höher.

Von den Stauden wirken im Zusammenklang mit Strauchrosen vor allem die größeren Arten, die durch Form oder Farbe einen Gegenpol bilden. Ganz besonders sei in diesem Zusammenhang an die Wirkung höherer Gräser erinnert. Niedrige Arten sind als Vorpflanzung besonders dann interessant, wenn sie in größeren Gruppen gepflanzt werden.

Kletterrosen

„Die stärkste Prachtentfalterin auch bis in die kleinsten Laubengärtchen hinein ist die Kletterrose großen Stils. Sie verklärt auch arme, kleine Plätze, auf denen sie ihr Farbengerüst entfaltet, Jahrzehnte hindurch mit Unterbrechung schwerster Winter so tief, daß man ganz vergißt, an welch wesenlosem Plätzchen seinerzeit die kleine Rosenpflanze gesetzt wurde."
(Karl Foerster)

Kletterrosen sind es vor allem, die die dritte Dimension, die Höhe, bei der Gestaltung erschließen und beherrschen. Sie sind es, die zur Rosenblüte ganz besonders den Blick auf sich ziehen. Das Blütenfeuerwerk findet nicht nur in der Ebene, sondern in der Höhe statt. Trotz ihres kräftigen Wachstums haben Kletterrosen den Vorteil, dass sie von der Gartenfläche keineswegs sehr viel beanspruchen müssen, sodass sie auch im kleinen Garten einen Platz finden können.

Mehr als in allen anderen Rosenklassen vereinen sich hier unterschiedlichste Merkmale, denn der Begriff Kletterrosen sagt erst einmal nicht mehr aus, als dass es um Sorten geht, die lange Triebe bilden. Hier finden sich solche, die mit Mühe zwei Meter überschreiten neben anderen, für die fünf Meter keine Hürde darstellen. Um zu klettern, brauchen diese Rosen einen Halt, sie können sich nicht allein festhalten. Sie besitzen keine Haftorgane und können sich nicht windend die Höhe erarbeiten. Einige Sorten haben steife Triebe, die ihnen auch ohne Stütze Höhen bis zwei Meter ermöglichen, ehe die Triebe wieder überhängen, andere haben ganz weiche Triebe, im englischsprachigen Raum werden sie als Rambler bezeichnet, die ohne Stütze flach am Boden entlangkriechen würden.

Ein umfangreiches Farbenspiel, kleine bis große Blüten, einfache, halb- oder stark gefüllte Blüten, ein Blühbeginn weit vor vielen Sorten, wie bei 'Le Rêve' oder 'Golden Showers', bis zu sehr spätem Blühbeginn meist erst im Juli, z. B. bei 'Dorothy Perkins', einmal und dafür besonders reich blühende sowie in der Regel stärker wachsende oder öfter blühende Sorten, ermöglichen fast unbegrenzte Möglichkeiten der Gestaltung, des Ausprobierens.

Dabei muss der Ehrgeiz nicht gleich dahin gehen, die Dimensionen der wohl größten Rose zu erreichen, die eine Fläche von mehr als 550 m² mit 200.000 Blüten überdeckt und unter der 150 Menschen Platz finden sollen.

Eine kleine Sortenauswahl ist auf der folgenden Seite zusammengestellt.

Wenn die kleine Kletterrosenpflanze in den Garten kommt, schwebt dem Besitzer mit Sicherheit ein Wachstum in Dornröschenart vor. Diese Menge an Trieben, Blättern und Blüten hat ihr Gewicht, das von der notwendigen Stützkonstruktion getragen werden

Auswahl schöner Kletterrosensorten

	Sorte	Farbe	Höhe (m)
einmal blühend	'American Pillar'	karminrosa, Auge weiß	3,5 bis 4,0
	'Bobby James'	rahmweiß	5,0 bis 6,0
	'Flammentanz'	blutrot	3,0 bis 4,0
	'Paul's Scarlet Climber'	blutrot	2,5 bis 3,5
öfter blühend	'Aloha'	apricot mit rosa	2,5 bis 3,0
	'Amadeus'	rot	2.0 bis 2,5
	'Barock'	hellgelb bis karamell	2,0 bis 2,5
	'Elfe'	grünlich elfenbein	2,5 bis 3,0
	'Goldstern'	goldgelb	2,0 bis 3,0
	'Kir Royal'	seidenrosa	2,5 bis 3,0
	'Laguna'	pinkfarben	2,5 bis 3,0
	'Lawinia'	reinrosa	2,0 bis 3,0
	'Naheglut'	samtig dunkelrot	2,0 bis 3,0
	'New Dawn'	zartrosa	3,0 bis 4,0
	'Rosarium Uetersen'	rosa	2,0 bis 3,0
	'Santana'	dunkelblutrot	2,0 bis 2,5
	'Schneewalzer'	reinweiß	2,0 bis 2,5
	'Shogun'	kräftig rosa	3,0 bis 4,0
	'Super Excelsa'	karminrosa	2,0 bis 3,0
	'Sympathie'	scharlachrot	3,0 bis 4,0

muss. Die Masse wird noch durch Tau, Regen oder Schnee vergrößert. Wind und Sturm rütteln daran und entfalten bei entsprechender Höhe enorme Hebelkräfte. Bei der Konstruktion und Verankerung der Kletterhilfe im Boden sollten Sie das gleich zu Beginn berücksichtigen. Nachbesserungen sind kaum ohne Schäden möglich.

Die Verwendungsmöglichkeiten der Kletterrosen sind ebenso vielfältig wie die Gegebenheiten in jedem Garten.

Nach wie vor am häufigsten werden sie an der Hauswand gepflanzt. Dieser Standort hat jedoch einige Tücken, die beachtet werden sollten. Mit dem Gedanken, dass Rosen Sonnenkinder sind, werden die Rosen an den sonnigsten Platz, an die Südseite, gepflanzt. Dort aber erhalten sie nicht nur viel Sonne, sondern oft zu viel Wärme, denn die Hauswand heizt sich auf und strahlt zurück, sodass sich in unmittelbarer Wandnähe wesentlich höhere Temperaturen als in der Umgebung entwickeln. Als weitere Folge verstärken sich die Temperaturdifferenzen zwischen Tag und Nacht. Die Luftfeuchtigkeit sinkt am Tag unter das verträgliche Maß. Nicht nur, das dieser Standort für die Rose selbst nicht optimal ist, eine ganze Reihe Schädlinge und Krankheiten fühlt sich unter diesen Bedingungen besonders wohl, es sei bloß an Rosenzikaden und Spinnmilben erinnert. Wer die Wahl

Die Kletterrose 'Ilse Krohn Superior' imponiert durch ihre großen, duftenden, reinweißen Blüten im Kontrast zu dunkelgrünem Laub.

hat, sollte die Kletterrosen besser an die Ost-, Südost- oder Südwestseite des Hauses pflanzen.

Direkt am Haus findet sich zumeist unter einer dünnen Schicht Muttererde alles was beim Bau übrig geblieben ist. Dadurch sind die Bodenbedingungen oft alles andere als optimal. Dann sollte eine möglichst große Pflanzgrube mindestens zwei Spaten tief ausgehoben und mit guter Erde verbessert werden, um der Rose zumindest für die Startphase weitgehend günstige Bedingungen zu schaffen.

Bei überstehendem Dach steht die Rose möglicherweise fast völlig im Trockenen. Das ist ihrem Wachstum genauso wenig förderlich wie ein Standort im Traufbereich.

Ein Haltegerüst muss der Rose die Möglichkeit zur Entfaltung geben. Es ist rechtzeitig anzubringen und so zu wählen, dass es der zu erwartenden Größe der Pflanze entspricht und über lange Jahre haltbar ist. Spätere Reparaturen und Korrekturen sind nur mit erheblichem Aufwand und kaum ohne Beschädigung der Pflanze möglich.

Um einen guten Aufbau der Pflanzen zu erzielen, der auch die Fläche gut deckt, werden die Triebe von Anfang an am Gerüst entsprechend geleitet und geheftet. Sie werden am Gerüst schräg aufrecht nach den Seiten fixiert. Damit wird erreicht, dass eine gleichmäßige Verteilung der Triebe gesichert ist, dass die Pflanzen von unten her breit aufgebaut und belaubt werden. Die Verzweigung und ganz besonders die Blühwilligkeit werden gefördert.

An der Hauswand ist die Sorten- bzw. Farbwahl ganz besonders von Bedeutung. Die Hauswand setzt durch ihre eigene Farbigkeit, seien es rote Klinker, weißer oder farbiger Putz oder naturfarbiges Holz über eine große Fläche die Prämissen. Nur in den seltensten Fällen wird man hier eine Ton-in-Ton-Komposition entwickeln wollen. In aller Regel soll die Blütenfarbe der Rose einen kräftigen Farbkontrast setzen. Das heißt, dass vor einer weißen Wand rote Sorten, vor einer roten dagegen weiße oder gelbe Kletterrosen bevorzugt werden.

Mit dem Rosenbogen verbindet sich der Gedanke an Kletterrosen schlechthin und vielleicht auch unbewusst der

Imposant durch Kraft, Blütenreichtum und Gesundheit wirkt die Kletterrose 'Rosarium Uetersen', auf Stamm veredelt.

Befestigung der Rosen – Webcode: rosen823

Die starken Triebe der Kletterrose 'Sympathie' sollten rechtzeitig in die gewünschte Richtung geleitet werden.

romantische Gedanke, dass sich beim Durchschreiten des blühenden Tores eine schönere Welt auftut.

Mehrere Bögen nacheinander ergeben einen schattigen, blühenden Gang. Mehr oder weniger ringsum abgeschlossen entsteht die lauschige Rosenlaube. Man kann sich darin zurückziehen und ist doch mit der Außenwelt verbunden, man kann beobachten, was sich draußen tut, ohne jedoch selbst beobachtet zu werden.

Bei einem Rosenbogen, der tatsächlich auch als Durchgang genutzt werden soll, ist zu berücksichtigen, dass die anfängliche Durchgangshöhe durch den Bewuchs, durchhängende Triebe oder Laub verringert wird, demzufolge also reichlich bemessen sein sollte. Er muss stabil sein und sicher im Boden verankert werden. Die teils im Handel angebotenen, zwar sehr preiswerten, aber aus dünnen Kunststoffrohren oder -profilen bestehenden Bögen sind den Anforderungen in der Regel auf Dauer nicht gewachsen.

Um den Rosenbogen von beiden Seiten bis zum Scheitelpunkt sicher zu bekleiden, sind stark wachsende Kletterrosensorten erforderlich, für die 3 m Gesamthöhe keine Hürde darstellen dürfen. Besonders geeignet sind hier viele einmal blühende Sorten, die zwar nicht über den ganzen Sommer blühen, aber zur Blütezeit ein besonders beeindruckendes Feuerwerk entfachen. Dann kann der Rosenbogen über dem Eingang ein herzliches Willkommen entbieten, neugierig auf Garten, Haus und Bewohner machen oder im Garten einen Teil vom anderen abtrennen und gleichzeitig eine Überleitung bilden.

Während der Bogengang in der Regel einem größeren Garten vorbehalten bleibt, kann die einseitige Rosenwand als Abgrenzung, als Sichtschutz oder auch als Windschutz, z. B. um die Sitz-

Seit Jahrzehnten bewährt sich die einmal blühende Kletterrose 'Paul's Scarlet Climber'.

ecke oder an der Terrasse, vielfältige Verwendungsmöglichkeiten erschließen. Ein Zaun, als Abgrenzung zur Straße oder zum Nachbarn, kann – mit Rosen begrünt – sicher abgrenzen und gleichzeitig freundlich verbinden. Die Triebe lassen sich im jungen Zustand leicht leiten und werten den Zaun mit ihren breit gezogenen Zweigen zum blühenden Gewebe auf. Gleichzeitig hält die Rose durch ihre Stacheln ungebetene Gäste wirksam fern.

Dort, wo für den Bogen oder die frei stehende Wand kein Platz ist, kann eine blühende Säule die Vertikale betonen. Dazu werden in der Regel Metallkonstruktionen verwendet, die die Rosen umschließen und ihnen die Möglichkeiten geben, sich nach oben zu verhaken und festzuhalten, um möglicherweise nach Erreichen des höchsten Punktes nach außen überzuhängen. Je nach Vorhaben sind eine, oder für eine imposantere Erscheinung, mehrere Rosen zu pflanzen. Ebenso attraktiv sind Rosenpyramiden. In entsprechendem Abstand werden starke Eisen oder Holz im Boden verankert und in der gewünschten Höhe zusammengeführt. Um die Pyramide wirklich gestalten zu können, sollten in Abständen Querverbindungen geschaffen werden. Werden die Triebe nur aufwärts geführt, verkahlen sie bald von unten. Durch seitliches Ableiten bleiben sie belaubt und bringen auch in den unteren Regionen reichen Blütenflor. Dort, wo nur wenig Platz vorhanden ist, lässt sich das Prinzip einengen, indem ein langer, starker Pfahl das Stützgerüst bildet, an dem die Rose festgebunden wird.

Viel zu selten werden für Kletterrosen sich natürlich anbietende Stützen genutzt. Da will beispielsweise ein Obstbaum im Garten nicht mehr so recht. Anstatt ihn herauszureißen, könnte man beispielsweise am Stammgrund eine Kletterrose pflanzen und am Stamm hochleiten. Sie kann sich im Geäst ausbreiten, den alten Baum überziehen und aus der Höhe mit ihren Blüten eine ganz neue Sicht auf dieses Stück Garten bewirken. In klimatisch günstigen Gebieten, in denen die Kletterrosen im Winter nur selten zurückfrieren, kann die Rose in Bäumen mit lockerer Kronen, wenn sie aus mehreren Metern Höhe das Leuchten ihrer Blüten herunterschickt, sicher sein, die Aufmerksamkeit aller Vorbeigehenden auf sich zu lenken.

Vielleicht steht im Garten eine hohe Laterne oder ein störender Mast. Wie viel freundlicher mag es wirken, wenn sich daran eine Kletterrose in die Höhe reckt. Wenn dann die Blüten am Abend noch vom Licht angestrahlt werden, entsteht eine ganz besonders romantische Stimmung.

Kletterrosen lassen sich auch ohne stützendes Gerüst wirkungsvoll verwenden. Je nach dem Charakter der Triebentwicklung ergeben sich daraus ganz unterschiedliche Bilder. Sorten mit steifen Trieben erreichen eine gewisse Höhe, um danach mit überhängenden Trieben einen kuppelförmigen Blütenberg zu bilden. Im Laufe der Jahre stützen sich neue Triebe auf die darunterliegenden, bauen darüber eine neue Schicht und entwickeln so riesige undurchdringliche Sträucher über mehrere Quadratmeter, sofern nicht mit der Schere regulierend eingegriffen wird. Sorten, die nicht übermäßig stark wachsen, halten sich auch ganz allein aufrecht und können wie Strauchrosen verwendet werden.

Anders ist es mit den weichtriebigen Sorten, den so genannten Rambler-Rosen. Sie können sich allein nicht aufrichten, ohne Halt kriechen sie am Boden hin, überwuchern Unebenheiten oder fallen über eine Kante in die Tiefe. Letztere Möglichkeit ist besonders attraktiv. Über Felsen, Mauern, Vorsprünge und steile Abhänge fallen diese Rosen kaskadenartig über mehrere Meter herab, wenn sie oben, möglichst dicht an die abfallende Stelle gepflanzt und die Triebe vielleicht anfangs noch etwas geleitet werden. Ist die Höhendifferenz zu groß, um völlig von den herabhängenden Rosen verdeckt zu werden, ist es auch möglich, den herabhängenden Rosen von unten Kletterrosen entgegenwachsen zu lassen. Man kann auf diese Weise viele Meter hohe Blütenwände erzeugen.

Begleitpflanzen

Kletterrosen sind in der Regel sehr beherrschende „Persönlichkeiten“. Demzufolge müssen sich bei Kombinationen mit anderen Pflanzen diese entsprechend einfügen. Vorpflanzungen mit Rosen anderer Klassen, Gehölzen oder Stauden sind in jeder Form möglich. Selbstverständlich ist eine gewisse Größe erforderlich, um einen Kontrast oder eine Ergänzung zu bewirken. Die Kletterrose kann dabei den optischen Abschluss bilden, vor dem die Begleitpflanzen sich besonders gut präsentieren. Sie können den Blick des Betrachters auf die Rosen hinführen oder diese als krönenden Hintergrund nutzen, es sei denn, bei größeren Gärten ist eine weitere Höhensteigerung mit hohen Gehölzen möglich. Dann sind es wieder die dunkelgrünen Farben, die besonders wirkungsvoll einen ruhigen Hintergrund abgeben.

Wirkliche Höhepunkte lassen sich bei Kletterrosen mit *Clematis* setzen. Sie benötigen selbst kaum einen gesonderten Platz und finden ihren Weg in den Kletterrosen nach oben ohne aufzufallen, weil das Laub in der Kletterrose meist mehr oder weniger verschwindet. Dann aber leuchten die Blütensterne aus den Kletterrosen! Das kann eine blaue oder rosafarbene *Clematis* zwischen roten Kletterrosen, eine rote oder blaue *Clematis* zwischen rosafarbenen Rosen sein. Die Entscheidung, welche Kombination am günstigsten ist, hängt auch vom Hintergrund und nicht zuletzt vom persönlichen Geschmack ab. Je nach Sortenwahl ist zudem die Blüte gleichzeitig bzw. vor oder nach der Hauptblüte der Rosen möglich.

In größeren Gärten mit dem nötigen Platz können Kletterrosen sehr dekorativ mit hohen Gehölzen kombiniert werden. Durch unterschiedliche Wuchsform, Blatt- oder Nadelfarbe, Blüte oder Früchte entstehen wechselnde und immer wieder neue Eindrücke.

Chamaecyparis lawsoniana 'Columnaris', die Blaue Säulen-Scheinzypresse, wird vorwiegend für Heckenpflanzung verwendet, weil sie hervorragend jeden Schnitt verträgt. Frei wachsend kann sie 6 bis 10 m hoch werden und ergibt eine dicht verzweigte Säule mit blaugrünen schuppenförmigen Nadeln.

Bizarr ist dagegen das Bild von *Chamaecyparis nootkatensis* 'Pendula', der Hänge-Nootka-Scheinzypresse. Nach anfänglich langsamem Wachstum kann sie 10 bis 15 m hoch werden. Sie imponiert durch die waagerecht vom Mitteltrieb ausgebreiteten Zweige, von denen die Seitenbezweigung mähnenartig senkrecht herabhängt. Sie muss frei stehen, um ihre volle Wirkung entfalten zu können.

Im Gegensatz dazu kann man eine Kletterrose sowohl vor die *Pinus nigra* ssp. *nigra*, die Österreichische Schwarzkiefer pflanzen als auch in den Baum hineinranken lassen, sodass die Blüten dann von oben zwischen dem Dunkelgrün herausleuchten. Diese bekannte Kiefer kann mehr als 20 m hoch werden.

Taxus baccata, die Gewöhnliche Eibe, kann frei wachsend bis 10 m Höhe erreichen und bildet einen hervorragend intensiv dunkelgrünen Hintergrund. Da sie Schnitt sehr gut verträgt, lässt sie sich genauso gut als Heckenpflanze verwenden.

Die verschiedenen Sorten des Lebensbaumes, *Thuja occidentalis*, lassen sich ebenso als Hecke und als Solitär nutzen. Sie können frei wachsend 5 m und mehr Höhe erreichen. Die Sorte 'Columna' ist dunkelgrün, die Sorte 'Smaragd' das ganze Jahr frischgrün und noch dichter im Aufbau als die erstere.

In großen Gärten ist sicher auch Platz für entsprechende Nadelgehölze wie Douglasie, Fichte, Tanne. Bei diesen sind Höhen von über 10 bis 20 m und mehr einzuplanen und ein Pflanzendurchmesser von 5 m. Bei den Fichten sollte besonders auf die Serbische Fichte, *Picea omorika*, hingewiesen werden, die sehr schmal wächst und auch im Alter bis zum Boden verzweigt und benadelt bleibt.

Bodendeckende Rosen

Als man daran ging, zunehmend öffentliche Flächen unter dem Blickwinkel geringen Pflegeaufwands zu begrünen, hatte man in den flach wachsenden *Cotoneaster*-Arten und -Sorten sehr gute Möglichkeiten gefunden. Die massenhafte Verwendung erzeugte jedoch bald Langeweile und die Suche nach Alternativen. Eine der neu entdeckten Möglichkeiten waren Rosen; anfangs solche, die oft schon seit Jahrzehnten bekannt, aber unter diesem Blickwinkel zuvor nicht beachtet worden waren. Später erweiterte sich das Sortiment zunehmend durch zahlreiche Neuzüchtungen. Die verwendeten Rosensorten sind von der Wuchsform und der Wuchskraft sehr vielfältig, sodass bald eine Unterteilung in fünf Untergruppen (siehe Abb. S. 215) notwendig wurde. Obwohl die meisten dieser Sorten mit der ursprünglich flachen Wuchsform bekannter Bodendeckergehölze nichts gemein haben, ist der Name geblieben. Für den Laien ist der Begriff „Bodendeckende Rose" oft irritierend, da sich für ihn damit ein flach auf dem Boden kriechendes Gehölz verbindet.

Viele der bekannten Rosen aus dieser Klasse erreichen jedoch problemlos 50 bis 80 cm Höhe, sind aber durch ihren buschigen Wuchscharakter gut geeignet, Flächen zu bedecken.

Aus diesem Grunde werden die Sorten auch als flächendeckende Rosen bezeichnet. Schließlich wird für die aufrecht, buschig wachsenden Sorten zunehmend der Begriff Kleinstrauchrosen verwendet. Damit wird deutlich, dass die Einsatzmöglichkeiten dieser Rosen fast grenzenlos sind.

Die in der Gruppe der bodendeckenden Rosen vereinigte Vielfältigkeit der Wuchsformen gibt zum einen zwar unterschiedlichste Möglichkeiten, sie zu ganz verschiedenen Zwecken einzusetzen, macht aber andererseits nötig, sich vor dem Kauf intensiv mit dem Vorhaben und den zur Verfügung stehenden Sorten auseinander zu setzen.

Ein weiterer Trugschluss ist weit verbreitet: Das Argument, dass bodendeckende Pflanzen den Unkrautwuchs reduzieren, führt nicht selten zu der Annahme, dass vor der Pflanzung eine gute Vorbereitung nicht so von Bedeutung sei. Das Gegenteil ist der Fall. Ganz besonders hier ist es erforderlich, vor der Pflanzung für Unkrautfreiheit, speziell von Wurzelunkräutern zu sorgen, da später im Bestand eine effektive Unkrautbekämpfung nur sehr schwer möglich ist. Ist auf unkrautfreien Boden gepflanzt und aufkommendes Unkraut bis zum Schließen des Bestandes regelmäßig beseitigt, dann ist das Argument der Unkrautunterdrückung richtig, denn durch den geschlossenen Rosenbestand kann sich

Unterschiedliche Wuchsformen bei bodendeckenden Rosen

Gruppe 1

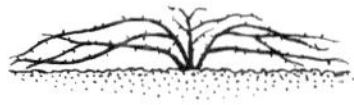

schwachwachsend
flach niederliegend
z. B. 'Heideröslein Nozomi', 'Snowcarpet'

Gruppe 2

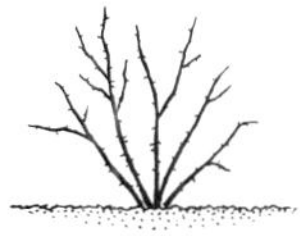

steif aufrecht wachsend
z. B. 'Moje Hammarberg', 'Dagmar Hastrup'

Gruppe 3

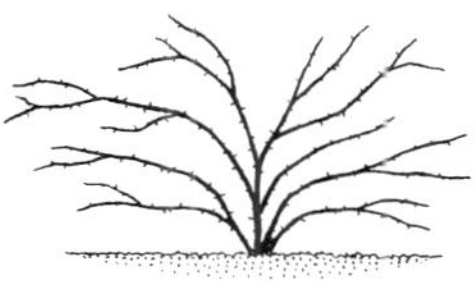

niedrig, buschig wachsend
z. B. 'Swany', 'Snow Ballet', 'Candy Rose', 'Pink Spray'

Gruppe 4

leicht bogig überhängend
z. B. 'Smarty', 'Pink Star', 'Fleurette'

Gruppe 5

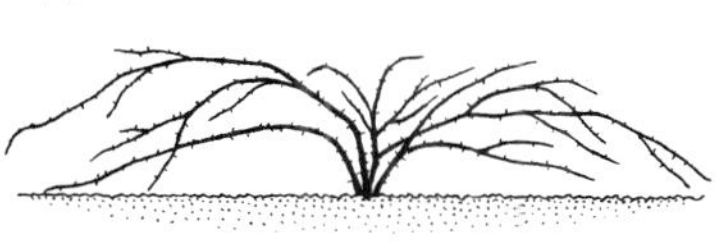

flach niederliegend
starker Massenzuwachs
z. B. *R.* × *paulii* (syn. *R. rugosa* 'Repens Alba'), 'Max Graf', 'Immensee', 'Repandia'

Auswahl bodendeckender Rosensorten

Wuchstyp	Sorte	Farbe	Pflanzen/m^2
schwach wachsend, flach niederliegend	'Bassino'	blutrot	4 bis 5
	'Heideröslein Nozomi'	hellrosa	4 bis 5
	'Knirps'	kräftig rosa	4 bis 5
	'Pink Bassino'	rosa	4 bis 5
steif aufrecht	'Crimson Meidiland'	johannisbeerrot	4 bis 5
	'Dagmar Hastrup'	rosa	3 bis 4
	'Moje Hammarberg'	violettrot	3 bis 4
	'Pierette'	altrosa	3 bis 4
niedrig buschig	'Amber Sun'	kupfergelb	3 bis 4
	'Bingo Meidiland'	zartrosa	3 bis 4
	'Bonica 82'	hellrosa	4 bis 5
	'Celina'	hellgelb	3 bis 4
	'Colossal Meidiland'	dunkelrot	3 bis 4
	'Cubana'	apricot zu rosa	4 bis 5
	'Diamant'	weiß	4 bis 5
	'Heidetraum'	rosarot	3 bis 4
	'Innocencia'	weiß	4 bis 5
	'Kent'	weiß	4 bis 5
	'Mainaufeuer'	blutrot	3 bis 4
	'Mirato'	pinkrosa	3 bis 4
	'Palmengarten Frankfurt'	rosarot	3 bis 4
	'Play Rose'	karminrosa	3 bis 4
	'Schneeflocke'	weiß	4 bis 5
	'Swany'	weiß	3 bis 4
	'Aspirin-Rose'	weiß	3 bis 4
	'Heidesommer'	weiß	2 bis 3
leicht bogig überhängend	'Pink Meidiland'	lachsrosa	3 bis 4
	'Smarty'	rahmweiß	2 bis 3
	'Sonnenschirm'	zitronengelb	3 bis 4
	'Sweet Haze'	rosa	3 bis 4
	'The Fairy'	hellrosa	4 bis 5
flach niederliegend, stark wachsend	'Alpenglühen'	signalrot	3
	'Heidekönigin'	rosa	1 bis 2
	'Rote Max Graf'	rot	1
	'Sommerabend'	dunkelrot	2 bis 3

im Nachhinein Unkraut nur schwer wieder etablieren.

Für bodendeckende Rosen gibt es im Gegensatz zu anderen Rosengruppen keine allgemein verbindlichen Richtwerte für Pflanzabstände. Sie sind so unterschiedlich, dass man sich bei der Planung sehr genau die Empfehlungen der Züchter oder Anbieter ansehen und diese einhalten sollte. Es kann, je nach Sorte, eine Pflanze auf 2 Quadratmeter reichen, aber auch eine Dichte von 8 bis 9 Pflanzen je Quadratmeter erforderlich sein.

So unterschiedlich die Wuchstypen der hier zusammengefassten Sorten, so vielfältig sind die Möglichkeiten, die Sorten zu verwenden. Die Tabelle (Seite 216) zeigt Sortenbeispiele für die verschiedenen Wuchsgruppen.

Unter dem Auslesegesichtspunkt, dass gerade die bodendeckenden Sorten möglichst geringen Pflegeaufwand erfordern und eine hohe Krankheitsresistenz aufweisen sollen, ist auffallend, dass ein hoher Anteil dieser Sorten im rosa Farbbereich angesiedelt ist, Weiß und Rot teilweise auch noch vertreten sind, das übrige Farbspektrum bisher jedoch fast völlig fehlt. Dieser Mangel ist bei der Planung zu berücksichtigen. Sofern andere Farben benötigt werden, müssen sie durch Sorten aus anderen Klassen ergänzt oder aber durch Benachbarung mit entsprechenden Stauden oder Gehölzen berücksichtigt werden.

Die niederliegend schwach wachsenden Sorten sind vorwiegend für kleine Pflanzungen geeignet. Sorten wie 'Snow Carpet' bleiben zwar nur etwa 10 bis 15 cm hoch, die Triebe werden aber auch nur 20 bis 25 cm

'The Fairy' war schon 50 Jahre alt, als man ihren Wert als bodendeckende Rose erkannte.

lang, sodass ein recht hoher Pflanzenbedarf für eine Flächendeckung vorhanden ist. In kleinen Gruppen, in Kübeln und Trögen können sie effektvoll eingesetzt werden. Die niederliegend stark wachsenden Sorten benötigen dagegen viel Platz. Hier sind oft 3 m und mehr Trieblänge keine Seltenheit. Dementsprechend benötigen die Pflanzen große Flächen, um sich ausbreiten zu können. Hinter eine Mauerkrone gepflanzt, beispielsweise bei Stützmauern, können die Triebe, wenn sie anfangs etwas geleitet werden, im großen Bogen über die Mauer herabhängen. Im Garten werden die stark wachsenden Sorten relativ selten in

Betracht kommen, da für größere Flächen selten der Platz reicht. Sind sie zu eng gepflanzt und ist nicht genügend Platz vorhanden, legen sich die Triebe übereinander und können sich zu erheblicher Höhe aufbauen. Als Einzelpflanzen oder kleine Gruppe jedoch, wenn sie sich frei entwickeln können, lassen sie eine Strauchrose zum Vordergrund hin ausklingen oder schaffen den Übergang zu Begleitpflanzen.

Im Garten werden am häufigsten die Sorten der Wuchsgruppe 3 (niedrig, buschig wachsend) ihre Verwendung finden. Durch ihren etwas ausladenden, buschigen Wuchs ergeben sich für sie gerade im Garten vielfältigste Möglichkeiten. Sie können im Sinne der Flächendeckung gepflanzt werden, aber ebenso im Beet anstelle der traditionellen Beetrosensorten Verwendung finden. Eine beliebte Einsatzmöglichkeit ist die Flächendeckung auf Böschungen, wo der lockere Wuchscharakter der Geländebewegung besonders entgegenkommt und nicht zuletzt die blühende Fläche dem Betrachter außerordentlich gut präsentiert wird.

Die Bezeichnung Kleinstrauchrose steht für ihre Möglichkeiten überall dort, wo eine Strauchrose normalen Ausmaßes vielleicht zu groß und gewaltig sein würde. Durch ihre geringe Größe, aber sehr ähnliche Wuchsform, ermöglichen die Kleinstrauchrosen eine wirkungsvolle Gestaltung von viel intimeren Räumen und Gegebenheiten. Als Einzelpflanze im Kübel, unterstützt durch Kleingehölze oder Stauden in einer kleinen Pflanzgruppe von drei oder fünf Pflanzen, die dann wie eine größere Pflanze wirken, bieten sich unendlich viele Möglichkeiten auch im kleinsten Garten an. Da viele der Kleinstrauchrosen-Sorten sehr robust und gesund sind, minimieren sich die sonst bei Rosen notwendigen Pflegeaufwendungen.

Dort, wo die bodendeckenden Rosen in größeren Stückzahlen gepflanzt werden, bilden sich nach einiger Zeit geschlossene, mehr oder weniger undurchdringliche Bestände. Bei der Pflanzung sollte man vorsorglich daran denken, möglichst stecklingsvermehrte Pflanzen, die mit Topfballen oder im Container angeboten werden, zu verwenden. Im Gegensatz zu den veredelten Pflanzen können sie keine „Wildtriebe" aus der Veredlungsunterlage bilden. Im geschlossenen Bestand ist die Entfernung der Wildtriebe äußerst unangenehm und kaum ohne Kratzer an Händen und Beinen zu bewerkstelligen. Auch wenn der Einkauf etwas teurer sein mag, spätestens bei dieser Arbeit macht er sich bezahlt.

Die Kombinationsmöglichkeiten von bodendeckenden Rosen mit anderen Rosen sind verständlicherweise ebenso vielfältig wie unter den Sorten dieser Gruppe selbst. Flach wachsende Sorten können als Teil einer größeren Fläche mit anderen Bodendeckern kombiniert werden. Kleinstrauchrosen lassen sich sozusagen als Miniausgabe der hoch wachsenden Strauchrosen anordnen und mit entsprechend kleineren Gehölzen oder Stauden kombinieren. Je nach Wuchscharakter lassen sich die bei den Strauchrosen oder Beetrosen angedeuteten Vorschläge weiterführen und entsprechend kreativ umsetzen. Gerade hier

Die bodendeckende 'Red Yesterday' steht in kräftigem Farbkontrast zur gelben Achillea filipendulina (Schafgarbe).

wird deutlich, dass es gar nicht möglich ist, Rezepte zu vermitteln. Anregungen müssen auf ihre Realisierbarkeit unter den gegebenen Bedingungen und zur Durchführung der eigenen Vorstellungen geprüft werden.

Die Tatsache, dass man mit ebendem Material arbeitet, hat zur Folge, dass sich die Pflanzung über Jahre hinweg entwickelt und verändert. Das nötigt einerseits Geduld ab, um ein Ziel zu erreichen. Es kann aber auch dazu führen, dass ein anfangs richtiges Konzept nach Jahren einen Einschnitt und Veränderungen erfordert. Nicht zuletzt dadurch wird die Arbeit im Garten so interessant und abwechslungsreich und bringt jedes Jahr neue Erkenntnisse und Erfahrungen.

Beetrosen, Edelrosen, Zwergrosen

Beetrosen

Der Begriff „Beetrosen" spricht bereits die wichtigste Verwendungsmöglichkeit dieser Rosenklasse an. Sie enthält eine Vielzahl unterschiedlicher Sorten, die ursprünglich mehreren Gruppen wie den Polyantha, Polyantha-Hybriden, Floribunda und Floribunda-Grandiflora zugeordnet wurden. Diese Art der Klassifizierung orientierte sich vor allem an der zunehmenden Blütengröße. Da es aber alle Übergänge zwischen diesen Gruppen gibt und die Zuordnung vielfach sehr willkürlich vorgenommen wird, tragen diese Begriffe nur unbefriedigend zur besseren Verständigung bei. Einfacher ist der Hinweis auf die Einsatzmöglichkeiten.

Gemeinsames Merkmal aller Sorten ist die Mehr- oder Vielblütigkeit. Durch ihre Blütenmenge in kleinen oder großen rispenartigen Blütenständen und lange Blütezeit bis in den Herbst bringen die Sorten auf Dauer Farbe in den Garten. Für die Blühdauer ist von Bedeutung, dass einerseits die Einzelblüten lange halten und andererseits durch einen schnellen Neutrieb bald wieder neue Blüten entwickelt werden. Form und Füllung der Einzelblüte treten dabei zugunsten der Gesamtwirkung teilweise in den Hintergrund. Es finden sich jedoch im Sortiment alle nur denkbaren Blütenformen: kugelige, stark gefüllte, offene halb gefüllte, einfache Schalenblüten oder auch solche, die einer kleinen Teehybride entsprechen. Das Sortiment enthält das gesamte Farbspektrum der Rosen an Blütenfarben und unterschiedlichste Wuchshöhen, sodass sich für jeden Wunsch die recht Sorte finden lässt.

Hartnäckig hält sich die Ansicht, dass diese Rosensorten nicht für den Blumenschnitt geeignet seien. Sicher haben sie in der Regel nicht den langen geraden Blütenstiel und die große Blüte der Teehybriden, dafür aber einen ganzen „Strauß" am Stiel und nicht selten eine längere Haltbarkeit in der Vase.

Die Verwendungsmöglichkeiten der Beetrosen sind so vielfältig wie die Gärten. Sie sind dafür gedacht, in Gruppen gepflanzt zu werden, um ihre Vorteile sichtbar werden zu lassen. Ob es dann kleine oder große Beete, runde, quadratische oder rechteckige oder ganz freie unregelmäßige Formen sind, ist der jeweiligen Gartensituation anzupassen. Die flächige Wirkung wird vor allem dann erzielt, wenn mehrere Pflanzen oder ein ganzes Beet einer Sorte verwendet werden. Größere Beete können gut auch mit mehreren Sorten bepflanzt werden, aber auch dann in Gruppen und nicht bunt durcheinander. Eine einreihige Pflanzung ist in der Regel wenig wirksam, eine mindestens dreireihige Pflanzung kann ein beeindruckendes farbiges Band erzeugen.

Das Blütenfeuerwerk der Kletterrosen lässt die Mauer fast verschwinden. Bis zu solcher Pracht ist schon etwas Geduld vonnöten.

Rosenbeete werden besonders häufig im Eingangsbereich des Gartens verwendet. Sie begrüßen den Eintretenden und begleiten ihn zum Haus. Das kann an einer Seite des Weges, aber ebenso beidseitig realisiert werden. Damit der Besucher nicht womöglich gleich beim Eintritt in das Grundstück mit den Rosenstacheln Bekanntschaft machen muss, ist es günstig, die Rosen nicht bis unmittelbar an den Weg zu pflanzen. Ein Rasenstreifen, der allerdings bei ungenügender Breite schwer zu pflegen ist, oder vorgepflanzte bodendeckende Pflanzen schaffen den Übergang. Dieser „Abstandhalter" hat jedoch auch für die Rosenpflanzung selbst einen Vorteil. Platten- oder Betonwege heizen sich bei Sonneneinstrahlung schnell auf – ein vorgepflanzter Vegetationsstreifen hält die Hitze von den Rosen fern. Werden unterschiedliche Wuchshöhen bei Sortenzusammenstellungen verwendet, werden sie allgemein so aufgebaut, dass vom Weg aus oder vom Eingang her zuerst die niedrigeren, nach hinten die höheren Sorten eingesetzt werden, sodass alle Pflanzen im Blickfeld bleiben und nicht durch andere verdeckt werden. Die Tabelle (Seite 222) führt eine Reihe Sorten auf, die nach unterschiedlichen Wuchshöhen gruppiert sind.

Farbliche Zusammenstellungen bei Verwendung mehrerer Sorten sind

Beetrosen unterschiedlicher Wuchshöhe

Sorte	Farbe
Wuchshöhe 40 bis 60 cm	
'Abigaile'	cremeweiß mit rosa
'Amber Queen'	bernsteingelb
'Bad Birnbach'	lachsrosa
'Bella Rosa'	rosa
'Bernstein Rose'	bernsteingelb
'Biedermeier'	kirschrot und weiß
'Bonica 82'	zartrosa
'Carte d'Or'	gelb
'China Girl'	zitronengelb
'Edelweiß'	cremeweiß
'Fortuna'	lachsrosa, weiße Mitte
'Friesia'	goldgelb
'Galaxy'	pastellgelb
'Gartenzauber 84'	rot
'Goldmarie 82'	goldgelb
'Happy Wanderer'	dunkelrot
'Ludwigshafen am Rhein'	karminrosa
'Mariandel'	dunkelblutrot
'Marie Curie'	goldbraun
'Nina Weibull'	blutrot
'Ondella'	dunkelrot
'Sommerwind'	reinrosa
'Tornado'	orangeblutrot
'Travemünde'	dunkelrot
'Yesterday'	lavendelrosa
Wuchshöhe 60 bis 80 cm	
'Aprikola'	aprikosengelb
'Aspirin-Rose'	weiß
'Austriana'	blutrot
'Bad Wörishofen 05'	karminrosa
'Benita'	dunkelgelb
'Berleburg'	dunkelrosa
'Blühwunder'	lachsrosa
'Chorus'	zinnoberrot
'Gebrüder Grimm'	orange und gelb
'Geisha'	apricot-orange
'Goldschatz'	hellgelb
'Innocencia'	reinweiß
'Kristall'	weiß
'Leonardo da Vinci'	dunkelrosa
'Lions Rose'	cremeweiß
'Manou Meilland'	rosa
'Marie Antoinette'	elfenbeinfarben
'Matthias Meilland'	rot
'Maxi Vita'	orangerosa
'Mirato'	pink
'Neon'	karminrosa
'Pastella'	cremeweiß
'Petticoat'	cremeweiß
'Play Rose'	rosa
'Rosenprofessor Sieber'	reinrosa
'Rotilia'	karminrot
'Schöne Dortmunderin'	rosa
'Stadt Eltville'	leuchtend rot
'Träumerei'	rosa
'Trier 2000'	rosa
Wuchshöhe 80 bis 100 cm	
'Diadem'	rosa
'Escapade'	magentarosa
'Gelber Engel'	hellgelb
'Home & Garden'	reinrosa
'La Sevillana'	scharlachrot
'Make Up'	rosa
'Montana'	blutrot
'Mountbatten'	gelb
'Pink Diadem'	intensiv rosa
'Pomponella'	dunkelrosa
'Rhapsody in Blue'	purpurviolett
'The Queen Elizabeth Rose'	rosa

vornehmlich dem Geschmack des Gartenbesitzers vorbehalten. Rosen sind weitgehend problemlos kombinierbar. Zu vermeiden sind lediglich karminrote neben ziegelroten Farbtönen. Problematisch kann außerdem die Kombination von Sorten sein, die von sich aus sehr bunt sind oder kräftige Farbumschläge während der Blütezeit, z. B. von Gelb nach Rot, aufweisen. Solche Sorten sollten besser alleine stehen.

Die Wirkung der Beetrosen kann durch vielfältige Begleitpflanzen gesteigert werden. Dabei gilt nicht nur die Regel, dass das Rosenbeet durch Gehölze oder Stauden aufgewertet wird. Auch die Umkehrung ist gut möglich. In eine Gehölz- oder Staudenfläche werden je nach Größe und Bedingungen eine oder mehrere kleine Rosengruppen eingesprengt, die dann in diesem Rahmen Höhepunkte darstellen.

Teehybriden, Edelrosen

Die Teehybriden oder Edelrosen sind in erster Linie dafür entwickelt, auf langen Stielen große, gut gefüllte Blüten zu erzeugen, die zur Schnittblume geeignet sind. Es sind die Sorten der Wahl, wenn es um Rosen für die Vase geht. Die Größe der Blüten geht allerdings auf Kosten der Blütenmenge. Die langen, straffen Stiele ermöglichen keinen runden, buschigen und geschlossenen Wuchs. So wirken die Pflanzen in der Regel etwas steif, die Einzelblüte sieht zwar insbesondere als angeblühte Knospe sehr schön aus. Das ist aber ein Eindruck nur für kurze Zeit und aufgrund der wenigen Blüten ohne

Die etwas ungewöhnliche Farbe der Beetrose 'Escapade' lässt sich ausgesprochen gut mit anderen Tönen kombinieren.

Massen- und Fernwirkung. Dabei ist es allerdings keineswegs so wie vielfach angenommen, dass die Teehybriden immer nur eine Blüte entwickeln. Die Stiele mit einer Blüte beim Floristen suggerieren das, aber hier sind lediglich die Nebenknospen ausgebrochen, um eine besonders gut entwickelte Blüte zu erzielen. Die Regel ist vielmehr auch bei den Teehybriden, dass neben einer Hauptknospe drei oder fünf Nebenknospen entstehen.

Durch diese Merkmale, die auf eine ganz andere Verwendung abzielen, ist eine gestalterische Einbeziehung dieser Rosen im Garten nur schwer möglich. Das heißt nun keineswegs, diese Rosen aus dem Garten zu verbannen. Genauso wie man Nutzbeete für Gewürze oder Gemüse hat, können Teehybriden im Garten eingeordnet werden. Das ist in der Regel aber nicht gerade der repräsentative Eingangsbereich, sondern eine eher abgelegene Stelle im Garten.

Auswahl Teehybridsorten	
Sorte	Farbe
'Aachener Dom'	lachsrosa
'Aperitif'	reingelb
'Ashram'	kupferbraun-orange
'Berolina'	zitronengelb
'Candlelight'	dunkelgelb
'Caprice de Meilland'	pinkrosa
'Citrina'	gelb
'Eliza'	silbrigrosa
'Esmeralda'	altrosa
'Fairest Cape'	apricot, gelb bis orange
'Focus'	lachsorange
'Gloria Dei'	gelb, Rand rosa
'Grande Amore'	leuchtendrot
'Herz Ass'	rot
'Ingrid Bergmann'	dunkelrot
'Kupferkönigin'	kupfergelb
'Landora'	gelb
'Mainzer Fastnacht'	violettrosa
'Michelangelo'	goldgelb
'Nostalgie'	cremeweiß-kirschfarbig
'Schwarze Madonna'	dunkelrot
'Speelwark'	pfirsichgelb

Auswahl duftender Teehybridsorten	
Sorte	Farbe
'Acapella'	kirschrot/silberfarben
'Albrecht Dürer'	pfirsich bis apricot
'Ambiente'	cremeweiß
'Andre le Notre'	hellrosa
'Arioso'	karminrosa
'Augusta Luise'	pfirsichfarben
'Barkarole'	dunkelrot
'Duftfestival'	samtrot
'Duftrausch'	lila
'Duftwolke'	lachsrot
'Duftzauber 84'	dunkelrot
'Elle'	lachsrosa-gelb
'Frederic Mistral'	rosa
'Mainauduft'	rosarot
'Marco Polo'	goldgelb
'Parole'	kräftig pink
'Paul Ricard'	rot
'Poker'	weiß bis zartrosa
'Polarstern'	weiß
'Sebastian Kneipp'	cremeweiß
'Sterntaler'	mittelgelb
'Sutter's Gold'	goldgelb
'The McCartney Rose'	rosa

Sicher, für den Rosenfreund, der eine Vielzahl verschiedener Sorten sammelt und dem es darauf ankommt, bestimmte Sorten im eigenen Garten zu kultivieren, gelten andere Gesichtspunkte. Bei ihm findet man meist auch nur jeweils eine Pflanze der verehrten Sorten. Für ihn spielen die gestalterischen Aspekte keine oder nur eine untergeordnete Rolle. Ihn stört ein buntes Sammelsurium nicht, denn er sieht die Rosen unter einem ganz anderen Blickwinkel. Selbstverständlich ist auch das zu akzeptieren, denn seine Persönlichkeit spiegelt sich eben darin wider.

Aus der Vielzahl der angebotenen Edelrosen finden Sie in der Tabelle oben eine kleine Auswahl.

Wenn ganz allgemein erwartet wird, dass Rosen duften, so bezieht sich das doch meist nur auf die Edelrosen. Im Gegenteil, wenn Sorten aus anderen Klassen duften, wird es nur selten überhaupt zur Kenntnis genommen. Der Duft der Sorten ist sehr unter-

Portrait der 'Träumerei': Die Einzelblüte wirkt „edel", wegen der Mehrblumigkeit handelt es sich jedoch um eine Beetrose. – Die Grenzen zwischen den Rosenklassen verwischen.

schiedlich intensiv, wird aber auch von den Menschen ganz differenziert wahrgenommen, sodass über die gleiche Sorte sehr unterschiedliche Meinungen über die Stärke des Duftes gegenüberstehen können. Außerdem ist die Duftintensität abhängig von vielen Faktoren, so z. B. von der Witterung oder dem Blühstadium. In der Tabelle auf Seite 224 sind aus der recht umfangreichen Zahl kräftig duftender Sorten einige zusammengefasst.

Die Teehybride 'Königin der Rosen' ist mit ihren kräftigen Trieben und ihrem glänzenden Laub eine imposante Erscheinung.

Zwergrosen

Zwergrosen werden im Garten nur relativ selten verwendet. Durch ihre geringe Größe können sie nur dort wirksam werden, wo ihnen nicht andere Pflanzen zur Konkurrenz werden. Das sind Stellen, an denen auch nur andere kleinwüchsige Pflanzen verwendet werden, wie z. B. Flächen im Charakter von Steingartenpartien. Größere Flächen können sie nur schwerlich und mit großen Pflanzenzahlen befriedigend abdecken. Auch wenn hier Sorten unterschiedlicher Wuchsstärke angeboten werden, entspricht doch in der Regel die Höhe etwa dem erreichten Pflanzendurchmesser. Daraus ergibt sich, dass für den Quadratmeter etwa 12 bis 15 Pflanzen benötigt werden. Auf kleinen Flächen, in Kübeln oder Kästen können sie dagegen interessante Höhepunkte setzen.

Die Tabelle führt einige Sorten aus dem Angebot an.

Auswahl Zwergrosensorten

Sorte	Farbe
'Amulett'	rosarot
'Baby Maskerade'	gelb zu rot
'Bluenette'	lila-violett
'Charmant'	rosarot
'Clementine'	apricot-orange
'Goldjuwel'	goldgelb
'Guletta'	gelb zu rot
'Mandarin'	lachsrosa u. orangegelb
'Pepita'	pink
'Schneeküsschen'	weiß
'Sonnenkind'	goldgelb
'Sonnenröschen'	weiß, Auge gelb
'Sugar Baby'	rosarot
'Zwergkönig 78'	blutrot

Begleitpflanzen

Die Kombination von Rosen mit anderen Pflanzen erschließt schier unerschöpfliche Möglichkeiten. Jeder Versuch einer Auswahl muss unvollständig bleiben. Nicht jede Variante ist jedoch bei jeder Gelegenheit empfehlenswert. Persönliche Erfahrung und individuelle Vorstellungen über das Ziel können bei gleicher Ausgangsbasis ganz verschiedene Entscheidungen über die besten Möglichkeiten bewirken.

Allein die Auswahlkriterien sind so unterschiedlich, dass sich kaum eine Systematisierung durchführen lässt. Das kann die Gliederung nach Stauden, Laub- oder Nadelgehölzen sein, das können unterschiedliche Wuchsformen und -höhen sein, verschiedene Blüten- oder Laubfarben, Formen der Blütenstände, unterschiedliche Blütezeiten usw.

Das Rosenbeet oder die Rosengruppe kann frei stehen. Günstig ist ein ruhiger Rahmen, z. B. wenn es im Rasen steht. Die kräftige Farbe blühender Rosen hebt sich vor diesem Hintergrund gut ab. Neben der optischen Wirkung schafft der Rasen ein günstiges, ausgeglichenes Kleinklima, das den Rosen behagt.

Ganz besonders wichtig kann dieser Ruhepol dann werden, wenn es bei der Pflanzung weniger auf gestalterische Wirkung bei den Rosen selbst ankommt, wenn also der Rosenfreund beispielsweise mehr Wert auf Sortenvielfalt, auf die Zusammenstellung duftender Rosen oder Ähnliches Wert legt.

Oben links: Die Beetrose 'Amber Queen': Bernsteinfarbene Töne leuchten, ohne grell zu wirken.
Oben rechts: Die Beetrose 'Schleswig 87' blüht besonders reich.
Unten: Die leicht cremefarbene Mitte belebt das Weiß der Beetrose 'La Paloma'.

Niedrige Begleitpflanzen

Bei Gegebenheiten, wo der Betrachter oder der Vorbeigehende nicht direkt mit den Rosen in Kontakt kommen muss oder auch soll, wenn es darum geht, dass die bestachelten Triebe mit Sicherheit nicht in den Weg reichen sollen oder die ungünstige Nähe der Rosen zum strahlungsintensiven Plattenweg vermieden werden soll, eignen sich niedrige Gehölze oder Stauden, eine Trennung und gleichzeitig eine Verbindung zu schaffen.

Viel verwendet werden die immergrünen *Cotoneaster* (Zwergmispel), von denen es zahlreiche Sorten gibt, die niedrig bleiben und den Boden gut decken.

Nach wie vor viel gepflanzt wird *Cotoneaster dammeri* 'Skogholm'. Ein etwa 50 cm hoch werdender Strauch mit breit überhängenden Trieben und glänzendem Laub. Eine Auslese daraus, die niedriger bleibt und im Herbst mit zahlreichen orangeroten Früchten geschmückt ist, ist *Cotoneaster dammeri* 'Coral Beauty'. Viel langsamer und gedrungener und völlig auf dem Boden aufliegend, wächst *Cotoneaster dammeri* 'Streibs Findling'.

Über mehrere Monate bringt das Fingerkraut, *Potentilla*, Blüten hervor. Hier eignen sich vor allem die niedrigen und halbhohen Formen und Sorten. Zwischen 30 und 50 cm Höhe bleiben etwa die *Potentilla fruticosa*-Sorten 'Jolina' oder 'Rheinsberg' mit gelben Blüten, 'Abbotswood' mit weißen, 'Princess' mit rosafarbenen Blüten, 'Red Ace' mit innen roten bis orangeroten, außen gelben und 'Marian Red Robin' mit leuchtend roten Blüten.

Unter den Spindelsträuchern, *Euonymus*, gibt es ebenfalls einige hier einsetzbare niedrig bleibende Formen. *Euonymus fortunei* 'Minimus' ist ein ganz niedriger, kleinblättriger Bodendecker, der den Übergang in schattige Bereiche vermitteln kann, sich jedoch nur für kleinere Flächen eignet. *Euonymus fortunei* var. *radicans* oder *Euonymus fortunei* 'Vegetus' wachsen stärker, bei entsprechendem Halt klettern sie auch.

Auch unter den Nadelgehölzen ist die Auswahl niedrig bleibender, kriechender Formen beträchtlich. Insbesondere sind es hier die Wacholder, *Juniperus*. Interessant sind Formen mit bläulichen Nadeln wie z. B. *Juniperus squamata* 'Blue Carpet', *Juniperus horizontalis* 'Glauca' oder *Juniperus horizontalis* 'Wiltonii'. Wohl am bekanntesten ist *Juniperus sabina* 'Tamariscifolia' als breit wachsendes, niedrig bleibendes Gehölz mit feiner, frisch bis bläulich grüner Benadelung. Sehr schöne Polster bildet auch *Juniperus communis* 'Repanda' mit weichen, grünen Nadeln.

Ausgesprochen robust ist *Microbiota decussata*. Der Strauch wächst flach, bogenförmig, etwa 20 bis 30 cm hoch, kann aber im Alter einen Durchmesser von 2 m erreichen. Die schuppenförmigen Nadeln sind im Sommer frischgrün, im Winter kupfrigbraun.

Unter den Stauden gibt es eine Vielzahl interessanter Möglichkeiten der Benachbarung.

Das Stachelnüsschen, *Acaena*, bildet auf dem Boden aufliegende Polster. Die Blüten sind unscheinbar, interessant sind die kugelig borstigen Fruchtköpfchen. *Acaena buchananii* hat silbergraues Laub, *Acaeana microphylla* grau- bis braungrüne Blätter, beide sind wintergrün und lieben vollsonnige, trockene Standorte.

Etwa 25 cm hoch wird das Perlpfötchen, *Anaphalis triplinervis*. Die Belaubung ist oberseits graugrün, unten

Oben: Aus spitzen Knospen entfaltet sich die Schönheit 'Landora', eine Teehybride. Unten: Die Teehybride 'Gloria Dei' hat über die Jahrzehnte ihren Platz im Sortiment behauptet.

weißwollig. Kleine, weiße Blüten in dichten doldentraubigen Blütenständen erscheinen im Juli-August.

Für kleinere Flächen ist die silbrig behaarte Edelraute *Artemisia schmidtiana* 'Nana' als Farbergänzung interessant. Die Polster werden etwa 15 cm hoch, kleine silbrige Blüten erscheinen im August bis September auf vollsonnigem Standort.

Dort, wo es weniger um ergänzende Blütenfarben, sondern um grüne Polster geht, ist das Andenpolster, *Azorella trifurcata*, verwendbar. Die Polster mit ihren interessant eingeschnittenen, glänzend grünen Blättern werden nur 5 cm hoch, während die Blüten recht unscheinbar grünlich weiß erscheinen.

Polsterförmige Glockenblumen eignen sich mit ihren blauvioletten Blüten insbesondere als Farbergänzung für rote und rosafarbene Rosensorten, da ihre Blütezeit im Juni beginnt und lange anhält. Die beiden Arten *Campanula portenschlagiana* und *Campanula poscharskyana* werden etwa 15 cm hoch, durch Ausläufer aber breiter. Sie mögen besonders halbschattige Lagen.

Das Hornkraut, *Cerastium tomentosum*, eignet sich wegen seines weißfilzigen Laubes gut als Rosenbegleiter. Die Pflanze wird nur 15 cm hoch, breitet sich aber aus. Die weißen Blüten erscheinen in lockeren Trugdolden von Mai bis Juni.

Wegen ihrer enzianblauen, im September bis Oktober erscheinenden Blüten ist die Bleiwurz, *Ceratostigma plumbaginoides*, interessant. Die Ausläufer bildenden Pflanzen werden etwa 25 cm hoch und wollen einen warmen, sonnigen Standort.

Cotula squalida, das Fiederpolster oder auch Laugenblume, bildet mit seinem braungrünen, farnartigen Fiederlaub einen dichten, ganz niedrigen Teppich. In sonnigen bis halbschattigen Lagen kann es auf kleineren Flächen als Rasenersatz dienen.

Bekannt als robuster Flächendecker ist die Schleifenblume *Iberis sempervirens*. Die etwa 25 cm hohen Pflanzen sind im Mai mit weißen Blüten überdeckt.

Eine der am häufigsten zu Rosen gepflanzten Stauden ist Lavendel, *Lavandula angustifolia*. Der immergrüne Kleinstrauch wird etwa 40 cm hoch. Die lang gestielten blauvioletten Blütenähren ergänzen den bei Rosen nicht vorhandenen Farbbereich. Das graugrüne, aromatisch duftende Laub erweitert die Farbpalette auch ohne Blüten. Außerdem soll Lavendel den Blattlausbefall der Rosen reduzieren.

Völlig anspruchslos als bodendeckende Stauden sind einige Sorten der Fetthenne, *Sedum*. Hier ist zu nennen *Sedum spurium* 'Album Superbum'. Die Pflanze bildet etwa 10 cm hohe teppichartige Polster, die weißen Blüten sind weniger bedeutsam. Intensiv gelb dagegen blühen in den Monaten Juli bis August *Sedum hybridum* 'Immergrünchen' oder *Sedum floriferum* 'Weihenstephaner Gold'.

Das grauweiße Laub verschiedener Thymianarten ist wieder als ruhige Farbergänzung zu Rosen, speziell zu roten und rosafarbenen Sorten, zu empfehlen. Hier sind besonders *Thymus doerfleri* und *Thymus pseudolanuginosus* zu nennen. Das Laub duftet aromatisch und ist immergrün. Die rasenartigen Bestände werden kaum hö-

Oben: Die Teehybride 'The McCartney Rose' ist eine Liebhabersorte mit intensivem Duft.
Unten: 'Duftwolke', ebenfalls eine Teehybride, macht ihrem Namen alle Ehre.

Teehybride 'Sutter's Gold' und schwüle Luft: man kann den Duft fast greifen.

Die Teehybride 'Karl Heinz Hanisch' sollte im Duftsortiment einen Platz haben.

her als 5 cm, die rosafarbenen Blüten erscheinen im Mai bis Juni.

Von den Ehrenpreisarten ist *Veronica spicata* ssp. *incana* mit silbergrau behaartem Laub bei etwa 30 cm Höhe zu nennen. Kaum 10 cm hoch wird *Veronica prostrata* mit dunkelgrünem Laub und blauen Blüten im Mai bis Juni.

Mittelhohe Begleitpflanzen

Während die bisher genannten Begleitpflanzen durch ihren niedrigen Wuchs die Rosen vor allem einrahmen, Übergänge schaffen, die Fläche auslaufen lassen oder eine gewisse Abgrenzung schaffen, unterstützen etwas höhere Gehölze oder Stauden die Rosen unmittelbar, sei es durch Farbergänzung oder -kontraste, durch räumliche Abwechslung, entweder andauernd oder nur zu bestimmten Zeiten während ihrer Blüte. Sie können die Fläche gliedern, Betonungen setzen, Übergänge schaffen, die Wirkung der Rosen ergänzen oder unterstreichen. Je nachdem kommen die Pflanzen einzeln oder in kleinen Gruppen zwischen den Rosen, hinter ihnen oder seitlich zum Einsatz.

Unter den Nadelgehölzen gibt es wieder zahlreiche Möglichkeiten, mit unterschiedlichen Formen und Nadelfärbungen Abwechslung in die Rosenpflanzung zu bringen, nicht zuletzt durch die Tatsache, dass sie das ganze Jahr über grün bleiben. Unter den kleiner bleibenden Scheinzypressen seien einige ausgewählt. *Chamaecyparis lawsoniana* 'Elwoodii', die Blaue Kegel-Scheinzypresse, beeindruckt durch den geschlossenen, dicht verzweigten, aufrechten, länglichen eiförmigen

Wuchs und die stahlblaue bis graugrüne Benadelung. Die Pflanze wächst langsam, sie braucht lange, bis sie eine Höhe von 2 m erreicht.

Extrem langsam wächst die Muschel-Scheinzypresse *Chamaecyparis obtusa* 'Nana Gracilis'. Diese Zwergform besitzt dunkelgrüne Nadeln, die kurzen Zweige sind fächerartig, oft muschel- bis tütenförmig gedreht. Sie benötigt in der Regel Jahrzehnte bis sie 2 m Höhe erreicht.

Interessant durch die fadenförmigen Zweige, die fontänenartig überhängen, sind die Zwerg-Faden-Scheinzypressen, *Chamaecyparis pisifera* 'Filifera Nana', mit frischgrüner Benadelung oder *C. p.* 'Filifera Aurea Nana' mit goldgelber Benadelung. Sie wachsen langsam, breit kugelig, überhängend und erreichen etwa 1 bis 1,5 m Höhe.

Unter den Wacholdern finden sich Arten und Sorten mit sehr unterschiedlichen Wuchseigenschaften.

Als schlanke, straff pyramidal wachsende Säule kann unter bestimmten Gegebenheiten *Juniperus communis* 'Hibernica', der Irische Säulenwacholder, die Senkrechte betonen. Die Benadelung ist weich, blaugrün, die Pflanzenhöhe kann 3 bis 5 m erreichen.

Intensiv silberblau benadelt ist der Blauzeder-Wacholder, *Juniperus squamata* 'Meyerii'. Er wächst langsam, trichterförmig mit überhängenden Zwergspitzen und erreicht 2 bis 3 m Höhe.

Von den strauchförmigen Wacholdern können *Juniperus chinensis* 'Hetzii' oder *Juniperus chinensis* 'Old Gold' genannt werden. Ersterer wächst kräftig, breit trichterförmig, 2 bis 3 m hoch mit graublauen Nadeln, letzterer wächst langsamer, nur etwa 1 m hoch, mit weit ausgebreiteten Ästen und goldgelber bis gelbgrüner schuppenförmiger Benadelung.

Unter den zwergwüchsigen Fichten ist die Zuckerhut-Fichte *Picea glauca* 'Conica' wohl am bekanntesten. Die spitzkegelige Wuchsform deutet sich im Namen an. Sie wächst sehr langsam, kann aber im Alter gut 2 m erreichen. Bei der Verwendung ist zu bedenken, dass sie oft etwas steif wirkt. An trockenen Plätzen neigt sie in heißen Sommern zu Spinnmilbenbefall.

Recht gut zu Rosen eignet sich die Nest-Fichte, *Picea abies* 'Nidiformis'. Sie wächst gleichmäßig flach mit nestförmiger Vertiefung, hat frischgrüne Benadelung und kann im Alter bis 1 m hoch werden.

Das dunkle Grün der Kiefern harmoniert immer wieder mit Rosen. Von den strauchartig wachsenden Formen sollte man vor allem die schwach wachsenden nutzen.

Die Krummholz-Kiefer, *Pinus mugo* ssp. *mugo*, wird etwa 1 bis 2 m hoch, wächst langsam mit bogig ausladenden Ästen, dunkelgrünen, zweinadligen Nadeln. Sie lassen sich lange besonders niedrig und dicht halten, wenn der jährliche kerzenförmige Austrieb etwa um die Hälfte zurückgeschnitten wird. Noch niedriger, und mehr breit als hoch wächst *Pinus mugo* ssp. *pumilio*, die Kriech-Kiefer oder Zwerg-Kiefer. Sie wächst flachkugelig bis kissenförmig und erreicht etwa 1 m Höhe bei fast doppelter Breite.

Unter den Blütensträuchern gibt es relativ wenige, die im Sommer gleich-

zeitig mit den Rosen blühen. Die meisten blühen in den Frühjahrsmonaten, sodass sich bei der Kombination mit Rosen zwar die Zeit, in der die Fläche durch Farbe belebt wird, verlängert, zur Blütezeit der Rosen jedoch nur der Strauch selbst wirkt. Zwei wertvolle blau blühende Sommerblüher sind hier unbedingt zu nennen:

Caryopteris × clandonensis, die Bartblume, am bekanntesten mit der Sorte 'Heavenly Blue', blüht von August bis Oktober dunkelblau mit zahlreichen kleinen Einzelblüten. Der Strauch wächst aufrecht, wird etwa 70 bis 100 cm hoch und hat schmales, graugrünes, aromatisch duftendes Laub.

Perovskia abrotanoides, Silberstrauch oder Blauraute, wird etwa 1 m hoch und besitzt silbergraues, stark aromatisch duftendes Laub. Die violettblauen Blüten erscheinen von Ende Juli bis Oktober. Jährlicher Rückschnitt ist zu empfehlen.

Umfangreicher sind die für Rosen als Begleitpflanzen zu wählenden immergrünen Laubgehölze. Interessante Wuchsformen, im Frühsommer Blütenpracht, bei vielen ein attraktiver Fruchtschmuck im Herbst und ganzjährig verbindendes Grün sind wichtige Gestaltungsmerkmale.

Aus der Vielzahl der Berberitzen seien einige herausgegriffen.

Berberis candidula, die Schneeige Berberitze, wird nur etwa 60 cm hoch,

Oben: Die runden Blüten der Zwergrose 'Amulett' besitzen den Charakter alter Rosen.
Unten: 'Starina' ist eine Zwergrose, doch zeigt die Einzelblüte Edelrosenform.

Neben der Zwergrose 'Zwergkönig' müssen Begleitpflanzen sehr niedrig bleiben – hier Sedum album 'Murale' (Mauerpfeffer).

die Blätter sind oberseits glänzend grün, unterseits fast schneeweiß. Die Pflanzen schmücken sich im Mai bis Juni mit goldgelben Blüten, später mit purpurroten, leicht bereiften Früchten.

Berberis × hybridogagnepainii wird etwa 1,5 bis 2 m hoch, hat längliche, bis 5 cm große, wellig gezähnte Blätter. Die Blüten im Mai sind gelb, die Früchte blauschwarz, bereift.

Große, etwa 10 cm lange, dunkelgrün glänzende Blätter hat *Berberis julianae*. Sie wird 2 bis 2,5 m hoch, blüht im Mai gelb und trägt später blauschwarze Früchte.

Die Mahonie, *Mahonia aquifolium*, wird etwa 1 m hoch, ist anspruchslos, mit glänzend grünen Blättern. Die gelben Blütenstände leuchten im Mai, später schmücken die blauschwarzen, bereiften Früchte.

Das verfügbare Sortiment an Kirschlorbeer, *Prunus laurocerasus*, ist recht vielfältig. In diesem Zusammenhang

Lavendel und Rosen in bewährter Kombination.

kommt als nicht zu hoch werdende Sorte *Prunus laurocerasus* 'Otto Luycken' infrage. Sie ist langsamwüchsig und erreicht etwa 1 bis 1,5 m, wird jedoch doppelt so breit. Die glänzenden Blätter ähneln dem Lorbeerblatt. Die weißen Blüten erscheinen in zahlreichen Trauben im Mai.

Höhere Blütenstauden können Rosen durch ergänzende oder kontrastierende Blütenfarben in ihrer Wirkung verstärken.

Gelb blühende Sorten der Schafgarbe, *Achillea filipendulina*, eignen sich als Ergänzung für rote und rosa Rosensorten. Je nach Sorte werden sie 60 bis 120 cm hoch. Die bekannten flachen Scheindolden entwickeln sich von Juni bis August.

Hervorragend lassen sich weiße Margeriten mit Rosen in Nachbarschaft pflanzen, sowohl die Sommermargerite, *Leucanthemum maximum*, als auch die Wiesenmargerite, *Leucanthemum vulgare*, von denen es jeweils verschiedene Sorten gibt. Ihre Blütenfarbe bringt die der Rosen besonders zur Geltung. Sie bilden Übergänge oder schaffen Abstand zwischen zu starken Farbunterschieden.

Immer wieder sicher ist die Kombination roter und rosafarbener Rosen mit blauem Rittersporn, *Delphinium*, in verschiedenen Sorten von hellblau bis dunkelblau. Weniger von Interesse sind hier die rosafarbenen und weißen Sorten. Sie bringen sowohl von der Farbe wie durch die stattlichen kerzenförmigen Blütenstände Bewegung und Kontrast in die Rosenpflanzung. Ein Rückschnitt der Blütenstände nach dem Abblühen bewirkt einen zweiten, wenn auch nicht so starken Flor.

Echinops, die Kugeldistel, wirkt dekorativ sowohl durch das graugrüne, eingeschnittene Laub als auch die blauen, kugeligen Blüten. Sie wird etwa 1,5 m hoch. Auf Blattlausbefall sollte hier geachtet werden.

Einen Hauch Zartheit, Eleganz und Lockerheit bringt das Schleierkraut, *Gypsophila paniculata*. Je nach Sorte werden Höhen von 80 bis 120 cm erreicht, die zarten Blüten sind einfach oder gefüllt, von weiß bis rosa.

Als Einzelpflanzen oder in kleinen Gruppen sind Gräser hervorragende Gestaltungselemente in Verbindung mit Rosen.

Helictotrichon sempervirens, der

In Verbindung mit so kräftig gefärbten Lilien muss die Rose mit wenig eigener Farbe das Licht bringen.

Die öfter blühende und sehr wüchsige Kletterrose 'Golden Showers' bringt zitronengelbe Blüten über dunkelgrünem, glänzendem Laub.

Blaustrahlhafer, bildet breite, blaugrüne Büsche mit blassgelben Ähren und wird 0,5 bis 1 m hoch.

Sehr dekorativ ist das Federborstengras, *Pennisetum alopecuroides*. Es erreicht 80 bis 90 cm Höhe. Die Blätter sind schlank, graugrün, die Blütenstände walzenförmig, braungrün bis rotbraun.

Elegant mit lockeren, überhängenden Rispen blüht das Reiherfedergras, *Stipa barbata*. Es wird 30 bis 70 cm hoch.

Aus dem Bereich der Blumenzwiebeln und -knollen muss besonders auf die Steppenkerze, *Eremurus*, hingewiesen werden. Hier sind es vor allem die großen, gelben Formen, deren Blütenstände zur Zeit der Rosenblüte besonders gern gegen dunkelrote Rosensorten gesetzt werden.

Gleichzeitig mit den Rosen blühend, können die Madonnenlilie, *Lilium candidum*, und die Königslilie, *Lilium regale*, verwendet werden.

Sommerblumen eignen sich nur in seltenen Fällen zur Kombination mit Rosen. Abgesehen vom recht hohen Pflegeaufwand lenken sie in ihrer Farbintensität und Blütenmasse von den Rosen ab, sodass das Gleichgewicht gestört wird. Am ehesten ist noch eine benachbarte Pflanzung mit weißen Chrysanthemen und blauen Verbenen möglich.

Stammrosen

Stammrosen sind im Sinne der bisher besprochenen Rosengruppen keine eigene Gruppe. Ganz im Gegenteil können Rosensorten aller Klassen als Stammrosen angezogen werden. Im Unterschied zu den Buschrosen, bei denen sich die Sorte bereits von der Höhe des Erdbodens aus verzweigt, ist bei der Stammrose die Edelsorte auf einen „Wildstamm" veredelt und entwickelt sich erst oberhalb dieser Veredlungshöhe.

Weil aber Stammrosen ganz andere Bedingungen bei ihrer Verwendung stellen, ist es berechtigt, ihnen ein gesondertes Kapitel zu widmen. Stammrosen werden in unterschiedlichen Höhen angeboten, wobei die Länge des Stammes bis zur Veredlungshöhe maßgebend ist. Üblich sind die Stammlängen

40 cm (Fußstamm),
60 cm (Halbstamm),
90 cm (Hochstamm),
140 cm (Trauerrose, Kaskadenrose).

Dabei sollte man als Überbegriff tatsächlich den Begriff Stammrosen verwenden. Die häufig verwendete allgemeine Bezeichnung „Hochstammrosen" führt sich bei den unterschiedlichen Stammlängen, denken wir besonders an 40 cm, selbst ad absurdum.

Auf 40 cm hohe Stämme werden in der Regel schwach wachsende Zwergrosen oder Polyanthrarosen veredelt. Auf 60 und 90 cm Stammlänge finden sich Beetrosen, Edelrosen und Bodendeckende Rosen. Die 140 cm hohen Stämme sind Kletterrosensorten oder bodendeckenden Sorten vorbehalten, die lange, überhängende Triebe bilden, die bis zum Boden reichen können. Diese Rosen werden dann je nach Temperament als Trauerrosen oder als Kaskadenrosen bezeichnet.

Stammrosen besitzen den großen Vorteil, dem Betrachter die Blüten näher zu bringen. Die Farben, die Blütenform, der Duft können in Augen- bzw. in Nasenhöhe wahrgenommen werden. Man muss sich dazu nicht bücken oder die Blüten gar abschneiden. Als positiver Nebeneffekt ist zu vermerken, dass die Stammrosen in der Regel nicht so stark vom Sternrußtau befallen werden wie die gleichen, als Busch veredelten Sorten. Das ist darin begründet, dass die Kronen dem Spritzwasser, z. B. bei Regen, entzogen sind und damit die Infektionsgefahr geringer wird.

Stammrosen haben aber auch Nachteile. Der Pflegeaufwand ist größer, insbesondere die Überwinterung ist problematischer.

Wenn die Stämme zur Überwinterung umgelegt werden sollen, muss die Umlegerichtung beim Pflanzen vorgegeben sein, da die Pflanzen nur in eine Richtung über den Zapfen am Stammgrund ohne Schaden umgelegt werden können. Die Fläche muss – zu-

mindest ab Herbst – frei sein, sie kann keine Dauerpflanzung aufnehmen. Sollen die Stammrosen zur Überwinterung nur eingewickelt werden, muss man zumindest an die Pflanzen herantreten und entsprechend hantieren können, ohne andere Pflanzen zu schädigen.

Bei der Sortenwahl der Stammrosen gerät man leicht in einen Zwiespalt. Einerseits möchte man die edle Einzelblüte betrachten, wie sie die Teehybriden entwickeln. Diese wirkt vorwiegend aus der Nähe, dann natürlich in besonderer Vollkommenheit. Nachteilig ist die relativ geringe Blütenzahl, dementsprechend eine geringe Fernwirkung und eine kürzere Zeit, in der die Rose mit Blüten geschmückt ist. Eine größere Blüten- und Farbfülle ist zu erreichen, wenn Sorten aus dem Beetrosenbereich oder bodendeckende Sorten verwendet werden. Bei Letzteren kommt noch hinzu, dass sie eine geschlossenere runde Krone bilden und der Stammrose etwas von ihrer Steifheit nehmen.

Das Besondere an den Stammrosen, dass Blüten und Blätter durch die Höhe der Veredlung emporgehoben und herausgestellt werden, bewirkt andererseits das Problem, dass sich erst in Veredlungshöhe Laub und Blüten entwickeln, die Länge des Stammes aber nackt bleibt. Aus diesem Grund ist die Verwendung der Stammrosen nicht ganz einfach, und die Geister scheiden sich hier wie bei so vielen Dingen. Zwischen der Ansicht, dass die Stamm-

'Bonica 82' ist winterhart und buschig – also eine vorzügliche Stammrose.

rose wohl den Höhepunkt einer Rose darstelle, und der Meinung, dass die Stammrose in eine Reihe mit den umstrittenen Gartenzwergen zu stellen sei, finden sich alle Zwischenstufen.

Trauer- oder Kaskadenrosen bedecken den langen Stamm mehr oder weniger stark mit den herabhängenden Trieben. Wenn die Blütenmengen richtig zur Wirkung kommen sollen, muss eine Pflanzung frei stehend erfolgen, z. B. in wohltuend grünen Rasen. Bei Verwendung mehrerer Pflanzen müssen diese auch so weit stehen, dass die Einzelwirkung nicht eingeschränkt wird. Die Trauer- oder Kaskadenrosen sind Individualisten. Sie lassen sich aus der notwendigen Entfernung bewundern, man möchte aber ebenso an sie herantreten, um sich aus der Nähe von den Blütenkaskaden und den Einzelblüten beeindrucken zu lassen.

Aus diesem Grund werden Stammrosen in fast allen Fällen so gepflanzt, dass man an sie herantreten kann, um die Blüten aus der Nähe genießen zu können. Die Folge ist, dass sie sich noch schwerer, als schon vom Pflanzenaufbau her vorgegeben, in den Garten einordnen lassen. Bei Verwendung mehrerer Stämme ergibt sich automatisch eine Reihenpflanzung, z. B. entlang eines Weges. Dort wo geometrische Formen vorherrschen, in formal gestalteten Gärten, haben sie ihren Platz.

Eine optische Überbrückung des nackten Stammes gelingt nur selten. Zwischenpflanzungen sind wegen des notwendigen Umlegens im Herbst nur eingeschränkt möglich, eine Vorpflanzung z. B. mit Buschrosen behindert die Annäherung an die Stämme. Kompromisse, z. B. mit Schaffung eines einseitigen Zuganges, sind immer möglich, erfordern aber bereits vor der Pflanzung eine sehr genaue Planung, die die Ausbreitung der Pflanzen nach mehreren Jahren in Betracht zieht.

Rosen für Kübel und Gefäße

Noch vor nicht allzu langer Zeit war die Rose im Kübel oder im Pflanzgefäß fast undenkbar. In Wirklichkeit ist diese Möglichkeit gar nicht so neu. Schon bei den Römern wurden Rosen im Pflanzgefäß gepflegt, damals wohl in silbernen Kübeln. Im vergangenen Jahrhundert wurde in Frankreich die Zwergrose 'Pompon de Paris' im Topf kultiviert. Um die Jahrhundertwende finden wir die frostempfindlichen Teerosen, die in Kübeln im Wintergarten über die kalte Jahreszeit gebracht wurden. Immer waren das jedoch bemerkenswerte Einzelstücke.

Nach 1980 entwickelte sich die stecklingsvermehrte Topfrose zum Massenartikel. Dieses Produkt war anfänglich sicher nicht für Dauernutzung gedacht, verführte aber dazu, die Rose im Balkonkasten oder Pflanzgefäß weiter zu kultivieren. Bald stellte sich eine ganze Reihe dafür gut geeigneter Sorten heraus, die Züchtung widmete sich dem Thema und es wurden Sorten für verschiedene Verwendungszwecke angeboten.

Aus einer anderen Sicht erfreuen sich Pflanzkübel immer stärkerer Beliebtheit. Viele Menschen besitzen keinen Garten, und der Durchschnittsgarten wird immer kleiner. Das Bedürfnis etwas Grünes und Blühendes um sich zu haben, nimmt aber eher zu als ab. Durch den Pflanzkübel lassen sich Plätze nutzen, an denen sonst keine Pflanzen stehen könnten: auf dem Weg im Eingangsbereich zum Haus, auf der Terrasse, auf dem Balkon. Und nicht nur, dass sich diese Plätze auf diese Weise mit Pflanzen aufwerten lassen, der Kübel macht zusätzlich eine variable, mobile Nutzung möglich. Immer können die attraktivsten Pflanzen in den Blickpunkt gerückt werden, nach ihrer schönsten Zeit treten sie zurück in den Hintergrund und machen anderen Platz. Dieses zunehmende Interesse rechtfertigt es, der Rose im Kübel einen gesonderten Abschnitt zu widmen.

Einige Besonderheiten sind bei der Rosenverwendung im Kübel zu beachten. Jedes Pflanzgefäß, und sei es noch so groß, hat gegenüber dem freien Land nur ein begrenztes Volumen. Das bedeutet, dass auf die zu verwendende Erde besonderer Wert zu legen ist. Da die Pflanze auf das vorgegebene Volumen angewiesen ist, sind ausreichendes Wasserhaltevermögen, Speichervermögen für Nährstoffe und hohe, über lange Zeit anhaltende Strukturstabilität unbedingte Voraussetzungen für den Erfolg.

Die Temperaturunterschiede der Erde durch Sonneneinstrahlung und Abkühlung sind größer als bei einer Pflanzung im Beet. Auf richtig dosiertes Wasser- und Nährstoffangebot ist besonders zu achten. Gegen Vernässung ist beim Pflanzen dafür zu sorgen, dass die Abzuglöcher auch nach längerer Standzeit nicht verstopfen

Die Melodie „Rose im Kübel" wird noch viel zu selten gespielt.

können. Um das zu gewährleisten, kommen auf den Kübelgrund Tonscherben. Erst darauf wird die Erde aufgebracht, möglicherweise von der unteren Schicht noch getrennt durch ein Vlies. So ist auch nach längerer Zeit eine Vermischung oder eine Zusetzung der Schicht, die den Wasserabzug sichert, vermeidbar.

In den Wintermonaten ist der Wasserbedarf zwar reduziert, die Erde darf aber nicht völlig austrocknen.

Die Kübel bestehen aus unterschiedlichem Material. Kunststoff hat den Vorteil geringen Gewichtes. Wasserverlust durch die Wandung ist unterbunden. Allerdings werden durch die dünne Wand Temperaturunterschiede kaum gebremst.

Terrakotta ermöglicht Luft- und Wasseraustausch, die Folge kann andererseits schnelleres Austrocknen sein. Angeboten werden sehr unterschiedliche Qualitäten.

Rosensorten für Ampeln		
Sorte	Gruppe	Farbe
'Alba Meidiland'	Kleinstrauchrose	weiß
'Heidetraum'	Kleinstrauchrose	rosa
'Magic Meidiland'	Kleinstrauchrose	rosa
'Mirato'	Kleinstrauchrose	pink
'Snow Ballet'	Kleinstrauchrose	weiß
'Super Dorothy'	Kletterrose	rosa
'Super Excelsa'	Kletterrose	karminrosa
'Swany'	Kleinstrauchrose	weiß
'The Fairy'	Kleinstrauchrose	rosa

Für die Überwinterung ist zu empfehlen, dem Kübel einen besonderen Schutz angedeihen zu lassen. Das begrenzte Volumen kühlt schneller ab, erwärmt sich aber auch schneller als der Boden im freien Land. Die Gefahr besteht, dass die Wurzeln dadurch leichter geschädigt werden. Althergebracht ist die Methode, Gefäße über den Winter im Garten in den Boden einzusenken und mit Laub oder Fichtenreisig abzudecken. Wo das nicht möglich oder nicht gewünscht ist, empfiehlt sich eine Isolierschicht um den Kübel. Das kann zum Beispiel durch Einwickeln des Kübels mit Noppenfolie geschehen oder durch Einstellen des Kübels in ein größeres Gefäß und Ausfüllen des Zwischenraumes mit Stroh oder Laub. Immer aber muss dafür gesorgt werden, dass überschüssiges Wasser ungehindert ablaufen kann.

Die Rosen im Kübel werden mit luftdurchlässigem Material wie etwa Fichtenreisig abgedeckt, um die austrocknende Wirkung des Windes oder intensiver Sonneneinstrahlung zu mindern.

Für die Kübelbepflanzung eignen sich in der Regel wurzelechte Rosen besser als veredelte. Die Wurzel veredelter Rosen hat größere Ausmaße und ist deshalb im Kübel schwieriger fachgerecht unterzubringen, zumal die Veredlungsstelle noch unter die Erdoberfläche zu stehen kommen soll. Wurzelechte Pflanzen werden mit Erdballen angeboten, das Wurzelsystem ist feiner verzweigt. Sie sind mit dem Ballen für diesen Zweck leichter zu handhaben.

Bei Pflanzung in Balkonkästen sollten diese nicht zu klein gewählt werden. Die einfachen Kunststoffkästen sind wegen ihres geringen Erdvolumens ungeeignet. Für eine gleichmäßigere Wasser- und Nährstoffversorgung können Kästen mit integriertem Wasserspeicher dienen. In der Regel werden hier nur klein bleibende Sorten, d. h. Zwergrosen, infrage kommen.

In Ampeln werden bevorzugt Sorten verwendet, die einen überhängenden oder zumindest sehr geschlossenen Wuchs haben.

Auch hier gilt: je größer das Erdvolumen, umso besser für die Pflanze. Am-

Rosensorten für Kübel

Sorte	Gruppe	Farbe
'Abraham Darby'	Strauchrose	rosa
'Angela'	Strauchrose	rosa
'Ballerina'	Kleinstrauchrose	rosa/weiß
'Bonica 82'	Beetrose	rosa
'Centennaire de Lourdes'	Strauchrose	rosa
'Dirigent'	Strauchrose	rot
'Ghislaine de Feligonde'	Strauchrose	gelb
'Graham Thomas'	Strauchrose	gelb
'Grand Hotel'	Strauchrose	rot
'Heidetraum'	Kleinstrauchrose	rosa
'Heritage'	Strauchrose	rosa
'La Sevillana'	Beetrose	rot
'Lichtkönigin Lucia'	Strauchrose	gelb
'Magic Meidiland'	Kleinstrauchrose	rosa
'Mirato'	Kleinstrauchrose	rosa
'New Dawn'	Kletterrose	rosa
'Rosarium Uetersen'	Kletterrose	rosa
'Schneeflocke'	Beetrose	weiß
'Schneewittchen'	Strauchrose	weiß
'Sommerwind'	Kleinstrauchrose	rosa
'Super Dorothy'	Kletterrose	rosa
'Super Excelsa'	Kletterrose	karminrosa
'Swany'	Kleinstrauchrose	weiß
'Westerland'	Strauchrose	bernsteinorange
'Vogelpark Walsrode'	Kleinstrauchrose	rosa

peln mit integriertem Wasserspeicher sind in jedem Falle günstig.

In der Tabelle (Seite 245) sird einige Rosensorten zusammengestellt, die sich für die Verwendung in Ampeln eignen.

Im größeren Pflanzkübeln ergeben sich schon sehr vielfältige Möglichkeiten der Rosenverwendung. Wenn es nicht ausgesprochen große Kübel sind, wirkt die Pflanzung einer Sorte besser als ein buntes Gemisch. Vor allem die modernen Kleinstrauchrosen können hervorragende Wirkungen hervorbringen. Ebenso gut ist es möglich, eine Kletterrose am Gerüst zu ziehen und damit eine transportable blühende Wand oder Säule zur Verfügung zu haben.

Sollen Stammrosen im Kübel gepflanzt werden, ist darauf zu achten,

Es lohnt sich, die vielen Verwendungsmöglichkeiten von 'Heidetraum' auszuprobieren und zu erleben.

dass die Pflanzenhöhe ein harmonisches Größenverhältnis zum Kübel besitzt. Als Sorten eignen sich vor allem solche, die einen buschigen Wuchs aufweisen und vielblumig sind. Großblumige Teehybriden werden nur die Ausnahme sein, da sie zu wenig Blütenmasse zu bieten haben.

Die Tabelle auf Seite 247 zeigt, dass Rosen aus unterschiedlichen Klassen für Kübelpflanzungen verwendet werden können.

In größeren Kübeln können Rosen sehr gut mit anderen Gehölzen kombiniert werden. Die Möglichkeiten sind unendlich. Sei es, dass vor aufrecht wachsenden Rosen Gehölze über den Kübelrand hängen, sei es, dass sie die Blütezeit der Rosen ergänzen, dass sie mit ihrem Laub einen Kontrast zu den Rosen bilden oder eine Ergänzung in der Höhenabstufung bilden. Dabei ist nicht nur daran zu denken, den Kübel selbst in der Zusammenstellung farbig und in den Höhen entsprechend zu kombinieren, sondern auch die Umgebung und den Hintergrund am Standort zu berücksichtigen. Die beste Pflanzenkombination ist wirkungslos, wenn sie nicht zum Standort passt.

Die zur Kombination mit Rosen im Kübel auszuwählenden Pflanzen sind prinzipiell die gleichen wie im freien Grund. Besonderheiten bestehen in zweierlei Hinsicht. Die Wüchsigkeit der Pflanzen soll so bemessen sein, dass sie über mehrere Jahre im Kübel gepflegt werden können, ohne das Maß durch zu starkes Wachstum zu sprengen. Durch die stärkere Frostbelastung der Wurzeln im Kübel sind solche Pflanzen auszuwählen, deren Wurzeln diesen Bedingungen angepasst sind. Die Entscheidung kann je nach klimatischen Bedingungen und Standort im Garten oder bei geschützten Überwinterung sehr unterschiedlich ausfallen. Im Einzelfall sollte man sich dazu beraten lassen.

Beetrose 'Marie Curie®' im Terrakottagefäß

Rosen pflegen & schneiden

Rosen richtig pflanzen und pflegen

Pflanzzeit. Container-Rosen können ganzjährig ausgepflanzt werden. Vorverpackte Rosen und Pflanzen ohne Erdballen (wurzelnackte Rosen) werden in der Zeit von Oktober bis April gesetzt. Leichte Nachtfröste in dieser Zeitspanne bereiten der Pflanze keine Probleme. Grundsätzlich sollten Rosen niemals bei Frost gepflanzt werden.

Auswahl des Pflanzstandortes. Wichtigste Voraussetzung für ein gutes Wachstum sind:

- ein warmer, luftiger und vor allem sonniger Standort, jedoch keine stauende Hitze. Ungünstig wirken sich auch heiße Terrassen und weiße Südwände aus. Der Pflanzort sollte weder kalt oder zugig sein noch im Schatten liegen.
- ein tiefgründiger, lockerer und humusreicher Boden, jedoch keine vernässten oder verdichteten Böden.
- ein pH Wert von 6,0–6,5, ein leicht saurer Boden wird also bevorzugt.

Tipps zum Rosenkauf. Wenn Sie lange Jahre an Rosen Freude haben wollen, kaufen Sie nicht im Supermarkt irgendeine rote, gelbe, weiße oder orangefarbene Rose. Lassen Sie sich beraten! Bei guten Rosenschulen oder beim Verein Deutscher Rosenfreunde e.V. informiert man Sie darüber, welche Sorte Sie für welchen Standort einplanen können. Achten Sie auf das ADR-Prädikat. Nur widerstandsfähige, bewährte Rosen-Sorten tragen diese Auszeichnung.

Sorten, die dieses Zeichen tragen, wurden in 11 ADR-Prüfgärten über drei Jahre lang beobachtet und schließlich bewertet. Merkmale, wie Widerstandsfähigkeit, Winterhärte, Reichblütigkeit, Wirkung der Blüte, Duft und Wuchsform, stellen wichtige Beurteilungskriterien dar.

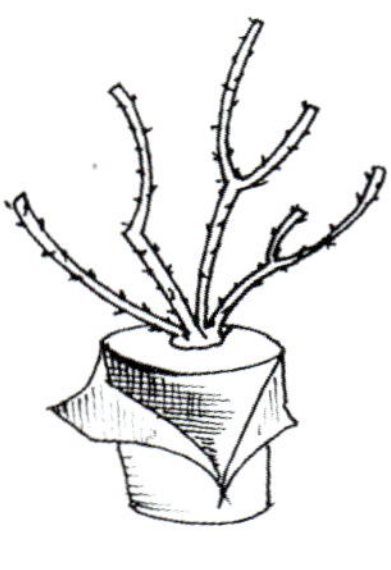

Container-Rose

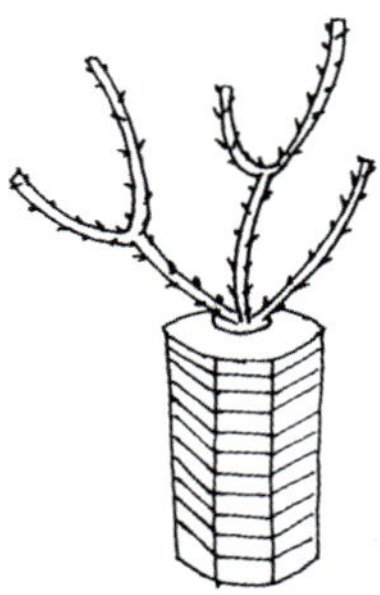

Vorverpackte Rose

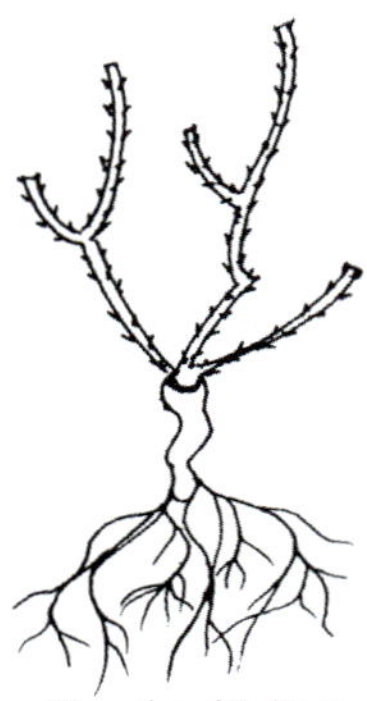

Wurzelnackte Rose

Anschneiden der Haupt- und Seitenwurzeln

Die Pflanze beim Einfüllen des Erdgemisches leicht rütteln

Antreten der Erde

Nach dem Pflanzen unbedingt reichlich Wässern

Rosenpflanzung in zehn Schritten

1. Die Rose vor der Pflanzung 2–3 Stunden in ein Wasserbad stellen.
2. Die Haupt- und Seitenwurzeln bei wurzelnackten Pflanzen neu anschneiden.
3. Das Pflanzloch doppelt so groß ausheben wie das Wurzelvolumen ist.
4. Die ausgehobene Erde im Verhältnis 1:1 mit humushaltigem Substrat mischen.

Anhäufeln der Rose

5. Die Rose im Pflanzloch halten, sodass die Veredelungsstelle 3–5 cm unter der Oberfläche liegt.
6. Das Erdgemisch einfüllen und die Pflanze leicht rütteln, um die beim Pflanzen entstandenen Hohlräume im Erdreich wieder mit Erde aufzufüllen.
7. Die Erde gut antreten und dabei eine Gießmulde mit Gießrand ausbilden.
8. Die Pflanze reichlich wässern und gut einschlämmen.
9. Als Winter- und Verdunstungsschutz werden die Rosen mit Gartenerde angehäufelt, sodass nur noch die Triebspitzen zu sehen sind. Rosen, die im Frühjahr gesetzt werden, sollten ebenfalls auf diese Weise Schutz finden.
10. Etwa Ende April bis Anfang Mai werden die Rosenpflanzen wieder abgehäufelt.

Triebe der Wildlingsunterlagen entfernen. Die meisten Gartenrosen sind durch Okulation vermehrt. Das bedeutet, dass die Edelsorte auf einer Wildlingsunterlage wächst.

Bei einigen Pflanzen treibt die Unterlage durch, solche Triebe müssen entfernt werden. Niemals dürfen sie jedoch über der Erde abgeschnitten werden. Der Wildtrieb würde sich nach solch einer Behandlung verzweigen und verstärkt austreiben. Die Basis der Rose wird also vorsichtig freigelegt, der Wildtrieb wird dann, je nach Stärke, abgerissen oder mit einem scharfen Messer entfernt.

Bodenbearbeitung. Im Herbst erfolgt eine tiefgründige Lockerung des Bodens. In klimatisch ungünstigen Lagen ist ein Anhäufeln der Rosen ratsam, im Frühjahr wird wieder abgehäufelt. Nach dem Schnitt der Rose wird nochmals der Boden gelockert. Regelmäßig wird dann Unkraut entfernt und der Boden locker gehalten. Um starken Unkrautbewuchs zu verhindern, können Sie Mulch ausbringen. Doch setzen Sie hierfür nur fermentierten Mulch ein. Rindenmulch, der unfermentiert ist, treibt den Stickstoffbedarf des Bodens in die Höhe, setzt bei der Verrottung Wachstumshemmer frei und versauert den Boden.

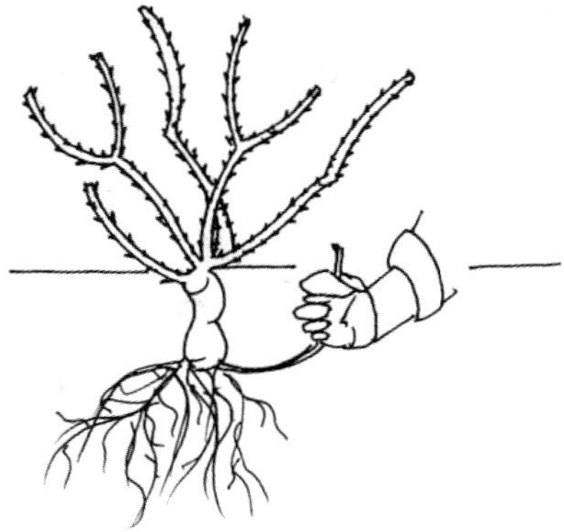

Entfernen eines Wildtriebes an der Basis

Düngung. Die Analyse einer Bodenprobe gibt Aufschluss über den Stickstoff (N)-, Phosphor (P)- und Kalium (K)-Gehalt des Gartenbodens. Je nach Analyseergebnis wird unterschiedlich gedüngt. Folgende Angaben stellen einen ungefähren Richtwert für die Nährstoffversorgung von Rosen dar.

- März bis April: Erste Düngegabe im Jahr mit mineralischem Dünger (z.B. Nitrophoska Perfekt N–P–K 20–5–15), etwa 50 bis 80 g pro Quadratmeter.
- Juni: Zweite Düngegabe (z. B. Nitrophoska Perfekt N–P–K 20–5–15) etwa 50 g pro Quadratmeter. Bei gut wachsenden Pflanzen ist diese Düngergabe nicht erforderlich.
- Langzeitdünger können verwendet werden.
- August: Patentkali-Gaben vorsehen.

Nitrophoska perfekt ist reich an Spurenelementen (Bor, Mangan, Molybdän und Zink) und chloridarm, er eignet sich deswegen besonders gut zur Pflege der Rosen und zum schnellen Ausgleich von Mangelerscheinungen. **Langzeitdünger** eignen sich für die langfristige Grundversorgung des Bodens mit Nährstoffen. Auf Rosen wirken **organische Düngegaben** vorteilhaft. Organische Langzeitdünger, wie Hornspäne, getrockneter Stalldung oder andere handelsübliche organische Dünger können eingesetzt werden. Diese Düngerform kann auch im Winter, während der Vegetationsruhe, ausgebracht werden.

Rosenschnitt. Der alljährliche Schnitt fördert Wuchsfreude, Blütenreichtum, Gesundheit und Lebensdauer der Rosenpflanzen. Bei der Schnittarbeit müssen die natürliche Wuchsform sowie andere Wuchseigenschaften, die abstammungsbedingt sind, berücksichtigt werden.

Für die Gesunderhaltung der Pflanze ist es notwendig, krankes und totes Holz herauszuschneiden. Dadurch bekommt die ganze Pflanze mehr Licht und Luft und die Rose bleibt gesund.

Zeitpunkt des Schneidens. Der beste Zeitpunkt für den Schnitt der meisten Rosenklassen ist das Frühjahr. Als Faustregel gilt der Zeitpunkt der Forsythienblüte. Einmal blühende Strauch- und Kletterrosen können im August, nach der Blüte, geschnitten werden. Es ist zu beachten, dass das junge Holz erhalten bleibt, denn einmalblühende Rosen bilden am vorjährigen Holz Blütenknospen aus.

Beetrose vor dem Schnitt

Beetrose nach dem Schnitt

Im naturnahen Garten mit ausreichend Platz sind auch solche Wildrosen (*Rosa canina*) zu finden.

Einmaleins des Rosenschnitts

Warum soll ich schneiden?

Bei kleineren Pflanzen mag es ja noch gehen, bei großen ist das Schneiden nicht die angenehmste Arbeit. Die Stacheln verhaken sich und kratzen, lange Triebe lassen sich schlecht aus dem Gewirr ziehen und geben dann plötzlich nach ... Wir wissen ja auch, dass es eine Reihe heimischer Rosen gibt, die wachsen, ohne je eine Schere oder Säge gesehen zu haben. Doch auch in der freien Natur wird die Rose gekürzt: Da frisst die Raupe an Blättern und Triebspitzen oder ein Reh genießt die weichen Spitzen, so dass sie nicht zum Blühen kommen; Triebe werden abgetreten und beschädigt oder gar die ganze Pflanze durch Feuer bis zum Boden vernichtet. Der Garten ist aber ein vom Menschen geschaffenes Werk und soll seinen Vorstellungen entsprechen, so unterschiedlich diese jeweils sein mögen. Das heißt für die Rose – welche auch immer –, dass sie sich nicht zum

undurchdringlichen Gestrüpp entwickeln soll, in dem sich Krankheiten und Schädlinge wohl fühlen und wo totes Holz verrottet.
Im Gegenteil: Sie soll viele Blüten hervorbringen und einen gewissen ästhetischen Anspruch erfüllen, weswegen hier regulierend eingegriffen werden muss. Die Gartensorten haben zudem nicht mehr viel mit den natürlichen Arten am heimischen Standort gemeinsam.
Selbstverständlich ist auch das andere Extrem nicht erstrebenswert. Der Schnitt der Rosen ist nötig, kann aber nicht Selbstzweck sein. „Den" Schnitt als solchen gibt es nicht, immer wird ein bestimmter Zweck verfolgt. Aus

Wann Schere oder Säge nötig werden:

- Wenn Sie Rosen pflanzen: Entfernen Sie beschädigte Triebe und Wurzeln, um der Pflanze das Anwachsen am neuen Standort zu erleichtern.
- Wenn Sie die Rose zur Neubildung von Trieben anregen wollen, um möglichst viele neue Blüten zu entwickeln. Überaltertes und totes Holz muss frischen, wüchsigen Neutrieben weichen.
- Wenn Sie dem Befall durch bestimmte Schädlinge und Krankheiten vorbeugen beziehungsweise eindämmen wollen.
- Wenn Sie die Blütezeit beeinflussen oder eine bestimmte Wuchsform erreichen wollen.
- Wenn die Pflanze ungleichmäßig wächst oder durch äußere Einflüsse wie Bruch oder Frost geschädigt wurde: Ein regulierender Schnitt führt zu einer ansprechenden Form und einer gesunden Pflanze.
- Wenn sich im Laufe der Vegetationsperiode so genannte Wildtriebe aus der Veredlungsunterlage entwickeln, müssen diese entfernt werden.
- Wenn Sie Blumen für die Vase gewinnen wollen.
- Wenn Sie zu wenig Platz im Garten haben.
- Wenn Sie einen Garten übernehmen, in dem lange keine Pflegearbeiten mehr durchgeführt wurden: Möglicherweise stehen darin Rosen, die seit Jahren keine Schere mehr gesehen haben und neu „erzogen" werden müssen.

Im Garten ist der korrigierende Eingriff mit der Schere nötig.

Über dem Blattansatz befindet sich das „schlafende Auge".

diesem Grunde ist er zu verschiedenen Zeitpunkten und in unterschiedlicher Weise nötig.

Wie reagiert die Pflanze?

Ein Eingriff mit Schere oder Säge löst immer bestimmte Reaktionen bei der Pflanze aus. Der Schnitt muss also bewusst und gezielt durchgeführt werden. Durch ihn werden bisher wirkende Gleichgewichte bei der Wasser- und Nährstoffversorgung in der Pflanze gestört, es wird ein neues Verhältnis Wurzelvolumen zu oberirdischer Triebzahl und Blattmasse geschaffen, das die Pflanze ausgleichen muss. Infolge wegfallender Triebteile stehen nun Knospenanlagen am Triebende, die bisher in der Mitte oder an der Basis des Triebes als so genannte „schlafende Augen" lagen.

Spitzenförderung

Die so genannte Spitzenförderung besagt, dass sich die Augen an der Triebspitze bevorzugt entwickeln. Die unterhalb liegenden Augen werden in der Entwicklung gehemmt oder ruhen. Dafür werden in der Spitze Hemmstoffe gebildet, die nach unten geleitet werden. Entfernt man die Triebspitze, werden die nun an der Spitze befindlichen Augen zum Austrieb angeregt werden. Meist erhalten nicht nur die jeweils obersten Augen diesen Impuls, sondern auch die direkt darunter liegenden Knospenanlagen. Bei der Anzucht der Rosen in der Baumschule entfernt man regelmäßig die Triebspitze, um kräftige Pflanzen mit möglichst vielen Trieben zu erhalten. Viele Sorten würden ohne dieses „Pinzieren" nur einen Trieb aus der Veredlungsstelle bis zur Blüte entwickeln. Je jünger der Trieb ist, desto schneller wird der Verlust der Triebspitze durch den Neuaustrieb der tiefer liegenden Augen ausgeglichen. Während der Vegetationsperiode wird der schnelle Austrieb der nach dem Schnitt oben stehenden Augen allerdings durch Hemmstoffe unterbunden. Sie werden in dem Blatt gebildet, in dessen Achsel sich das Auge befindet. Diese Verzögerung lässt sich aufheben, indem Sie das vollständige Blatt gleich nach dem

Schnitt mit entfernen. Die Zeit bis zum Austrieb des Auges verkürzt sich dadurch. Sie müssen dabei aber beachten, dass Aktivierung und Neuaustrieb umso länger dauern, je weiter die ruhenden Augen von der Triebspitze entfernt liegen.

Lange oder kurze Triebe?

Ein weiterer Zusammenhang besteht zwischen der Stärke des Schnittes und der Länge des folgenden Austriebs. Wenn Sie die Pflanze bis auf wenige Augen stark zurückschneiden, entwickeln sich aus diesen Augen wenige lange Triebe. Schneiden Sie dagegen nur schwach zurück und lassen relativ lange Triebteile stehen, entstehen viele kürzere Triebe. Setzt man diese Kenntnis bewusst ein, können Wuchsunterschiede zwischen stark und schwach wachsenden Sorten vermindert, jedoch nicht völlig ausgeglichen werden. Sie können eine kleinere Menge langstieliger Rosen oder auch eine Vielzahl mit kurzen Stielen gewinnen. Unterschiedlich starke Triebe können durch den Schnitt ausgeglichen, also gefördert oder relativ gehemmt werden. Den typischen Wuchscharakter einer Sorte können Sie durch den Schnitt unterstützen oder einschränken.

Wann soll ich schneiden?

Wann die Schere am besten in Aktion tritt, kann nicht mit dem Kalender bestimmt werden. Zum einen gelten für verschiedene Schnittmaßnahmen unterschiedliche Zeitpunkte, zum anderen bestimmen äußere Faktoren den optimalen Zeitpunkt. Was letztere betrifft, ist die Natur – glücklicherweise – sehr variabel.

Wichtig für die richtige Entscheidung ist die Tatsache, dass der Schnitt nicht das Ende, sondern mit seinen Reizen auf die Pflanze den Anfang einer beabsichtigten Entwicklung darstellt. So kann der Frühjahrsschnitt Anfang März, aber auch Mitte April sinnvoll sein. In jedem Fall sollte nach dem Schnitt nicht mehr mit größeren und stärkeren Frosteinbrüchen zu rechnen sein. Das ist auch der Grund, warum der bei „ordnungsliebenden" Gartenbesitzern oft beliebte Herbstschnitt bei Rosen so gefährlich ist. Warme Witterung im Anschluss daran regt die Rosen zum Neuaustrieb an. Der nächste Frosteinbruch hat bei den unausgereiften Trieben und Pflanzen in voller Aktivität dann verheerende Wirkung. Nicht die mangelnde Frosthärte der Pflanzen ist also der Grund für die Schäden, sondern die Schnittmaßnahme zum falschen Zeitpunkt (siehe auch Seite 292f.).

Pflegemaßnahmen wie das Entfernen von abgeblühten Blütenständen und Wildtrieben sollten Sie am besten fortlaufend durchführen. Rechtzeitiges Herausschneiden der alten Blütenstände fördert den schnellen Neuaustrieb.

Beseitigt man Wildtriebe frühzeitig durch Reißen oder Schneiden, verringert das die Wundengröße und lässt

Wirkung des Schnittes auf die Trieblänge: Nach kräftigem Rückschnitt entwickeln sich wenige lange Triebe, nach schwachem Schnitt eine größere Zahl kürzerer Triebe.

die Kräfte der Pflanze nicht unnötig in die falsche Richtung gehen.
Für einmal blühende Sorten ist ein Schnitt nach der Blüte empfehlenswert. Er schafft für die Blüte im nächsten Jahr und für neue Grundtriebe bessere Voraussetzungen. Bei voller Belaubung der Pflanzen ist das allerdings etwas schwierig, sodass er nur relativ selten durchgeführt wird.
Bei Schnittblumen müssen Sie den optimalen Zeitpunkt abpassen, zu dem sich die abgeschnittene Blume in der Vase voll entwickelt und möglichst lange hält. Darauf wird ab Seite 296ff. noch näher eingegangen.

Schnitt und Standort

Auch der Standort der Rosen beeinflusst den Schnitttermin und die Schnittform der Rosen. Entscheidend sind beispielsweise klimatische Unterschiede: Ein maritim beeinflusster Standort prägt das Wachstum anders als ein kontinentaler. Ein Standort am Bodensee bietet ganz andere Wuchsbedingungen als beispielsweise das Erzgebirgsvorland. An einem Standort, an dem die Rosen im Winter regelmäßig bis zum Boden zurückfrieren, erübrigen sich alle Überlegungen, wie man eine Pflanze über mehrere Jahre hinweg höher aufbaut. Eine Lage, in der im Februar der letzte größere Frost auftritt, ermöglicht andere Schnittmaßnahmen als eine, in der möglicherweise noch im April tiefster Winter herrscht.

Schon innerhalb des gleichen Gartens herrschen ebenfalls unterschiedliche Standortbedingungen. Die eine Pflanzung steht optimal frei, die andere muss sich gegen den Schattendruck benachbarter Gebäude oder Pflanzen behaupten. Letztere wird sicher weniger und dünnere Triebe entwickeln, die einen kräftigeren Rückschnitt erfordern, um ein stärkeres Wachstum zu erzielen. Bodenstruktur und -art bewirken ebenfalls gravierende Entwicklungsunterschiede bei der Rosenpflanze, je nachdem, ob sie auf einem humosen, durchlässigen, nährstoffreichen Boden oder einem eher kargen Sandboden steht. Der Standort spielt auch für den Verwendungszweck der Pflanze eine Rolle. Eine Kletterrose an der Hauswand erfordert eher eine ordnende Hand als eine am Baum emporkletternde Rose, und das nicht nur, weil man dieser dort schwieriger folgen kann.

Schließlich beeinflussen die Standortbedingungen noch das Auftreten von Krankheiten und Schädlingen. Hier können Sie durch geeignete Schnittmaßnahmen Abhilfe schaffen, indem Sie kränkelnde Pflanzenteile rechtzeitig entfernen und damit eine weitere Ausbreitung verhindern (siehe Seite 287f.).

Schnitt und Düngung

Was, so mögen Sie sich fragen, soll nun auch noch die Düngung mit dem Schnitt zu tun haben? Sie sollten sich immer vor Augen halten, dass die Natur viel komplexer funktioniert als nach einem einfachen Ja-Nein-Prinzip. Viele Faktoren wirken zusammen, überlagern sich, fördern oder hemmen einander. Einer dieser Faktoren ist die Düngung beziehungsweise das Nährstoffangebot für die Pflanze. Nach einer Schnittmaßnahme erwarten wir, dass die Pflanze zügig kräftige neue Triebe entwickelt. Dazu benötigt sie ein entsprechendes Nährstoffangebot. Der Rosenfreund rechnet mit einen schnellen Austrieb, sobald er die Rose frisch gepflanzt hat, doch bei der Pflanze ist das zu diesem Zeitpunkt noch gar nicht aktuell. Erst sollen sich Wurzeln bilden, die dann den kräftigen Austrieb versorgen können. Bei guter Bodenvorbereitung ist eine Düngung also nicht nötig. Sie ist sogar eher hinderlich, weil sich dadurch der Salzgehalt im Boden erhöht und so die Wasser-

Etwa 5 mm über dem Auge, leicht abfallend ist die richtige Schnittführung bei Rosen.

aufnahme für die Pflanze erschwert wird. Abgesehen davon kann die Pflanze mit dem erhöhten Nährstoffangebot gar nichts anfangen, da die oberirdischen Teile noch nicht so weit entwickelt sind, als dass sie größere Nährstoffmengen brauchen.
Bei eingewurzelten Pflanzen dagegen ist nach dem Frühjahrsrückschnitt eine Nährstoffgabe von Vorteil, aber ebenfalls immer entsprechend der Pflanzengröße.
Ein **Nährstoffüberangebot** – insbesondere von Stickstoff – birgt die Gefahr, dass zu mastige Triebe entstehen. Diese reifen möglicherweise nicht aus, sind dann für bestimmte Krankheiten anfälliger und machen damit wieder zusätzliche Schnittmaßnahmen zur Krankheitsbekämpfung erforderlich.
Ein **Nährstoffmangel** bewirkt, dass sich nur dünne und wenige Triebe mit dürftiger Blüte entwickeln. Aus einem solchen schwachen Grundgerüst lassen sich keine starken Pflanzen aufbauen. Der Schnitt muss immer wieder weit zurückgehen, damit überhaupt einige kräftige Triebe entstehen können.

Wo soll ich schneiden?

Die Rose fordert eine etwas andere Behandlung als bei Gehölzen üblich: Für sie gilt nämlich nicht, dass man den Schnitt unmittelbar über dem Auge ausführen sollte. Wenn ein Rosentrieb geschnitten wird, trocknen ab der Schnittstelle etwa 2 bis 3 mm des Triebstückes ein. Sitzt das Auge nun unmittelbar an der Schnittstelle, treibt es entweder gar nicht aus oder es entsteht nur ein schwacher Austrieb ohne jegliche Überlebenschance. Keinesfalls entwickelt sich aus ihm der starke Trieb, den man mit dem Rückschnitt beabsichtigt hat.
Die richtige Schnitthöhe beträgt deshalb etwa 5 mm über dem gewünschten Auge. Ein größerer Abstand ist ungünstig, weil der Trieb dann umso stärker zurücktrocknet. Abgesehen von einem unschönen Erscheinungsbild vergrößern sich dadurch die Ein-

gangspforten für Krankheiten unnötig. Die Schnittrichtung führt immer vom Auge weg. Das heißt, man schneidet leicht schräg, wobei der tiefste Punkt dem Auge gegenüberliegt.
Bei älterem Holz ist es manchmal gar nicht so leicht, das Auge zu finden, denn diese ruhenden Augen sind oft kaum erkennbar. Zuweilen kann es hilfreich sein, die Narbe einer ehemaligen Blattansatzstelle zu suchen, die als kleiner dunkler Querstrich am Trieb auftritt. Unmittelbar darüber befindet sich dann auch das gesuchte Auge. Wenn wirklich kein Auge auszumachen ist, bleibt nur der beherzte Schnitt an der gewünschten Stelle. Eventuell wird bei Bedarf später nachgeschnitten, wenn ein entsprechendes Auge ausgetrieben hat.

Das ideale Werkzeug

Brauchbares, gutes Werkzeug ist sowohl für die Pflanze als auch für den Gärtner wichtig. Wer über längere Zeit und an kräftigen Trieben Schnittarbeiten durchführt, merkt sehr schnell an seinen Händen, ob und wie gut das Werkzeug ist. Das zeigt sich an der unmittelbar aufzuwendenden Kraft, an der Lage in der Hand und der Belastung der Sehnen. Spätestens bei den ersten Blasen an den Händen stellt sich die Frage, ob nicht ein etwas teureres Gerät auf Dauer besser ist.
Rosenholz ist in der Jugend sehr markhaltig und damit sehr druckempfindlich. Der Holzanteil ist anfangs relativ gering. Später nimmt der Markanteil ab und die Triebstärke kann – besonders bei Strauch- und Kletterrosen – beeindruckende Dimensionen annehmen. Dann ist das Holz sehr hart und erfordert beim Schneiden erheblichen Kraftaufwand.
In jedem Fall ist es wichtig, scharfes und gut eingestelltes Werkzeug einzusetzen. Stumpfe Scheren verursachen unnötige Quetschungen und unsaubere Schnitte. Im Extremfall reißt sogar die Rinde aus. Läuft die Schneide mit einem Zwischenraum, verklemmt sich das Werkzeug, der Schnitt leidet, die aufzuwendende Kraft erhöht sich und die Klinge kann sogar ausbrechen – vor allem bei Billigprodukten. Ein guter Schliff ist wesentlich für eine einwandfreie Schnittführung. Beim Nachschleifen müssen Sie beachten, dass Sie die Klinge nur einseitig anschleifen – das entspricht dem Lieferzustand der meisten neuen Scheren. Ein gutes Werkzeug erkennen Sie auch daran, dass die Schärfe bei fachgerechtem Einsatz über lange Zeit erhalten bleibt.
Starken, alten Trieben ist mit der Schere oft nicht mehr beizukommen. Hier kommen eine Astschere oder bei ganz starken Trieben die Säge zum Einsatz. Mit einer herkömmlichen Baumsäge ist in den eng stehenden Trieben kaum zu hantieren. Sehr gut lassen sich hier die relativ kleinen Klappsägen einsetzen, die handlich sind und mit denen es sich hervorragend schneiden lässt.

Frühjahrsschnitt nach Rosenklassen

Im Frühjahr treiben die Rosen am kräftigsten aus. Jetzt müssen Sie die Voraussetzungen für eine reiche Blüte schaffen. Beseitigen Sie alle Pflanzenteile, die einen Krankheits- und Schädlingsbefall begünstigen könnten. Die Pflanzen sollen wieder licht werden und auch unser ästhetisches Empfinden zufrieden stellen.
Natürlich blühen die Rosen auch dann, wenn ein Schnitt unterbleibt, allerdings gleicht die Pflanze dann bald eher einer Wildnis als einem gepflegten Busch. Ohne Schnitt werden viele Pflanzen zwar höher aufgebaut, aber von unten kahl. Eine Verjüngung, also die Bildung von neuen Bodentrieben, findet nicht statt.
Schnittempfehlungen stehen in jeder Anleitung zur Rosenpflege, teils so differenziert, dass man sich nur noch mit dem Buch in der Hand in den Garten trauen mag. Am ausführlichsten dürfte wohl die Darstellung im „Handbook on Pruning Roses" vom Anfang des vergangenen Jahrhunderts sein, in dem Schnittanweisungen für nicht weniger als 41 verschiedene Rosengruppen angegeben und dazu jeweils die zugehörigen Sorten aufgelistet werden. Wollte man das weiterführen, müsste für jede Sorte eine spezielle Schnittanweisung mitgeliefert werden, sobald sie in den Handel kommt. Trotzdem könnte diese Anweisung nicht alle Interessen der möglichen Anwender berücksichtigen, da man die gleiche Sorte sehr unterschiedlich schneiden kann – mal ganz abgesehen davon, dass beispielsweise der Winter keine Rücksicht darauf nimmt, was er zum Schneiden übrig lässt.
Deshalb sind zu detaillierte Rezepte kaum hilfreich. Wichtig ist es, dass Sie sich die Zusammenhänge klar machen und schließlich eigene Erfahrungen sammeln.

Schnittregeln für Einsteiger

Der Winter ist vorbei, es sind keine strengen Fröste mehr zu erwarten und die Arbeit im Garten kann wieder beginnen. Man steht vor den Rosen, die nun geschnitten werden sollen, und ist etwas ratlos. Viele Triebe, viele Stacheln, ein schier unübersehbares Gewirr, in das Ordnung zu bringen ist. Sie werden jedoch feststellen, dass diese Aufgabe bei etwas systematischem Vorgehen gar nicht so schwer ist, wie es im ersten Moment scheint.

Totes Holz entfernen

Gleichgültig, welche Rosen Sie vor sich haben, die anfänglichen Schnittarbeiten sind bei allen ähnlich. Nach dem Winter ist immer ein Teil des Rosenholzes abgestorben. Das können Triebteile oder auch ganze Triebe sein. Ursachen sind zum Beispiel

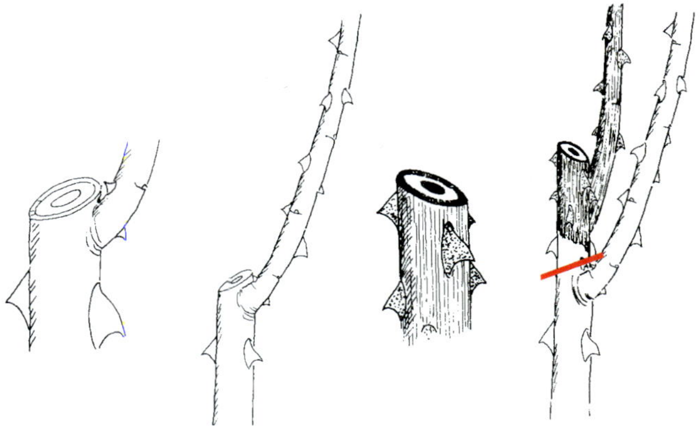

Abgestorbene Teile werden bis ins gesunde Holz entfernt.

Frostschäden, Beschädigungen oder die Auswirkungen von Schädlingen. Diese Teile beseitigen Sie zuerst Völlig abgestorbene Triebe werden an der Ansatzstelle sauber entfernt. Häufiger kommen aber teilweise abgestorbene Triebe vor. Hier heißt es, bis in den gesunden Teil zurückschneiden. Dieser ist manchmal von außen nicht gleich erkennbar. Gehen Sie dann erst einmal mindestens soweit zurück, bis die Rinde grün ist. Das reicht aber oftmals nicht aus. Als Nächstes sollten Sie sich das Mark ansehen. Nur wenn auch dieses grünlichweiß gefärbt ist, haben Sie die richtige Schnitttiefe erreicht. Ist es dagegen bräunlich gefärbt, müssen Sie noch weiter zurückgehen.

Nach strengen Wintern mit starken Spätfrösten und zwischenzeitlichen Wärmeperioden kann es trotzdem geschehen, dass die Sichtkontrolle nicht alle Schäden aufdeckt. Dann ist es nämlich möglich, dass die Triebe zum Schnittzeitpunkt zwar noch gut aussehen, sie aber doch so geschädigt sind, dass sie nachträglich absterben. Diese Triebe müssen Sie dann später noch einmal nachschneiden.

Von den Schnittarbeiten des vergangenen Jahres sind eventuell Triebstummel stehen geblieben, die entweder gar keine Augen besaßen, um wieder austreiben zu können, oder diese aber so ungünstig innerhalb der Pflanze lagen, dass sie keine Kraft für einen ordentlichen Neuaustrieb hatten. Sie sind zurückgetrocknet und sehen nicht nur unschön aus, sondern sind auch Angriffspunkte für Krankheiten und Schädlinge. Sie müssen bis zur nächsten Gabelung zurückgeschnitten werden.

Schädlinge und Krankheiten eindämmen

Auch Schädlings- und Krankheitsbefall erfordern den Einsatz der Schere. Wenn Sie an Ihren Rosen Triebe ent-

Unter den Edelrosen gehört 'Burgund 81' (W. Kordes' Söhne 1981) zu den Standardsorten.

decken, denen das Mark fehlt, war der Rosentriebbohrer am Werk. Hier hilft nur ein Schnitt zurück bis in den gesunden Triebteil. Das Gleiche gilt bei einem Befall mit der Rindenfleckenkrankheit. Ohne Schnitt geht die Krankheit weiter, umschließt den Trieb und es kommt doch zum Absterben der darüber liegenden Teile. Oft brechen schon im Februar die leuchtend gelben Sporenlager des Rosenrostes an den Trieben hervor, wobei bestimmte Sorten bevorzugt befallen werden. In diesem Fall sollten Sie nicht erst auf den normalen Schnittzeitpunkt warten: Vernichten Sie die kranken Triebe sofort, um die Sporenverbreitung zu verhindern. Dieser Aufwand zahlt sich durch gesündere Rosen und einen geringeren Aufwand für den im Sommer notwendigen Pflanzenschutz aus (siehe auch Seite 287f.).
Als Nächstes entfernen Sie alle Triebe, die in den Busch hineinwachsen, die sich kreuzen und womöglich aneinander reiben. Schließlich kommen noch ganz schwache Triebe, von denen nicht zu erwarten ist, dass sie einen kräftigen Neuaustrieb bilden werden, an die Reihe.
Alte Triebe, die keinen reichen Blütenansatz mehr versprechen, werden entweder bis zum Boden oder auf einen kräftigen, nach außen wachsenden Neutrieb im unteren Bereich zurückgeschnitten. Sobald diese Triebe einen größeren Durchmesser haben, sollten Sie die Wundflächen mit einem Wundverschlussmittel behandeln.
Triebe aus der Veredlungsunterlage, die im vergangenen Jahr übersehen wurden, entfernen Sie jetzt sauber an der Ansatzstelle.
Nach dieser Prozedur ist der Busch schon viel lichter und übersichtlicher.

Edelrosen schneiden

Die Edelrosen oder Teehybriden werden vor allem gepflanzt, um große, edle Blüten an langen Stielen als Schnittblumen zu gewinnen. Nach diesem Ziel richtet sich der Schnitt. Schneiden Sie die Rosen relativ stark zurück, damit wenige Augen verbleiben, die dann umso kräftiger austreiben und längere Stiele bilden. Nur aus kräftigen Trieben können sich starke Neutriebe entwickeln. Der Rückschnitt erfolgt auf etwa drei bis fünf Augen. Die Triebe einer Pflanze werden weitgehend auf gleiche Höhe geschnitten, um die so genannte Saftwaage einzuhalten.

Wenn Sie einzelne Triebe wesentlich länger stehen lassen, werden diese verstärkt im Wachstum gefördert, die kürzeren bleiben dagegen zurück. Sorten, die von sich aus sehr stark wachsen und besonders kräftige Triebe bilden, können etwas behutsamer geschnitten werden, eher schwachwüchsige Sorten werden kräftiger zurückgeschnitten.

Sehr starkwüchsige Sorten wie etwa die bekannte 'Gloria Dei' lassen sich bei entsprechenden Platzverhältnissen auch höher aufbauen, indem Sie die Triebe auf maximal 30 bis 40 cm zurückschneiden. Sie entwickeln sich dann fast so hoch wie Strauchrosen. Für den privaten Rosenliebhaber, der nur einige wenige Pflanzen zu schneiden hat, ist es sicher kein Problem, bei jedem Trieb die Augen zu suchen und entsprechend exakt zu schneiden. Bei einer größeren Pflanzenzahl ist das nicht mehr zu leisten. Es ist aber auch nicht nötig, jeweils die Augen zu zählen. Zu Beginn der Schnittarbeiten können Sie die richtige Trieblänge anhand der Augenzahl herausfinden, um dann nach Augenmaß weiter zu arbeiten. Kürzen Sie die verbleibenden Triebe auf etwa 10 bis 15 cm ein.

Wählen Sie ein kräftiges, nach außen weisendes Auge als oberstes aus. Wenn eine ausgesprochen sparrig wachsende Sorte nicht noch ausla-

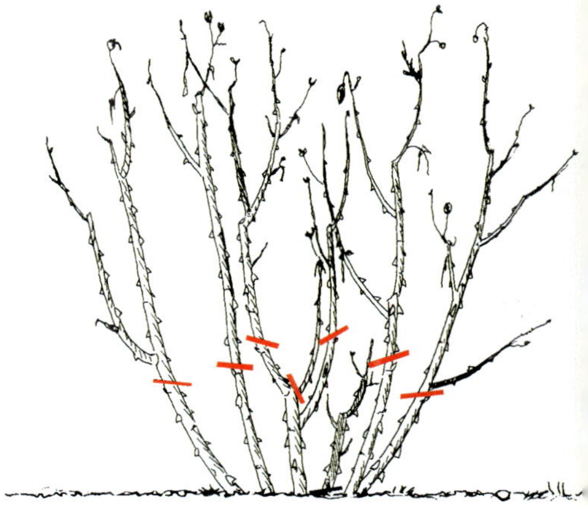

Schnitt der Edelrosen

Das innere Gleichgewicht – die Saftwaage

Der Saftstrom, der die Pflanze mit Wasser und Nährstoffen versorgt, wandert mit Vorliebe in die längsten Triebe an den höchsten Stellen. Sind nun alle Triebe auf etwa die gleiche Höhe geschnitten, verteilt er sich gleichmäßig, er hält sich in der Waage.

'Friesia' (W. Kordes' Söhne 1973) ist eine der wenigen Beetrosen mit kräftigem Duft.

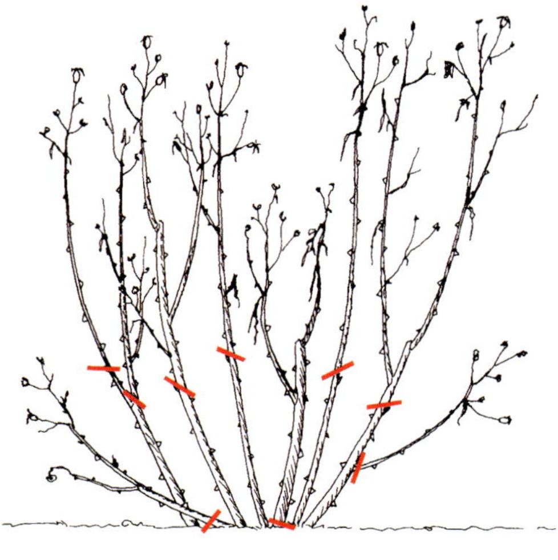

Schnitt der Beetrosen

dender werden soll, können Sie von dieser Regel abweichen, ohne dass Sie dadurch jedoch die charakteristische Wuchsform ändern können.

Beetrosen schneiden

Im Gegensatz zu den Edelrosen sollen Beetrosen einen dichten Wuchs und viele Triebe mit Blüten entwickeln, damit sie bei einer flächendeckenden Beetbepflanzung ihre Wirkung nicht verfehlen. Dabei ist das Spektrum der Wuchseigenschaften bei Beetrosen sehr breit. Es bewegt sich von relativ wenigen, starken Trieben – ähnlich wie bei den Edelrosen – bis hin zu zahlreichen feinen, womöglich noch stark verzweigten Trieben.

Beetrosen schneiden Sie jährlich stark zurück, allerdings sollten Sie sie etwas länger lassen als die Edelrosen. Die Schnitthöhe liegt bei stärkeren Trieben zwischen vier und sechs Augen, bei schwächeren Trieben halten Sie sich eher an die untere Grenze, also drei bis vier Augen.

Daraus ergibt sich nach dem Schnitt eine Trieblänge von etwa 15 bis 25 cm, aus der relativ niedrige, buschige Pflanzen hervorgehen.

Als weitere Möglichkeit können Sie Beetrosen auch höher aufbauen, sofern der Winter entsprechend lange Triebe übrig gelassen hat. Für einen höheren Aufbau schneiden Sie die Triebe auf sechs bis acht Augen. Kräftige, lange Triebe können Sie auch nur um etwa ein Drittel ihrer Länge zurücknehmen. Dadurch sichern Sie, dass der Austrieb aus voll entwickelten, kräftigen Augen erfolgt. Allerdings brauchen Sie für solche Absichten ausreichend Platz im Garten, denn auf diese Weise entstehen große Büsche, die sich bei einigen Sorten wie Strauchrosen ausbreiten. Durch den hohen Pflanzenaufbau wird das Erscheinungsbild einiger Sorten lockerer und die Triebspitzen wachsen bogig-überhängend. Für experimentierfreudige Rosengärtner bietet sich ein unerschöpfliches Feld des Ausprobierens mit vielen Überraschungen für das Gartenbild. Viele Beetrosensorten verkahlen allerdings im Laufe der Zeit von unten her, so dass ab und zu wieder ein radikaler Rückschnitt auf die übliche Höhe nötig wird. Damit wird die Rose veranlasst, an der Basis kräftige Neutriebe zu entwickeln und sich zu verjüngen.

Die Strauchrose 'Ferdy' (Keisei 1984) ist einmal blühend, dann aber stehen Blütenmassen wie Perlen am Trieb.

Strauchrosen schneiden

Bei den Beetrosen deutete sich schon an, dass die Übergänge zu den Strauchrosen – insbesondere bei stärker wachsenden Sorten – fließend sein können. Die Sortenvielfalt hält sich eben nicht an strenge Klassifizierungen; alle Einteilungsregeln dienen lediglich als Hilfestellung zur leichteren Handhabung. Sie stellen immer nur eine Vereinfachung dar und können nie die Vielfalt der Natur erfassen. Die Strauchrosen bieten eine fast unübersehbare Zahl an verschiedenen Wuchsformen, Blütengrößen, -formen und -farben. Wichtig für den Rückschnitt ist vor allem die Unterscheidung zwischen Sorten mit nur einer Hauptblütezeit und denen mit wiederholter Blüte während des Gartenjahres. Wird dieser Unterschied nicht beachtet, kann ein falscher Schnitt für die Blüte gravierende Folgen haben.

Einmal blühende Strauchrosen
Kennzeichnend für die einmal blühenden Strauchrosen ist, dass die Pflanzen im ersten Jahr immer nur Langtriebe ohne Blüten entwickeln. Erst im Folgejahr entstehen an diesen Trieben Kurztriebe, an deren Enden dann die Blüten stehen. Die größte Blütenfülle wird am so genannten zweijährigen Holz erreicht, später geht die Blütenbildung zurück. Immer

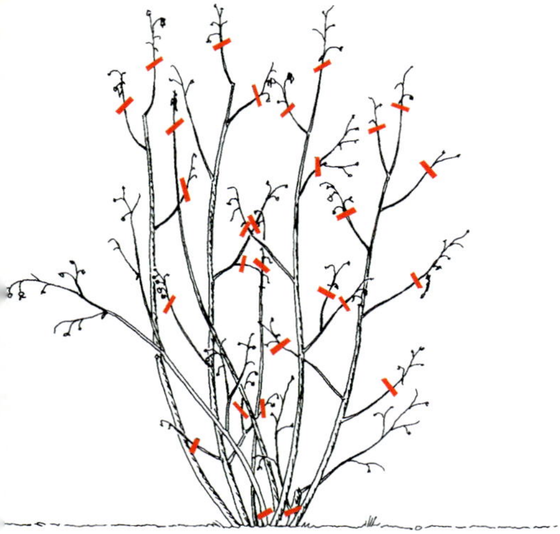

Schnitt einmal blühender Strauchrosen

wieder geschieht es Anfängern, die eine solche Sorte pflanzen, dass sie nach dem ausbleibenden Blüherfolg im ersten Jahr schließen, im folgenden Frühjahr sei ein kräftiger Rückschnitt für eine reiche Blüte erforderlich. Aber genau damit schneiden sie die Voraussetzungen für die Blüte weg! Normalerweise braucht die Schere bei einmal blühenden Strauchrosen nicht über die allgemeinen, bereits genannten Schnittarbeiten hinaus eingesetzt werden: Krankes, abgestorbenes oder beschädigtes, eventuell sich reibendes und kreuzendes Holz entfernen Sie, alles andere kann sich frei entwickeln. So entsteht die natürliche Wuchsform, die kaum korrigiert werden muss. Erst an älteren Pflanzen wird im mehrjährigen Abstand ein Eingriff nötig, wenn überaltertes Holz beseitigt werden oder der Strauch verjüngt werden soll. Zu diesen Zwecken müssen Sie in altes Holz in Bodennähe schneiden. Das ist in der Regel sehr starkes Holz, das nicht mehr mit der Schere zu bewältigen ist. Hier muss dann die Säge in Aktion treten. Bodennahe neue Triebe sind zu schonen, denn sie sollen den Busch verjüngen und liefern die Grundlage für neuen Blütenreichtum. Die Kurztriebe des vergangenen Jahres nehmen Sie auf zwei bis drei Augen zurück; so bilden sie wieder neue Blüten. Wird dieser Schnitt unmittelbar nach der Blüte durchgeführt, kann es auch zu einem schwachen Nachblühen im gleichen Jahr kommen.

Öfter blühende Strauchrosen

Bei den öfter blühenden Strauchrosen laufen Sie keine Gefahr, sich durch den Schnitt um die gesamte Blüte des Jahres zu bringen. Die Blüten sitzen am Ende der Langtriebe und an deren Seitentrieben. Trotzdem ist auch hier ein behutsamer Schnitt angebracht. Besonders schöne Pflanzen entwickeln sich nur über mehrere Jahre bei entsprechendem Aufbau. Wenn also nicht gerade ein extrem strenger Winter mit viel Frost hereinbricht, nehmen Sie in mehrjährigen Abständen altes Holz am Boden heraus, um frischen Bodentrieben immer wieder die Möglichkeit zur Verjüngung des Strauches zu geben. Um die Pflanzen noch buschiger zu erhalten, kürzen Sie die Spitzen der Haupttriebe um ein Drittel ihrer Länge ein, damit der

Trieb und die entsprechenden Augen stark genug für einen kräftigen Neutrieb sind. Für die Nebentriebe aus älteren Haupttrieben oder schwächere Triebe gilt: Hier können Sie stärker einkürzen und bis zu zwei Drittel der Länge entfernen. Bei Sorten, die sehr stark zum Verkahlen an der Basis neigen oder auseinander zu fallen drohen, müssen Sie gegebenenfalls etwas stärker schneiden. Bei verkahlenden Sorten kann man durch Einkürzen neuer Triebe versuchen, wieder belaubte untere Triebe zu erhalten. Nicht bei allen Sorten hat dieser Versuch Erfolg.

Schnitt öfter blühender Strauchrosen

Das Kupferorange der Strauchrose 'Westerland' (W. Kordes' Söhne 1969) leuchtet unverkennbar aus jeder Pflanzung.

Kletterrosen schneiden

Noch mehr als bei den Strauchrosen stehen bei den Kletterrosen möglichst lange Triebe und hoher Wuchs im Vordergrund. Damit die Pflanze auch höhere vertikale Flächen spielend bewachsen kann und uns dabei noch mit einer reichen Blüte erfreut, ist der anfängliche Pflanzenaufbau ganz besonders wichtig. Deshalb leitet man die entstehenden Langtriebe in die Breite und fixiert sie am Haltegerüst. Werden die Triebe nur senkrecht nach oben gezogen, bilden sich die Blüten auch in den Folgejahren weitgehend immer nur an der Spitze. Je waagrechter der Trieb wächst, desto geringer wächst die Triebspitze und desto stärker werden die Seitentriebe gefördert. An diesen entwickeln sich dann

Anfangs schräg seitlich geleitete Triebe garantieren, dass die einmal blühende Kletterrose 'Bobby James' (Sunningdale Nurseries 1961) große Flächen bedeckt.

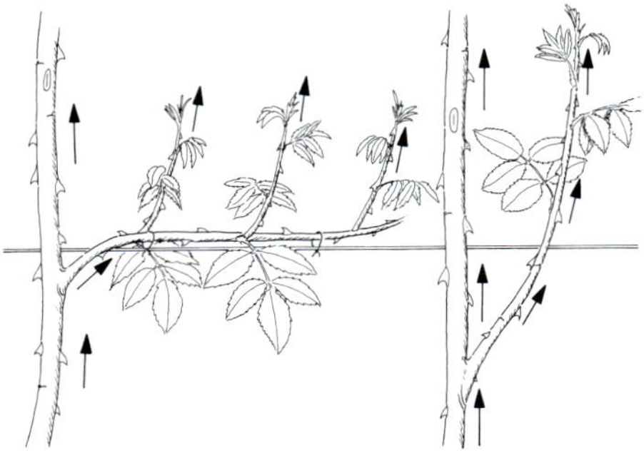

Waagerecht geleitete Triebe fördern den Austrieb vieler Seitentriebe, senkrechte Triebe verzweigen sich weniger stark.

wiederum die Blüten. Wenn der Trieb im Extremfall bogenförmig wieder nach unten geleitet wird, fördert das die Triebentstehung am Scheitelpunkt des Bogens und hemmt gleichzeitig die nun tiefer liegende Spitze.
Lässt man Kletterrosen ohne Gerüst frei wachsen, so bilden sich imposante Büsche. Ihre Triebe senken sich ab, es entwickeln sich neue Triebe, die die alten überdecken, sodass riesige Blütenkugeln entstehen können.
Wie bei den Strauchrosen ist bei den Kletterrosen zwischen einmal und öfter blühenden Sorten zu unterscheiden. Sehr starkwüchsige Sorten findet man immer unter den einmal blühenden Sorten. Das liegt daran, dass die neuen Triebe ohne Blütenbildung die ganze Vegetationsperiode lang wachsen können. Die öfter blühenden Rosen dagegen müssen ihr Wachstum rechtzeitig einstellen, um noch im gleichen Jahr die Blüte an der Spitze der Langtriebe hervorbringen zu können.

Einmal blühende Kletterrosen

Die Langtriebe der einmal blühenden Kletterrosen blühen noch nicht. Erst die daraus im Folgejahr entstehenden Seitentriebe bilden Blüten. Dementsprechend müssen die Langtriebe in jedem Fall erhalten werden. Schneiden Sie einmal blühende Kletterrosen deshalb sehr zurückhaltend. Entfernen Sie nur altes Holz, das in seiner Blühleistung nachlässt, möglichst bis zur Basis oder bis zu einem bodennahen neuen Langtrieb. Ansonsten nehmen Sie nur dünnes Holz heraus und kürzen Seitentriebe bei sehr dichtem Stand auf drei bis vier Augen ein, um einen reichen Blütenansatz zu fördern. Für diese Maßnahmen gilt als günstigster Zeitpunkt die Zeit nach der Blüte, damit sich noch genügend kräftige Neutriebe für das Folgejahr entwickeln können. Diese Empfehlung wird in der Praxis jedoch kaum beherzigt. Sie ist zwar pflanzenphysiologisch begründet, aber nur schwierig durchzuführen. Die Pflanze ist zu diesem Zeitpunkt vollständig belaubt, die einzelnen Triebe sind oft nur schwer auszumachen, sodass man schlecht abschätzen kann, was bei einem Schnitt am Pflanzengrund alles mit entfernt wird. Diese Teile dann aus der Pflanze herauszuziehen, ist selbst bei stückweisem Entfernen kaum ohne Beschädigungen des Laubes möglich. Aus diesen Gründen bleibt es auch bei einmal blühenden Kletterrosen in der Regel beim Frühjahrsschnitt, da dann die Pflanze und die Folgen des Schnittes leichter zu übersehen sind.

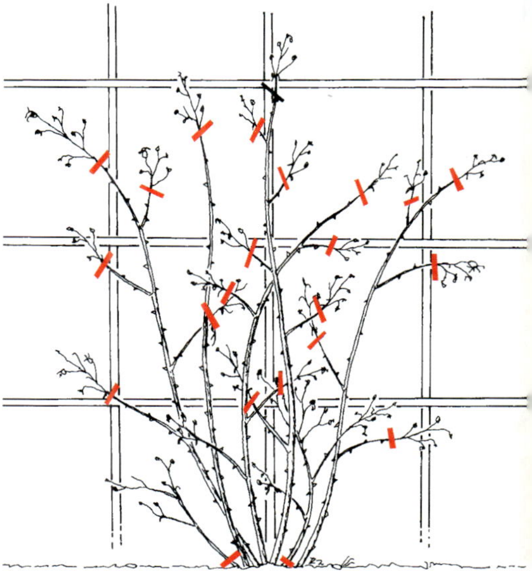

Schnitt einmal blühender Kletterrosen

Öfter blühende Kletterrosen

Öfter blühende Kletterrosensorten blühen am Ende der Langtriebe im Jahr des Entstehens und danach zusätzlich an Seitenzweigen des älte-

Einmal blühende Kletterrosen entschädigen in den Wochen ihrer Blüte durch ihren überreichen Flor, hier die Sorte 'Flammentanz' (W. Kordes' Söhne 1955)

Schnitt öfter blühender Kletterrosen

Die nach wie vor bekannte und beliebte 'New Dawn' (Somerset Nursery 1930) war die erste öfter blühende Kletterrose.

ren Holzes. Somit können die Triebe nicht während einer Vegetationsperiode eine solche Länge wie die Triebe der einmal blühenden Sorten erreichen. Die endgültige Höhe kann nur in Etappen, die sich jeweils auf den Trieb der Vorjahre aufbauen, über mehrere Jahre hinweg entstehen.

Per Zufall entstanden

Übrigens sind öfter blühende Kletterrosen erst seit 1930 im Handel, nachdem diese Eigenschaft erstmals bei der heute noch beliebten Kletterrosensorte 'New Dawn' spontan aufgetreten war – diese „Neuentdeckung" machten sich die Züchter zur Entwicklung der öfter blühenden Kletterrosen zu Nutze.

Ein Frühjahrsschnitt erfolgt daher sehr vorsichtig. Nach den allgemeinen Schnittmaßnahmen entfernen Sie überaltertes Holz bis zur Basis oder bis zu einem aus dem unteren Bereich entspringenden neuen Langtrieb. Dünne, nicht voll entwickelte Triebspitzen nehmen Sie bis zu einem kräftig entwickelten Auge zurück, um einen starken Neuaustrieb zu fördern. Seitentriebe schneiden Sie insbesondere dann, wenn die Durchlüftung und die Belichtung der Pflanze nicht mehr gesichert sind. Sie werden auf zwei bis drei Augen geschnitten, schwach entwickelte Triebe werden ganz entfernt.

Kleinstrauchrosen schneiden

Für die so genannten Kleinstrauchrosen lassen sich schon aufgrund der Vielfältigkeit der Wuchsformen und Wuchsstärken kaum allgemeine Schnittregeln aufstellen. Maßgeblich für den Schnitt ist, dass sie eine bestimmte Flächengröße bedecken sollen. Das geschieht erst durch mehrjährigen Pflanzenaufbau. Der Schnitt besteht deshalb vor allem aus leichten Korrekturen und selbstverständlich dem Entfernen abgestorbener oder kranker Triebe. Er muss nicht jedes Jahr durchgeführt werden. Einen kräftigen Schnitt im Sinne eines Verjüngungsschnittes können Sie bei Bedarf nach jeweils drei bis vier Jahren durchführen. Als Maß gelten für starke Triebe fünf bis sechs Augen, für schwächere Triebe drei bis vier Augen. Berücksichtigen Sie dabei aber, dass unter den Kleinstrauchrosen auch solche geführt werden, die einmal blühend sind. Bei einem radikalen Verjüngungsschnitt fehlt ihnen im Folgejahr die Blüte.

Bei größeren Pflanzungen können Sie für Kleinstrauchrosen die Heckenschere einsetzen, ohne Schäden befürchten zu müssen. Nach einem Grobschnitt können Sie bei Bedarf von Hand noch einmal genauer nachschneiden und auslichten.

'Heidetraum' (Noack 1988) ist eine pflegeleichte Kleinstrauchrose/Bodendeckerrose.

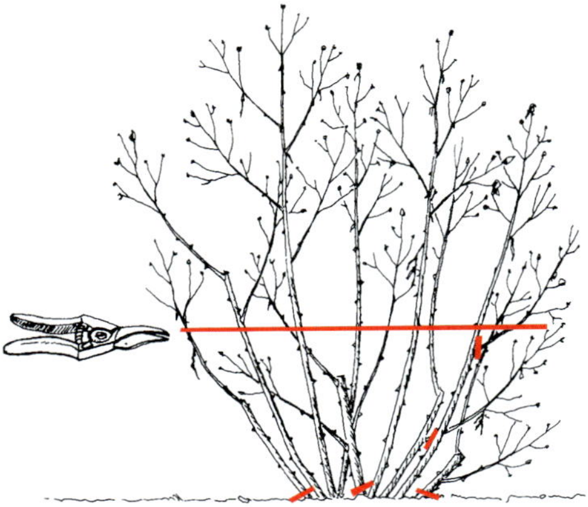

Schnitt der Zwergrose

Zwergrosen schneiden

Es sind zwar die ganz Kleinen, aber ihr Schnitt ist wichtig, weil einige Zwergrosensorten sonst ihren typischen Wuchs verlieren. Viele, besonders die älteren Sorten, besitzen zahlreiche schwache, dünne, verzweigte Triebe. Da ist es kaum möglich, viel zu zeitaufwändig und auch nicht nötig, ganz exakt nach Vorschrift zu schneiden. Am einfachsten fassen Sie die Krone mit der Hand zusammen und schneiden darunter sämtliche Triebe um die Hälfte oder zwei Drittel bzw. auf etwa 10 cm Länge zurück. Sehr schwache Triebe und Seitentriebe entfernen Sie nachträglich. Damit ist ein kräftiger Neuaustrieb gesichert, der für die buschige, dichte Pflanzenform sorgt.

Stammrosen schneiden

Wie eingangs schon erwähnt, bestimmt bei den Stammrosen die Klassenzugehörigkeit der aufveredelten Sorte die Vorgaben für den Frühjahrsschnitt. Der Unterschied gegenüber der Buschform besteht bei Stammrosen in der Betonung auf einer gleichmäßigen, gut aufgebauten Krone. Der lange, dünne Stamm kann zum „Engpass" für die Nährstoff- und Wasserversorgung werden.
Die Verzweigung soll unmittelbar bei der Veredlungsstelle beginnen. Aus

Die kleinen Blüten der Zwergrose 'Guletta' (de Ruiter 1974) leuchten wie Sterne über der kompakten Pflanze.

diesem Grund werden Edel- und Beetrosensorten etwa ein bis zwei Augen kürzer geschnitten, als das beim Busch üblich ist. Für einen guten Kronenaufbau ist es bei Stammrosen noch wichtiger als beim Busch, dass das obere Auge nach außen weist, um eine lockere, gleichmäßige Krone ohne Überkreuzungen oder eine zu dichte Mitte aufzubauen.
Intensiver ist die Pflege der Kaskaden- oder Trauerrosen, insbesondere, wenn Sie einmal blühende Sorten verwenden. Prinzipiell gelten die bei den Kletterrosen dargestellten Regeln. Im

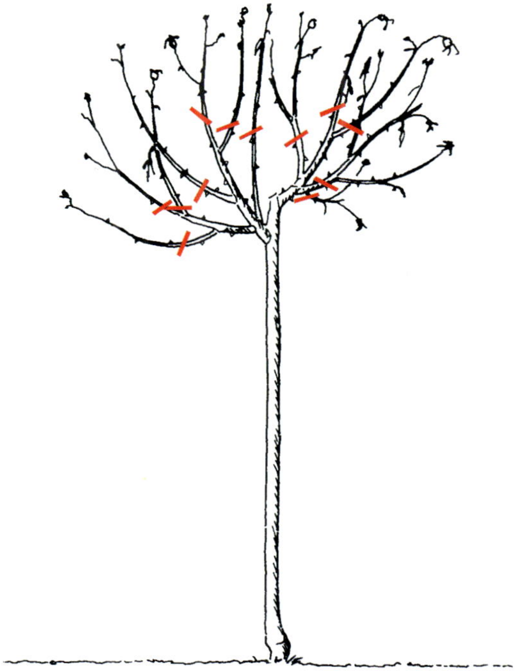

Schnitt der Stammrosen

'New Dawn', die gleiche Sorte wie auf Seite 276, bildet auf Stamm veredelt eine imposante Krone.

ersten und meist auch im zweiten Jahr nach der Pflanzung schneiden Sie möglichst gar nicht, um eine überhängende Krone aufzubauen. Bei den so genannten Rambler-Sorten mit weichen Trieben geht das relativ leicht, bei den anderen Sorten binden Sie aufrechte Triebe nach unten zusammen. Nach diesem Kronenaufbau entfernen Sie jährlich die ältesten Triebe über der Veredlungsstelle, gegebenenfalls nehmen Sie sie auch nur bis zu einem kräftig wachsenden

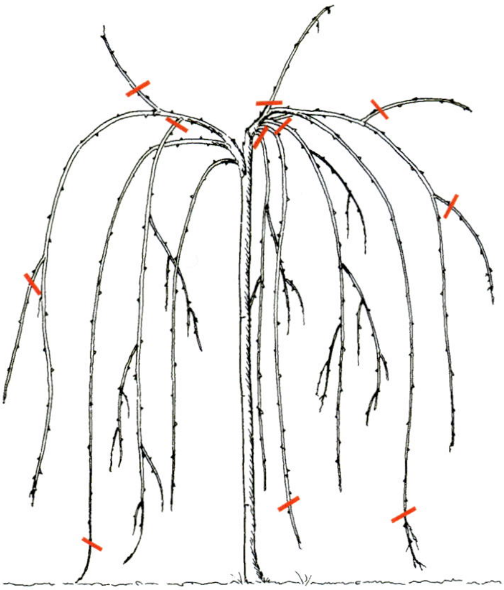

Schnitt der Kaskaden- oder Trauerrosen

Seitentrieb zurück. Seitentriebe schneiden Sie auf etwa drei bis vier Augen zurück, zu lange, den Boden berührende Triebe kürzen Sie ein.

Wildrosen schneiden

Der Vollständigkeit halber sollen beim Frühjahrsschnitt die Wildrosen auch erwähnt werden, obwohl sich bei ihnen die Schnittmaßnahmen in Grenzen halten. Ähnlich wie bei den einmal blühenden Strauchrosen müssen Sie eigentlich nur darauf achten, dass Sie totes oder aneinander reibendes Holz entfernen. Wird Ihre Wildrose zu dicht, können Sie einige Triebe bodennah heraus nehmen. In regelmäßigem Abstand sollten Sie altes Holz heraus schneiden, um Platz für Jungtriebe zu schaffen. Sobald Sie die Bedingungen für einen reichen Blütenansatz im nächsten Jahr geschaffen haben, werden Sie im Herbst auch noch mit einem üppigen Hagebuttensegen belohnt.

Verjüngungskur für Rosen

Gar nicht so selten steht man vor Rosen, die jahrelang nicht gepflegt worden sind. Die Rosen bilden ein undurchdringliches Dickicht. Häufig ist die erste Reaktion, die Pflanzen komplett entfernen zu wollen. Man glaubt, so alte Pflanzen könnten keine Kraft mehr entwickeln oder der Aufwand eines Pflege- und Verjüngungsschnittes sei zu hoch. Haben die Rosen noch die Chance, dem Betrachter ihre Blüten zu zeigen, lässt sich dieser oft von ihrem Reiz verzaubern und beschließt die „Rosenrenovierung". Vielleicht ist sogar eine Sorte darunter, die gar nicht mehr oder kaum noch angeboten wird. Es gibt keine Regel, dass Rosen nach einem festgeschriebenen Alter ausgewechselt werden sollten. Bei einem passendem Standort können sie jahrzehntelang ihre Schönheit entfalten, ohne an Kraft nachzulassen. Es lohnt sich also der Versuch, eine seit langem nicht mehr gepflegte Rose wieder in Schuss zu bringen.
Sie gehen dabei prinzipiell wie beim Frühjahrsschnitt vor: Abgestorbenes,

Die Kartoffelrose 'Fru Dagmar Hastrup' (Poulsen 1914) erfreut mit einer kräftig rosafarbenen Blüte und auffälligen, roten Hagebutten.

krankes, beschädigtes Holz beseitigen Sie zuerst. Sind bodennahe junge Triebe vorhanden, so nutzen Sie diese für den Neuaufbau. Die übrigen Triebe, die oft schon sehr stark sein können, schneiden Sie kurz zurück oder entfernen sie mit der Säge ganz. Wie stark der Rückschnitt sein kann oder soll, ist ein bisschen Erfahrungssache. Als Richtwert mögen für Edel- und Beetrosen knapp 20 cm stehen bleibende Trieblänge gelten, für Kletter- und Strauchrosen entsprechend etwas mehr.

Bei altem Holz können Sie keine Augen mehr erkennen. Sie können also auch nicht „auf Auge" schneiden. Es sind aber in jedem Fall ruhende Knospenanlagen vorhanden, die nach dem Schnitt aktiviert werden und zum Austrieb kommen. Im Vergleich zu jüngerem Holz dauert das verständlicherweise aber erheblich länger.

Sommerschnitt – weniger ist mehr

Hagebutten bringen im Herbst bis oft weit in den Winter Farbe in den Garten.

Nach der ersten Blüte

Nach dem ersten Hauptflor kommt eine Zeit, in der die Rosen weniger oder gar nicht blühen. Erst nach dem zweiten Neuaustrieb beginnt bei den meisten Sorten gegen Ende August/Anfang September ein zweiter, kräftigerer Blütenflor. Je nach Sorte werfen die einen nach der Blüte ihre Blütenblätter ab, andere behalten die alten Blüten lange am Strauch. Bei einigen stark gefüllten Rosen mit weichen Blütenblättern verkleben – vor allem bei regnerischer, feuchter Witterung – die Blütenblätter und büßen so einiges an Zierwert ein.

Hagebutten

Es gibt Sorten, deren Blüten oder Blütenstände bald vertrocknen und abgestoßen werden, andere setzen unterschiedlich stark Hagebutten an. Diese so genannten „Scheinfrüchte" können, wenn sie sich im Herbst kräftig färben, einen wunderbaren Schmuck für den Garten oder auch die Vase ergeben. Das trifft vor allem auf viele Strauchrosensorten zu. Je nach persönlichem Geschmack bevorzugt der eine Hagebuttenschmuck, der andere wiederum eher viele Blüten während des Sommers. Laut Lehrmeinung sollte man zugunsten einer stärkeren Blütenbildung die Hagebutten entfernen, da die Hagebuttenbildung der Pflanze eine ganze Menge Kraft raubt.

Die nächste Blüte

Der Zeitpunkt der nächsten Blüte wird durch den Schnitt beeinflusst. Die Augen in der Spitzenregion treiben schneller aus als die in Basisnähe; durch einen starken Rückschnitt dauert es länger bis zur nächsten Blüte als bei einem mäßigen Schnitt. Außerdem bleibt bei einem nur leichten Schnitt viel mehr Blattmasse erhalten, die die Pflanze zum Assimilieren – also für ihre Ernährung durch Fotosynthese – benötigt. Andererseits sollten Sie nun nicht dazu ermutigt werden, nur den unmittelbaren Blütenstiel auszubrechen. Beim genauen Betrachten des Triebes erkennen Sie, dass die obersten ein bis zwei Augen nur schwach ausgebildet sind. Sie sitzen in den Achseln von nicht vollständig ausgebildeten Laubblättern, die nicht die volle Anzahl an Fiederblättchen besitzen. Diese schwachen Augen sind nicht dazu geeignet, einen schnellen und kräftigen Austrieb und damit die nächste Blüte zu garantieren. Deshalb müssen Sie zusammen mit der Blüte beziehungsweise dem Blütenstand auch ein Stück Trieb entfernen. Das oberste verbleibende Laubblatt muss vollständig ausgebildet sein: Bei Edelrosen und Beetrosen müssen fünf Fiederblätter vorhanden sein. Führen Sie also den Schnitt nach der ersten Blüte über einem Auge durch, das in der Blattachsel eines voll entwickelten Laubblattes sitzt.

Für eilige Gärtner

Der Neuaustrieb und damit die nächste Blüte kann mit dem Schnitt gefördert werden. Die Pflanze braucht die Blattmasse zwar zum Assimilieren, gleichzeitig entwickeln die Blätter aber Hemmstoffe, die die in der Blattachsel sitzenden Augen am vorzeitigen Austreiben hindern. Für eine schnelle neue Blüte ist diese Hemmung jedoch nicht wünschenswert. Da es bis zum natürlichen Abbau dieser Hemmstoffe einige Zeit dauert, können Sie etwas nachhelfen: Entfernen Sie jeweils das vollständige Blatt einschließlich Blattstiel einfach von Hand an der Ansatzstelle. Dadurch fällt die vom Blatt ausgehende Hemmwirkung weg und das Auge kann schneller austreiben.

Hagebuttenrosen

Sorte	Klasse	Farbe
'Bonica 82'	Beetrose	zartrosa
'La Sevillana'	Beetrose	orange bis blutrot
'Märchenland'	Beetrose	rosa
'Masquerade'	Beetrose	gelb, später rot
'New Dawn'	Kletterrose	rosa
'Scharlachglut'	Strauchrose	scharlachrot, Auge gelb
'The Queen Elizabeth Rose'	Beetrose	rosa

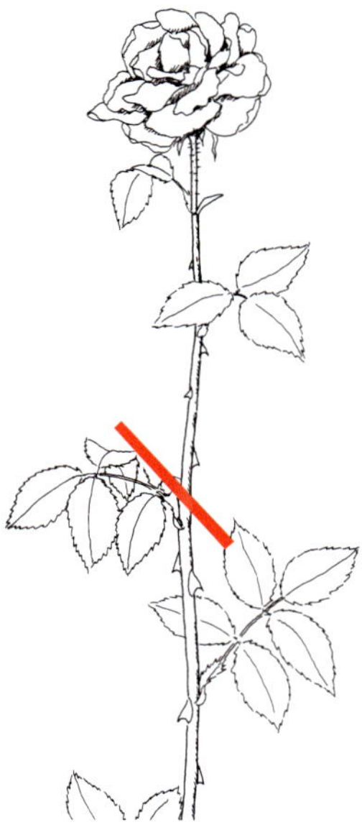

Verblühte Rosen werden über dem ersten voll entwickelten Blatt entfernt.

Wildtriebe werden sauber an der Entstehungsstelle entfernt.

Unterlagentriebe – nein danke!

Die meisten Rosen sind auf den Wurzelhals einer Unterlage veredelt. Diese Unterlagen haben je nach Typ, Sorte und Standort die Eigenschaft, immer wieder einmal auszutreiben. Wird dieser Trieb nicht erkannt und beseitigt, überwuchert er die veredelte Sorte. Er kann sie völlig unterdrücken, bis eines Tages eine Wildrose im Garten steht!
Wildtriebe sind in der Regel recht leicht zu erkennen. Sie wachsen stärker als die Edelsorte und weichen in den Trieb- und Laubfarben von der Edelsorte ab, meist sind sie heller. Die Blätter sind kleiner und haben im Vergleich mit den meisten Edel- und Beetrosen eine größere Anzahl an Fiederblättchen. Während Edel- und Beetrosen meist fünf Fiederblätter besitzen, sind es bei den Unterlagentrieben sieben bis neun. Bei einigen Strauch- und Kletterrosen, besonders bei den einmal blühenden, ist die Unterscheidung schon schwieriger und erfordert genaueres Hinsehen. Sorten dieser Gruppen haben oft Laubblätter, die denen der Veredlungsunterlage in Größe und Fiederzahl sehr ähneln.

Die Ansatzstelle finden

Die aus der Veredlungsunterlage entspringenden Triebe müssen fortlaufend beseitigt werden, je eher, desto besser und leichter. Sind sie noch klein genug, können Sie sie abreißen, später sollten Sie sie sauber an der Entstehungsstelle wegschneiden. Meistens kommen diese Triebe aus dem Erdreich und ihre Ansatzstelle befindet sich unter der Erde an der Wurzel. Legen Sie dann die Entstehungsstelle mit dem Handspaten frei, um den Wildtrieb vollständig entfernen zu können. Wenn Sie den Wildtrieb nur an der Erdoberfläche wegschneiden, ist für den Moment zwar nichts mehr zu sehen, aber das in der Erde verbleibende Stück wird stärker und treibt neu aus – dann aber mit zwei, drei oder mehr Seitentrieben!

Einen solchen Trieb zu entfernen, wird wesentlich schwieriger. Beachten Sie bei den Stammrosen, dass die Edelsorte erst als Krone aufveredelt ist. Alle Austriebe, die aus dem Wurzelbereich und am Stamm entstehen, gehören also zur Unterlage und müssen entfernt werden. Kleine Austriebe am Stamm lassen sich leicht mit der Hand abstreifen, stärkere Triebe schneiden Sie mit dem Messer oder der Schere glatt ab.

Blattverfärbung durch Rosenrost

Mit dem Schnitt die Pflanze schützen

Es ist schon seltsam: Wenn die Rede auf Pflanzenkrankheiten und -schädlinge kommt, entflammt die Diskussion, ob überhaupt und wenn ja, welche Pflanzenschutzmittel anzuwenden sind. Dabei werden zwei Dinge meistens nicht beachtet:
1. Wir selbst verbreiten oft Krankheiten von Schnittstelle zu Schnittstelle durch unsauberes Arbeiten mit Schere oder Säge.
2. So mancher Schaden lässt sich mit dem Entfernen weniger Pflanzenteile ohne großen Aufwand eindämmen. Gleichzeitig können Sie der Ausbreitung der Krankheit vorbeugen.

Achtung, Übertragungsgefahr!
Beim Rückschnitt erkrankter Teile können Sie nicht immer sicher sein, beim ersten Versuch bis in das gesunde Gewebe geschnitten zu haben. Oft müssen Sie mehrmals nachschneiden. Die Erreger, die sich an der Rinde und im Pflanzensaft befinden, haften auf dem Werkzeug und werden mit dem nächsten Schnitt auf einen neuen Trieb, auf eine neue Pflanze abgestreift. So kann im ungünstigsten Falle anstelle der Krankheitsbekämpfung eine Krankheitsverbreitung durch die Schere stattfinden.
Vernichten Sie Krankheitserreger wie Pilzsporen durch Desinfektion der Werkzeuge. Diese Vorsichtsmaßnahme gehört auch während der Arbeit dazu – eine Regel, die leider selten eingehalten wird.
Bereits beim Frühjahrsschnitt wurde erklärt, dass Sie befallene Triebe – seien es nun Rosenrost, Rindenfleckenkrankheit oder Rosentriebbohrer – bis ins gesunde Holz schneiden müssen. Während die Sporenlager des Rosenrostes an den Trieben mit ihrer auffälligen, leuchtend gelben Farbe nur im Frühjahr zu finden sind,

Schadbild der Rindenfleckenkrankheit

Befall mit dem Rosentriebbohrer

treten Schäden durch die Rindenfleckenkrankheit und den Rosentriebbohrer vor allem während der Vegetationsperiode auf. Triebe mit der Rindenfleckenkrankheit sollten Sie nicht erst dann entfernen, wenn die Krankheit bereits den ganzen Trieb umschlossen hat und der darüber liegende Teil abstirbt. Reagieren Sie, sobald Sie einen Befall bemerken. Den Rosentriebbohrer können Sie zwar mit systemisch wirkenden Insektiziden abtöten, die bereits entstandenen Fraßgänge werden dadurch aber nicht wieder beseitigt. Auch hier hilft der Pflanze ein Schnitt bis ins ungeschädigte Holz, sich schneller wieder zu regenerieren.

Auch bei starkem Befall von anderen Krankheiten oder Schädlingen ist der rechtzeitige Griff zur Schere sinnvoller, anstatt später vergebliche Bekämpfungsversuche zu unternehmen. Dies gilt zum Beispiel auch bei Mehltau und Grauschimmel. Bei extrem starkem Mehltaubefall ist das Entfernen der Triebspitzen effektiver, als geschädigte Teile an der Pflanze mit chemischen Mitteln zu behandeln. Von Grauschimmel überzogene Blüten sehen nicht nur unschön aus, sie sind auch Infektionsquellen für weiteren Befall und sollten ebenfalls beseitigt werden.

Die kranken Teile sollten Sie keinesfalls auf den Kompost werfen und schon gar nicht im Beet liegen lassen. Sie müssen entsorgt werden, um weitere Infektionen zu verhindern.

Was tun mit Blindtrieben?

Es kann auch bei öfter blühenden Sorten immer wieder vorkommen, dass Triebe nicht mit einer Blüte oder einem Blütenstand enden. Diese Triebe ohne Blütenentwicklung nenn man Blindtriebe. Ursachen dafür gibt es viele: eine abgebrochene Spitze, Insektenfraß, eine Schockwirkung durch Witterungsextreme, Spätfröste, Lichtmangel im Schattendruck großer Bäume, Nährstoffmangel und andere mehr. Manchmal ist die angesetzte Blütenknospe noch zu sehen, die sich zunächst gelb färbt und schließlich ganz abgestoßen wird. Manchmal glaubt man, dass gar keine Knospe vorhanden war. Dabei wird die Knospe nicht erst dann angesetzt, wenn der Trieb ausgewachsen und das Längenwachstum abgeschlossen ist: Bereits bei dem erst wenige Millimeter großen Austrieb werden in der Pflanze die Weichen dafür gestellt, ob eine Blütenknospe angelegt wird. Außerdem kann in den langen Wochen bis zur erhofften Entfaltung viel geschehen, was zum Absterben der Knospe führen kann.
Blindtriebe verharren in der Regel eine längere Zeit in einem Ruhezustand, bevor die Seitenknospen austreiben, die dann ganz normal zur Blüte kommen. Damit Sie nicht allzu lange auf die ersehnte Blüte warten müssen, können Sie „frisch ertappte“ Blindtriebe einkürzen. Sie schneiden dann, als hätte der Trieb eine Blüte hervorgebracht.

Die Verzweigung fördern

Bei der Anzucht in der Baumschule ist es üblich, Rosen mit nur einem Trieb aus der Veredlungstelle zu „pinzieren“. Darunter versteht man das Einkürzen der Triebspitze auf drei bis fünf Augen. Solange die Triebe noch

Schnitt von Blindtrieben

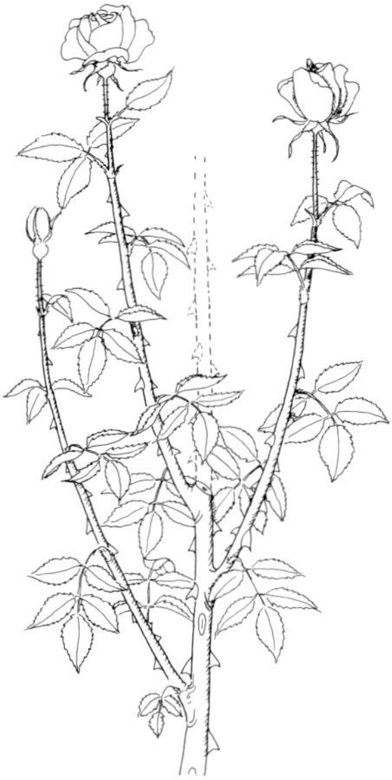

Durch Einkürzen des Triebes wird die Verzweigung gefördert.

nicht verholzt sind, können Sie sie sogar mit den Fingern abknipsen. Je weicher der Trieb ist, desto schneller reagiert er: nun schickt er sogar mehrere Neuaustriebe aus den verbleibenden Augen. Damit wird die Pflanze stärker verzweigt; das Grundgerüst für einen guten Pflanzenaufbau ist gelegt.
Diese Methode für eine bessere Verzweigung können Sie auch zu einem späteren Zeitpunkt anwenden, wenn nach einer Pflanzung nicht mehrere Triebe auf einmal gleichmäßig austreiben. Das kann daran liegen, dass ein stark austreibender Trieb die Entwicklung der anderen Triebe behindert. In diesem Fall sollten Sie einige Wochen länger auf die erste Blüte warten und die Spitze zugunsten eines besseren und kräftigeren Pflanzenaufbaus herausnehmen. Diese Wartezeit lohnt sich allemal, die Pflanze wird es Ihnen über Jahre mit einem Blütenmeer an vielen Trieben danken.

Blühtermin nach Wunsch

Haben Sie es nicht auch schon bedauert, dass die Hauptblütezeit der verschiedenen Rosen sehr eng zusammen liegt und die Blütenträume ein zwar geballtes, aber kurzes Vergnügen sind? Einige Wildrosen und einige den Wildrosen nahestehende Sorten beginnen zwar schon Wochen vor diesem Termin zu blühen, und ein paar andere Sorten sind auch erst etwas später dran. Nach diesem „Blütenfeuerwerk“, das abhängig von der Witterung unterschiedlich lange anhält, lässt die Blüte zunächst zu wünschen übrig. Mit dem Neuaustrieb im Spätsommer entfaltet eine zweite Blütenwelle ihre Pracht. Zwischendurch sind die Rosen zwar nicht blütenlos, zeigen aber nur vereinzelte Farbtupfer.
Nun kann es aber vorkommen, dass eine Ausstellung bei Kleingärtnern und Rosenfreunden ansteht, ein großer Geburtstag oder sonst irgendein wichtiger Anlass zu feiern ist, der sich nicht an die Blütezeit der Rosen hält. Und trotzdem sollen Rosen blühen!

Im Gewächshaus kann man die Rosen so kultivieren, dass die gewünschten Sorten zu einem bestimmten Zeitpunkt blühen, weil das „Wetter" weitgehend steuerbar ist. Im Freiland lassen sich Kälte- und Hitzeperioden, Nässe und Trockenheit nur schwer planen. Sie bestimmen aber wesentlich mit, wie schnell sich die Pflanzen entwickeln.
Der private Rosengärtner kann hier zu folgendem Trick greifen: Mit Hilfe des Schnittes zur Blütezeitsteuerung kann er den Blühtermin beeinflussen.
Wenn man die Triebe wie beim Sommerschnitt beschrieben zurückschneidet, kann man je nach Standort nach etwa sechs Wochen mit einem kräftigen Blütenflor rechnen.
Früh blühende Sorten entwickeln sich auch nach dem Schnitt schneller und kommen in kürzerer Zeit zur Blüte. Sorten mit einem längeren Entwicklungsrhythmus benötigen entsprechend mehr Zeit. Wenn Sie nun die Triebspitzen schon herausnehmen, während sich der Trieb noch in der Entwicklung befindet und weich ist, kann sich der Zeitraum bis zur Blüte auf vier bis fünf Wochen reduzieren. Ist der Trieb dagegen schon vollständig verholzt und Sie schneiden ihn stark zurück, verlängert sich auch die Zeit bis zur folgenden Blüte.
Haben Sie bis zum großen Ereignis noch genügend Zeit, können Sie für Ihren Standort schon einmal ein Jahr zuvor die Probe aufs Exempel machen, um Erfahrungswerte zu sammeln. Die Bewunderung der vollen Blütenpracht zum ungewöhnlichen Zeitpunkt ist Ihnen sicher.

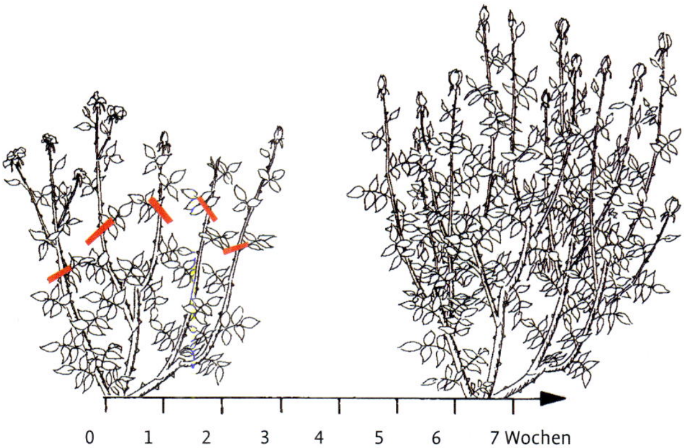

Durch eine Schnittmaßnahme lässt sich die Blütezeit steuern.

Im Herbst schneiden?

Eigentlich kann man nur dafür plädieren, die Rosen im Herbst gar nicht zu schneiden.
Viele Gartenliebhaber treibt jedoch der „Ordnungssinn" dazu, im Herbst den Garten aufzuräumen. Da sind lange Rosentriebe im Weg, sie stören nur und müssen im Frühjahr ja sowieso geschnitten werden. Da es im Herbst außerdem nass und kalt wird, werden diese Arbeiten möglichst zeitig durchgeführt. Haben die Rosen dann im Frühjahr Schaden genommen, ist das Erstaunen groß – zu Unrecht: Die gärtnerische Maßnahme ist Schuld!
Unsere Kultursorten der Rosen haben keine natürliche Ruheperiode wie zum Beispiel viele Laubbäume. Sie könnten also bei entsprechenden Bedingungen das ganze Jahr über wachsen und blühen. So ist es auch gar nicht so selten, dass man noch zu Weihnachten im Garten einige Rosen schneiden kann. Die Rosenpflanzen stellen erst durch Kältereize ihr Wachstum ein und erhalten dadurch die notwendige Frostwiderstandsfähigkeit.

Gute Gründe gegen den Herbstschnitt

Schneidet man die Rosen nun im Herbst zurück, erfolgt die gleiche Reaktion wie bei einem Schnitt im Frühjahr oder Sommer: Die verbleibenden Augen werden aktiviert, auch wenn das äußerlich nicht zu sehen ist. Im ungünstigsten Falle treiben sie bei einem langen warmen Herbst sogar noch aus. Man darf nicht vergessen, dass die Rose bereits bei wenigen Graden über dem Nullpunkt aktiv wird. Kommt jetzt der Wintereinbruch mit Frost und womöglich auch noch ohne Schnee, trifft er auf eine völlig unvorbereitete, nicht abgehärtete Pflanze. Die eintretenden Schäden können bis zum Totalverlust führen, obwohl der Winter keineswegs extrem war.
Übersteht die Rose diesen Teil des Winters, ist es mit Risiken durch den herbstlichen Rückschnitt noch lange nicht vorbei. Im Frühjahr ist sie wieder die Erste, die aktiv wird und die Knospen der Triebspitzen zum Austreiben bringt. Spätfröste haben dann eine verheerende Wirkung.

Robuster ohne Schnitt

Wenn dagegen eine im Herbst ungeschnittene Rose schon mit dem Austrieb begonnen haben sollte, ist die Gefahr solcher Spätfrostschäden viel geringer, da diese Austriebe nicht gebraucht werden. Der Frühjahrsschnitt steht noch bevor, und dann werden diese vorzeitigen Austriebe sowieso entfernt.
Aus diesen Gründen sollten Sie einen Herbstschnitt nur in Form eines Egalisierungsschnittes durchführen, wenn Ihr Ordnungssinn danach verlangt. Notwendig ist dieser Schnitt aber nicht: Es werden damit weiche, unausgereifte Triebspitzen entfernt, die andernfalls vielleicht doch noch

Im Herbst werden nur die Triebspitzen egalisiert.

eine Blüte hervorbringen würden. Die von Raureif überzogenen Blüten wirken dann wie in Zuckerguss getaucht – ein dekorativer Blickfang im spätherbstlichen Beet!

Ausnahme Stammrosen

Etwas anders ist die Situation bei Stammrosen. Hier sollten vor dem Umlegen weiche, unausgereifte Triebteile, noch vorhandene Blütenknospen und Hagebuttenansätze entfernt werden. So beugen Sie unnötiger Fäulnis während der Überwinterungszeit vor.

Rosen für die Vase

'Barkarole' (Tantau 1988) lässt ahnen, wie dunkel die besungene Nacht war.

Eine Schnittrose soll im Allgemeinen aus einer einzelnen großen Blüte an einem langen Stiel bestehen. Unsere Vorstellung ist dabei durch die im Blumengeschäft angebotenen Rosen geprägt, die in der Regel aus dem Gewächshaus kommen.
Die einblumige Rose bildet bei einer natürlichen Entwicklung jedoch die Ausnahme.
Normalerweise werden – auch bei den großblumigen Edelrosen – neben einer Hauptknospe mehrere Nebenknospen angesetzt, die sich auch voll entfalten können. Wenn sich aber nur die Hauptknospe entwickeln soll, müssen die Nebenknospen spätestens im erbsengroßen Stadium ausgebro-

Edelrosen für die Vase

'Acapella'	rot/weiß
'Arianna'	creme/weiß
'Barkarole'	dunkelrot
'Caprice de Meilland'	pink/rosa
'Landora'	gelb
'Orient Express'	gelb-rot
'Polarstern'	weiß

Mehrblumige Beetrosen für die Vase

Sorte	Farbe
'Bella Rosa'	rosa
'Bonica 82'	zartrosa
'The Fairy'	hellrosa
'Träumerei'	lachsfarben

Mit nur einem Stiel der Beetrose 'Bella Rosa' (W. Kordes' Söhne 1982) hat man einen ganzen Strauß in der Vase.

chen werden. Dann vernarben die Bruchstellen so, dass sie zum Zeitpunkt der Blüte nicht mehr erkennbar sind. Außerdem geht dann die gesamte Kraft in die Hauptblüte, die sich besonders kräftig und groß entwickeln kann. Auf die gleiche Weise lassen sich aus vielen der großblumigen Beetrosen einblumige Schnittrosen machen.
Eine Reihe Beetrosensorten als mehrblumige Schnittrosen halten in der Vase sogar länger als Edelrosen. Hier können Sie das Prinzip des Ausbrechens umdrehen: Da die Hauptknospe in der Regel etwas früher blüht als die übrigen, wird nur sie für eine gleichmäßige Blüte ausgebrochen. So erhalten Sie einen einheitlichen Blütenstand an einem Stiel.

Schnittrosen gewinnen

Das Ziel bei der Gewinnung von Schnittblumen sind lange Stiele. Die Grundlagen dafür werden beim Frühjahrsschnitt gelegt. Ein kräftiger, langer Austrieb setzt einen starken Rückschnitt voraus, bei dem die Pflanzen auf drei bis vier Augen zurück genommen werden.

Die Länge des Stiels

Zur Blütezeit sind die Richtlinien für den Schnitt nicht so eindeutig: Soll die Schnittblume so lang wie möglich oder so lang wie nötig geschnitten werden? Je länger der abgeschnittene Stiel ist, desto mehr Assimilationsfläche wird der Pflanze mit jedem entfernten Blatt genommen und desto

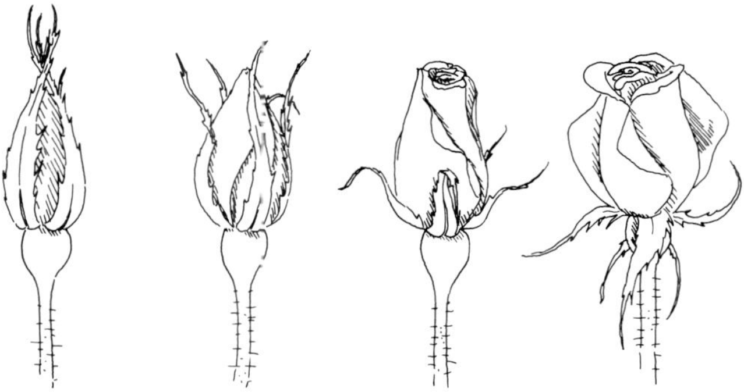

Schnittreifestadien der Rosen (von links nach rechts):

1. In diesem Stadium geschnitten blüht die Rose in der Vase nicht auf.
2. Schwach gefüllte Sorten können bei warmer, trockener Witterung in diesem Stadium geschnitten werden.
3. Richtiger Schnittzeitpunkt
4. Stark gefüllte Sorten sollten bei feuchter, kühler Witterung erst jetzt geschnitten werden.

näher liegen die verbleibenden Augen an der Basis. Das bedeutet für den Neuaustrieb, dass sich die Zeit bis zur Entwicklung der nächsten Blüte verlängert. Es ist also wenig sinnvoll, einen extrem langen Stiel zu schneiden, von dem dann möglicherweise beim Einstellen in die Vase die Hälfte wieder entfernt werden muss.
Belassen Sie der Pflanze am Trieb mindestens drei Augen, um ihr eine kräftige Regeneration zu ermöglichen. Wenn Sie mit Ihrem Rosenbeet auch noch den Garten schmücken wollen, sollten Sie nicht jede Blüte am Strauch abschneiden. Schneiden Sie von kräftigen Pflanzen jeweils zwei bis drei Blüten, damit genügend Blattmasse für die Fotosynthese und damit für den Aufbau von Pflanzennährstoffen übrig bleibt. Wenn Sie gleich jeden blütengeschmückten Stiel „ernten“, benötigt die Pflanze zur Erholung und zum Neuaustrieb viel mehr Kraft und Zeit.

Der ideale Zeitpunkt

Der richtige Schnittzeitpunkt bestimmt wesentlich die Haltbarkeit der Blumen in der Vase. Er ist dann gekommen, wenn sich die Kelchblätter mindestens bis in die Waagerechte entfaltet haben und das erste Blütenblatt sich zu lösen beginnt. Generell können Sie – unabhängig von der genauen Sorte – locker gefüllte Sorten schon in einem früheren, stark gefüllte erst in einem etwas späteren Entwicklungsstadium schneiden.
Auch das Wetter spielt eine Rolle: Bei heißer, trockener Witterung kann der Schnitt in einem früheren Entwicklungsstadium der Blüte erfolgen als bei kühlem, feuchtem Wetter.
Die günstigste Tageszeit für den Schnitt ist praktischerweise der frühe Morgen, wenn die Pflanzen nach der Nacht noch keine Wasserverluste aufweisen, Stiele und Blätter deshalb frisch sind und unter vollem Saftdruck stehen. Pflanzenphysiologisch gesehen ist allerdings der Nachmittag günstiger, weil zu diesem Zeitpunkt der Nährstoffvorrat in der Pflanze größer ist. Dann müssen Sie jedoch darauf achten, die Pflanzen fachgerecht zu schneiden und für die Vase vorzubereiten und sie danach zügig in das Wasser zu stellen.

So bleiben Schnittrosen frisch

Die Haltbarkeit der Rosen in der Vase verbessert sich merklich, wenn Sie sie vorher mindestens zwölf Stunden bei Temperaturen von maximal 5 °C lagern. Im Haushalt wenden Sie folgenden Trick an: Wickeln Sie die Rosen eng in feuchtes Papier ein und lagern Sie sie für diese Zeit im Gemüsefach des Kühlschranks.
Um die Haltbarkeit in der Vase zu fördern, schneiden Sie die Stielenden schräg an. Wechseln Sie das Wasser täglich oder geben Sie eines der handelsüblichen Frischhaltemittel dazu. Selten wird beachtet, die in das Vasenwasser reichenden Laubblätter restlos zu entfernen. Denn die Blätter enthalten Hemmstoffe, die bei der geringsten Verletzung oder Quet-

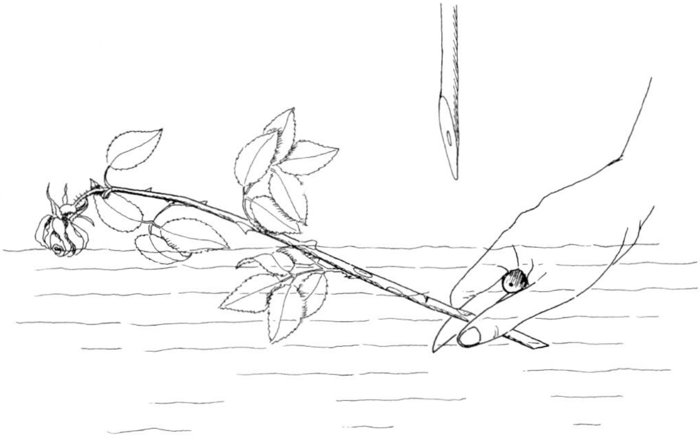

Unter Wasser angeschnitten wird die Rose bald wieder straff sein.

schung austreten. Sie entwickeln zusammen mit dem im Wasser enthaltenen Sauerstoff Verbindungen, die die Leitgefäße im Blütenstiel verstopfen und die Rose zum Welken bringen.

Erste Hilfe für müde Schnittrosen

Vermeiden Sie Zugluft und direkte Sonneneinwirkung, damit die Rosen nicht schon nach kurzer Zeit die Köpfe hängen lassen. Sollte dies trotzdem passieren, sind die Blumen durch ein Anschneiden unter Wasser meist noch zu retten. Legen Sie die Stielenden in ein mit Wasser gefülltes Gefäß und schneiden Sie sie dort schräg an. Lassen Sie die Rosen darin liegen, bis sie sich erholt haben.
Sie müssen darauf achten, dass die Schnittstelle wirklich unter Wasser liegt und keinen Luftkontakt erhält. Nur so können die Rosen wieder Wasser ansaugen. Sobald nämlich Luft in die Leitungsbahnen gelangt, wird die Wasserzufuhr in den Leitungsbahnen unterbrochen und die Rosen können sich nur schwer regenerieren. Meist können Sie schon im Laufe einer halben Stunde die ersten Erfolge sehen. Wenn die Blumen noch nicht wieder straff geworden sind, können Sie das Ganze noch einmal wiederholen.

Krankheiten und Schädlinge

Wie alle Lebewesen wird auch die Rose nicht von Krankheiten und Schädigern verschont. Die beste Vorsorge sind gute Wachstumsbedingungen. Je besser diese erfüllt sind, umso weniger werden die Rosen in der Regel geschädigt. Viele Krankheiten und Schädlinge treten erst dann auf, wenn die Standortverhältnisse für die Rose ungünstig sind.

Es gibt Krankheiten und Schädlinge, die regelmäßig Probleme bereiten, andere treten nur selten auf.

Nicht jede Blattlaus sollte mit „schwerem Geschütz" bekämpft werden; auch oder gerade beim Pflanzenschutz ist die Verhältnismäßigkeit der Mittel von Bedeutung. So ist mancher Schädling schon durch Absammeln oder Zerdrücken zu vernichten. Lässt sich die Verwendung von Pflanzenschutzmitteln nicht vermeiden, weil zu erkennen ist, dass eine gewisse Schadschwelle überschritten wird, sind diejenigen vorzuziehen, die die geringsten Nebenwirkungen erwarten lassen und solche, die Nützlinge schonen. Genaue Information und Beratung beim Kauf und Verantwortung bei der Anwendung sind deshalb oberstes Gebot. Die den Mitteln beigefügten Anwendungsvorschriften sind exakt einzuhalten, ebenso die angegebenen Konzentrationen.

Spritzungen sollten nicht nur die Blattoberseiten, sondern vor allem auch die Unterseiten der Blätter erfassen, da sich viele Schädlinge gerade dort aufhalten und vermehren. Abdrift auf benachbarte Kulturen ist streng zu vermeiden.

Die Pflanzen vertragen nicht alle Mittel zu jeder Zeit. Erinnert sei an Kupferpräparate, die nur in der Vegetationsruhe der Rosen angewendet werden sollten oder die Gefahr von Schäden, die bei Anwendung unter hohen Temperaturen auftreten können.

Auf die Angabe von bestimmten Pflanzenschutzmitteln wird bewusst verzichtet. Einmal entwickelt die Forschung ständig neue Mittel, zum anderen werden vielfach gleiche Wirkstoffe unter verschiedenen Handelsnamen geführt.

Krankheiten und Schädlinge an Blättern, Trieben und Blüten

Sternrußtau *(Diplocarpon rosae)*

Dieser Pilz verursacht die sicher unangenehmste und bekannteste Rosenkrankheit. Auf den Blättern entstehen dunkelbraune bis schwärzliche, runde, oft strahlig auslaufende Flecke. Die erkrankten Blätter werden gelb und fallen vorzeitig ab. Befallene Pflanzen stehen oft schon Ende Juli kahl da. Die Pflanzen werden geschwächt, treiben oft verspätet noch einmal neu aus, rei-

Sternrußtau.

Echter Mehltau.

fen in der Folge im Herbst nicht genügend aus und werden anfälliger für Frostschäden.

Der Pilz wird besonders durch Spritzinfektion bei nassem Wetter verbreitet. Zu schwerer, schlecht durchlüfteter Boden, ungenügende Ernährung der Pflanzen, insbesondere Kalium-Mangel, begünstigen seine Verbreitung.

Vorbeugung und Bekämpfung bestehen im Schaffen optimaler Wachstumsbedingungen, Auswahl wenig anfälliger Sorten und lockerer Bodenoberfläche. Beim Gießen sollten die Blätter wenig benetzt werden oder zumindest schnell wieder abtrocknen können. Absammeln und Vernichten von befallenem Laub beugen dem Neubefall vor. Die Pilzsporen können im Boden ohne Vitalitätsverluste jahrelang überleben.

Das Spritzen entsprechender Fungizide muss spätestens beim Auftreten der ersten Symptome beginnen und gegebenenfalls alle 14 Tage wiederholt werden.

Echter Mehltau *(Sphaerotheca pannosa* var. *rosae)*

Die Krankheit führt ihren Namen nach dem auf der Blattoberseite entstehenden grauweißen, mehligen Belag, der bei Berührung stäubt. Im fortgeschrittenen Stadium verkrüppeln die Blätter und werden missfarbig rötlich. Wie beim Sternrußtau bestehen zwischen den Sorten große Unterschiede der Gefährdung.

Trockene Luft, starke Temperaturunterschiede zwischen Tag und Nacht, Standorte vor Südwänden fördern den Befall. Häufiger Regen und Tempera-

Stängel- und Blütenfäule.

turen über 30 °C hemmen dagegen die Entwicklung.

Vorbeugend sind Sortenwahl und Standort zu beachten. Spritzungen mit wechselnden Mitteln können in Hauptbefallszeiten alle 10 Tage erforderlich sein.

Falscher Mehltau
(Peronospora sparsa)

Im Gegensatz zum Echten Mehltau entwickelt sich ein grauweißer Belag auf der Blattunterseite, die Oberseite wird schmutzig graubraun. Unter Fäulnis sterben die Blätter ab. Die Krankheit tritt besonders bei Kultur unter Glas bei ungünstigen Bedingungen – insbesondere schlechter Durchlüftung – auf, im Freiland seltener. Sie wird deshalb dort oft nicht erkannt.

Gute Standortbedingungen verringern die Befallsgefahr, Behandlungen mit organischen Fungiziden müssen vor allem die Blattunterseiten treffen.

Rost *(Phragmidium)*

Im Spätsommer bilden sich an den Blättern kleine Flecken, oberseits rötlich gelb, unterseits anfangs orangegelb, später schwarzbraun. Schließlich vergilben die Blätter und fallen ab. Im Frühjahr sind an den Trieben leuchtend orangerote Schwielen zu finden. Befallsgefahr besteht besonders bei nassem Wetter mit warmen Tagen und nebligen Nächten. Bodennässe und schlechte Drainage fördern den Befall zusätzlich.

Neben einer guten Bodenstruktur ist vorbeugend besonders auf eine gute Kaliversorgung der Pflanzen zu achten. Als Winterspritzung können Kupfermittel, während der Vegetationszeit organische Fungizide eingesetzt werden.

Stängel- und Blütenfäule
(Botrytis cinerea)

Die Blütenblätter bekommen Flecken, Knospen öffnen sich nicht, werden braun und mit grauen Schimmelrasen überzogen. Sorten mit starker Blütenfüllung und weichen Blütenblättern werden bevorzugt befallen. Feuchte Witterung oder lang anhaltende Regenperioden fördern den Befall. Der Pilz befällt auch weiche, mastige Triebe.

Standorte mit stehender Luft, wo die Pflanzen lange nicht abtrocknen können, sind zu vermeiden. Befallene

Pflanzenteile werden entfernt und vernichtet.

Einsatz von Pflanzenschutzmitteln sollte nur bei sehr starkem Befall in Betracht kommen.

Rindenfleckenkrankheit, Rindenbrand *(Conyothyrium wernsdorffiae, C. fuckelii)*

An den Trieben entstehen längliche, dunkle, rötlich umrandete Flecken. Sie trocknen später ein, reißen auf, und an den Rändern bilden sich wulstige Verdickungen. Schließlich stirbt der über der Befallsseite liegende Triebteil ab. Der Befall wird durch starke oder einseitige Stickstoffdüngung gefördert.

Vorbeugend kann nur mäßig mit Stickstoff, aber betont mit Kali gedüngt werden. Befallene Stellen werden entfernt und vernichtet. Gegen den Neueintritt einer Infektion können die Schnittstellen mit Latex versiegelt werden. Vor dem Austrieb empfiehlt sich eine Spritzung mit Kupfermitteln.

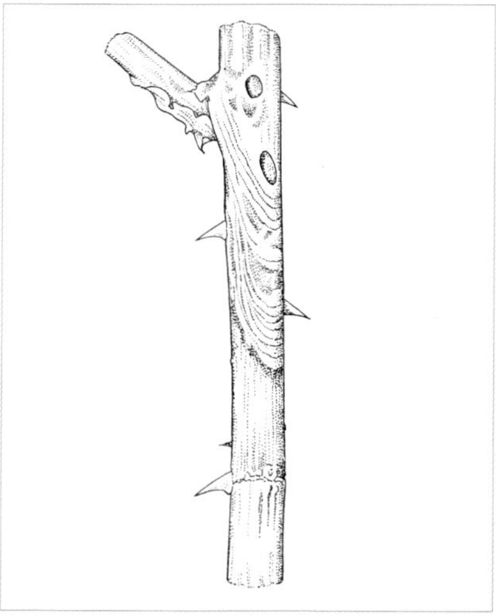

Rindenfleckenkrankheit.

Blattläuse (*Macrosiphon rosae* u. a.)

Die meist grünlichen oder schwarzen Blattläuse befallen fast alle Pflanzenarten. Sie schädigen durch ihre Saugtätigkeit. Durch starken Befall kommt es zu Verkrümmungen und Verkrüppelungen von Trieben und Blättern. Der ausgeschiedene Honigtau ist Nährboden für Rußtaupilze, die die Pflanzen zusätzlich verunstalten.

Trockenes, warmes Wetter fördert die Vermehrung.

Blattläuse können oft durch Zerdrücken oder mit einem scharfen Wasserstrahl wirkungsvoll bekämpft werden.

Pflanzungen von Lavendel zwischen die Rosen soll die Befallsstärke verringern.

Marienkäfer und Florfliegen sind natürliche Gegenspieler.

Bei starkem Befall gibt es eine breite Palette wirksamer Insektizide.

Rosenzikade *(Typhlocyba rosae)*

Auf der Blattoberseite bildet sich eine weiße Sprenkelung, bei starkem Befall erstreckt sich die Verfärbung über die gesamte Blattfläche. Die durch ihre Saugtätigkeit schädigenden grünlich weißen, länglichen Tiere sitzen blattunterseits. Beim Anstoßen der Blätter springen oder fliegen sie ab. Rosen an trockenen, stark sonnigen Standorten, wie z. B. Kletterrosen an Südwänden von Häusern, sind besonders gefährdet.

Blattläuse.

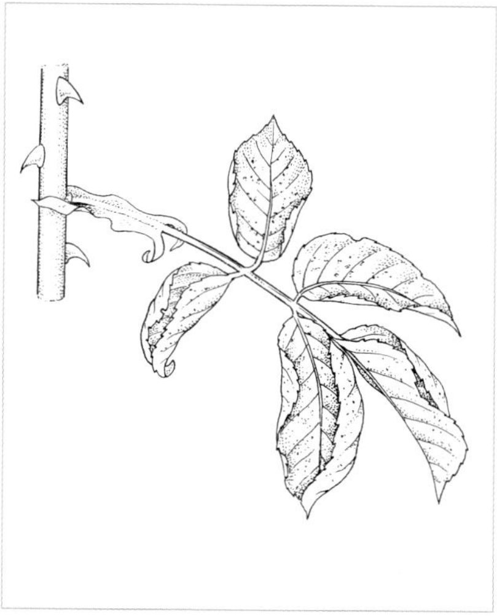

Spinnmilben (Schadbild).

Rechtzeitige Spritzungen sollten vor allem die Blattunterseiten und den Boden der Umgebung erfassen.

Spinnmilben, Rote Spinne
(*Tetranychus urticae* u. a.)

Durch Saugtätigkeit entsteht an den Blättern eine feine gelbliche bis bräunlich gelbe Sprenkelung, vor allem entlang der Adern. In der Folge vertrocknen die Blätter und fallen ab. Bei stärkerem Befall ist ein feines Gespinst erkennbar. Auf der Blattunterseite sind mit der Lupe die Tiere in verschiedenen Entwicklungsstadien zu finden.

Gefördert wird die Vermehrung durch Lufttrockenheit, hohe Temperaturen, bevorzugt an Südwänden von Häusern.

Befallene Blätter und Pflanzenreste werden vernichtet. Bei notwendigen

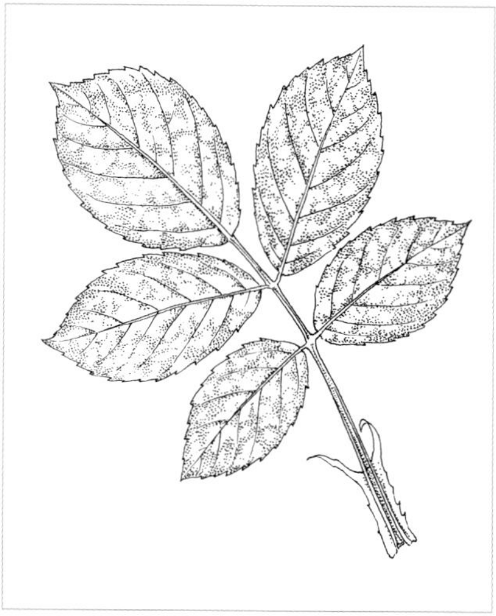

Rosenzikade (Schadbild).

Rosentriebbohrer (Schadbild).

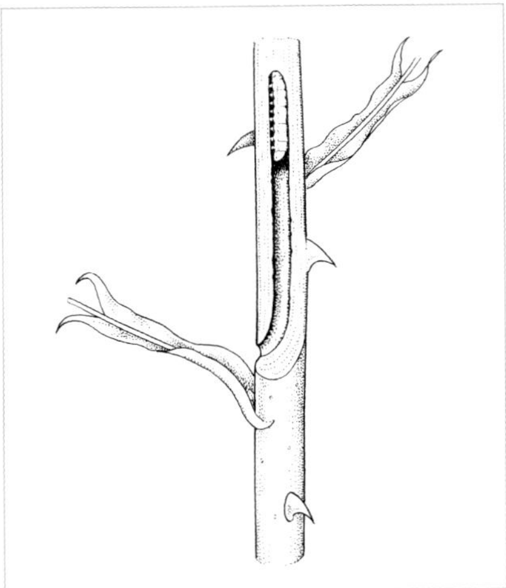

Aufwärtsbohrender Rosentriebbohrer.

Spritzungen ist auf Wirkstoffwechsel zu achten, da die Spinnmilben sehr schnell resistente Stämme ausbilden. Die Folge ist, dass die Wirkung der Mittel ohne entsprechenden Wechsel schnell nachlässt. Eine biologische Bekämpfung mit Raubmilben ist in der Regel nur bei Kultur unter Glas effektiv.

Rosentriebbohrer

Schlagartig werden Triebspitzen welk und die Blätter vertrocknen. Am Trieb findet sich ein Bohrloch mit weißlichem Fraßmehl. Von dort aus geht ein Fraßgang ab, der je nach Fraßrichtung auf den Abwärtsbohrenden *(Ardis brunniventris)* oder den Aufwärtsbohrenden *(Monophadnus elongatulus)* Rosentriebbohrer zurückzuführen ist.

Welke Triebe werden bis in das gesunde Holz zurückgeschnitten und vernichtet. Ist mit regelmäßig starkem Befall zu rechnen, muss rechtzeitig im Mai/Juni mehrfach mit systemisch wirkenden Insektiziden gespritzt werden.

Blattroll-Rosenblattwespe
(Blennocampa pusilla)

Das wohl auffälligste Schadbild an Rosenblättern. Die Blätter rollen sich vom Rand zur Mitte zu einer schmalen Röhre zusammen. Diese Rollung verursachen kleine, weißliche, gekrümmte Larven. Während einige Sorten stark befallen werden, können daneben Pflanzen anderer Sorten kaum oder gar keine Rollungen aufweisen. Nach wenigen Wochen verlassen die Larven ihr Versteck, um sich im Boden zu verpuppen und im nächsten Jahr als kleine schwarze Wespen wieder Eier an den Rosen abzulegen. Der Schaden durch die Blattrollung ist geringer als oft befürchtet. Die sich nach dem Befall entwickelnden Blätter sind wieder normal.

Eine Bekämpfung ist praktisch nur vorbeugend mit Insektiziden möglich. Selbst Abschneiden und Vernichten befallener Blätter ist nur dann sinnvoll, wenn es so sorgsam geschieht, dass die Larven, die sich bei Störung fallen lassen, mit erfasst werden.

Rosenäpfel, Schlafäpfel
(Rhoditis rosae)

In der Regel an Wildrosen treten rundliche, grüne bis rötliche Gebilde auf, die mit Moos bewachsen erscheinen. In den Gallen befinden sich zahlreiche weiße Larven der Rosen-Gallwespe. Abschneiden und Vernichten der Gallen ist möglich.

Krankheiten und Schädlinge an den Wurzeln

Wurzelkropf
(Agrobacterium tumefaciens)

An Wurzeln oder Wurzelhals finden sich knollige Gebilde mit unregelmäßiger Oberfläche. Eine Bekämpfung der Bakterienkrankheit kommt kaum in Betracht, da der Schaden in der Regel nur beim Ausgraben gefunden wird.

Wurzelhalsfäule
(Cylindrocladium scoparium)

Dunkle Faulstellen am Wurzelhals, besonders an der Veredlungsstelle, führen zum Kümmern und später zum Absterben der Pflanzen. Besonders sehr feuchte Standorte fördern den Befall.

Kranke Pflanzen müssen vernichtet werden. Gegen eine Ausbreitung kann vorbeugend im Winter mit Kupferpräparaten gespritzt werden.

Wurzelälchen
(*Meloidogyne, Xiphinema, Pratylenchus*-Arten)

Die als Nematoden oder Älchen bezeichneten Fadenwürmer bohren sich in die Wurzel ein. Es bilden sich zahlreiche knotige Anschwellungen. Bei starkem Befall kommt es zu Kümmerwuchs, Welken oder Absterben der Pflanzen.

Die Verbreitung, die beispielsweise durch Geräte oder mit den Schuhen erfolgen kann, kann durch hygienische Maßnahmen eingeschränkt werden. Als biologische Maßnahme wirkt das Anpflanzen von *Tagetes patula* und *Tagetes erecta* (Studentenblume).

Dickmaulrüssler
(Otiorrhynchus sulcatus)

Die etwa 12 mm großen weißlichen Larven fressen an den Wurzeln, die schwarzen Käfer verursachen Buchtenfraß am Laub, an Knospen und Rinde. Da sie nur nachts aktiv sind, wird die Ursache des Schadens oft erst sehr spät erkannt.

Wenn auch aufwändig, ist doch das nächtliche Absammeln der Dickmaulrüssler die beste Bekämpfungsmethode. Nach Insektizideinsatz erholen sich die Käfer oft wieder. Die Larven können bei starkem Befall durch spezialisierte Nematoden biologisch bekämpft werden.

Wühlmaus *(Arvicola terrestris)*

Durch die Fraßschäden dieser Nager, die nur wenige Pflanzenarten unbehelligt lassen, sind schon viele Gartenbesitzer um den Erfolg ihrer Mühen gebracht worden. Die Pflanzen sterben ab und lassen sich leicht aus der Erde ziehen. Bekämpfung durch Fallen, Köder, Räucherpatronen.

Sonstige Schädigungen

Bodenmüdigkeit

Werden an einem Standort wiederholt Rosen gepflanzt, kommt es zu geringerer Wuchskraft, zu Kümmerwuchs.

Die Ursachen sind unklar, verschiedene Theorien sprechen von Wurzelausscheidungen, von Nematoden, Actinomyceten (Strahlenpilzen), Spurenelementmangel bzw. vom Zusammenwirken mehrerer Faktoren. Da die Ursachen nicht nachgewiesen sind, ist eine direkte Bekämpfung nicht möglich. So bleiben nur Standortwechsel oder ein mindestens 50 cm tiefer Bodenwechsel.

Frostschaden

Ein Kälteeinbruch zu einem Zeitpunkt, zu dem die Rosen schon ausgetrieben haben, führt zu Blattschäden. Das Laub färbt sich unregelmäßig rot, kräuselt sich, im Extremfall kommt es zum Absterben von Blattteilen oder ganzen Blättern. Die Pflanzen erholen sich in der Regel davon, treiben jedoch später aus.

Düngerschaden

Bleiben Reste mineralischen Düngers auf Blättern liegen, kommt es durch hygroskopische Wasseraufnahme, Tau oder Regen zur Auflösung. Die dadurch entstehende konzentrierte Salzlösung führt zu Verbrennungsschäden. Dünger deshalb immer so streuen, dass keine Reste an der Pflanze bleiben. Sollte es dennoch geschehen, dann sofort abschütteln oder mit scharfem Wasserstrahl abspülen.

Zu hohe Düngergaben können zu Salzschäden, Wuchsdeformationen und Absterbeerscheinungen an den Blatträndern führen.

Bezugsquellen

Rosenhof Schultheis GbR
Inh.: Heinrich & Christian Schultheis
Bad Nauheimerstr. 3–7
61231 Bad Nauheim
Tel. 06032-81013
www.rosenhof-schultheis.de
Ramblerrosen, Historische Rosen, Kletterrosen, Stammrosen, Containerrosen, Zubehör

W.Kordes' Söhne Rosenschulen GmbH & Co KG
Rosenstr. 54
25365 Klein Offenseth-Sparrieshoop
Tel. 04121-48700
www.kordes-rosen.com
Gartenrosen, Stammrosen, Balkonrosen, Schnittrosen, Zusatzsortiment und Gartenbedarf

RosenWelt Tantau
Tornescher Weg 13
25436 Uetersen
Tel. 04122-7084
www.rosen-tantau.com
Beetrosen, Bodendeckende Rosen, Edelrosen, Kletterosen, Nostalgie Rosen, Stammrosen, Strauchrosen, Wildrosen

Agel Rosenschulen
Im Amselfeld 15
61231 Bad Nauheim
Tel. 06032-96400
www.agel-rosen.de
Gartenrosen, Stammrosen, Containerrosen, Historische Rosen, Duftrosen

Rosen Union eG.
Steinfurther Haupstr. 27
61231 Bad Nauheim-Steinfurth
06032-96530
www.rosen-union.de
Rosenschaugarten, Beetrosen, Bodendeckende Rosen, Edelrosen, Englische Rosen, Kletterrosen, Historische Rosen, Zwergrosen, Park- und Moosrosen

Schmid Gartenpflanzen
Allgäuerstr. 15
87700 Memmingen
Tel. 08331-5314
www.schmid-gartenpflanzen.de
Kletterosen, Englische Rosen, Bodendeckende Rosen, Historische Rosen, Zubehör

BKN Strobel
Pinneberger Str. 238
25488 Holm
Tel. 04103-121212
www.bkn.de
300 verschiedene Rosensorten, Beetrosen, Edelrosen, Strauchrosen, Kletterrose, Zwergrosen

Lacon GmbH
J.-S.-Piazolo Straße 4a
68766 Hockenheim
Tel. 06205-4001
www.lacon-rosen.de
Stammrosen, Historische Rosen, Miniaturrosen, Kletterrosen, Rank-Rosen, Rosen für Töpfe, Strauchrosen, Rosendeko, Rosenprodukte, Geschenkideen

NOACK Rosen
Im Fenne 54
33334 Gütersloh
Tel. 05241-20187

Rosen-Jensen GmbH
Am Schlosspark 2b
24960 Glücksburg
Tel. 04631-60100
www.rosen-jensen.de
Rosengarten, Historische Rosen, Englische Rosen, Moderne Rosen, Kletterrosen, seltene Rosen, Rosenbegleitpflanzen (Stauden und Halbsträucher), Rosenbögen, Lauben u. a. Zubehör

Schloßgärtnerei Lützow
Rosenower Str. 2
19209 Lützow
Tel. 03869-599834
www.schlossgaertnerei-luetzow.de
Englische Rosen, Historische Rosen, Kletterrosen, Moderne Rosen, Park- und Wildrosen, Stammrosen

Literatur

BLOOM's: Rosenzauber. Mein persönlicher immerwährender Geburtstagskalender. Bloom's 2006.

Brumme, Hella, Dietze, Peter: PlantaPro Datenbank Rosen. Verlag Eugen Ulmer, Stuttgart 2002.

Erlbacher, Hilde, Schroers Olaf Floristische Kostbarkeiten mit Rosen. Verlag Eugen Ulmer, Stuttgart 2002.

Eve, André, Vialard, Noémie: Rosen. Auswählen, pflanzen, pflegen. Verlag Eugen Ulmer, Stuttgart 2004.

Gehm, Thomas, Büch, Christiane: Inspirationen für den Rosengarten. Ein Bilderbogen mit 101 Themen. Verlag Eugen Ulmer, Stuttgart, 1999.

Klein, Henry: Rosen pflegen. Richtig – einfach – erfolgreich. Verlag Eugen Ulmer, Stuttgart 2006.

Kratz, Monika: Alles aus Rosen. Köstlich – duftend – dekorativ. Verlag Eugen Ulmer, Stuttgart 2006.

Rix, Martin, Phillips, Roger: Rosarium. Ulmers große Rosenbuch. Die besten Sorten für Garten und Wintergarten. Verlag Eugen Ulmer, Stuttgart 2005.

Schultheis, Heinrich: Rosen. Frische Ideen und bewährte Sorten. Verlag Eugen Ulmer, Stuttgart 2005.

Strobel, Klaus-Jürgen: Alles über Rosen. Verwendung – Sorten – Praxis. Verlag Eugen Ulmer, Stuttgart 2006.

Woessner, Dietrich: Das praktische Rosenbuch. Verlag Eugen Ulmer, Stuttgart, 1996, 3. verbesserte Auflage.

Woessner, Dietrich: Das Schneiden der Rosen. Verlag Eugen Ulmer, Stuttgart 2002, 2. Auflage.

Woessner, Dietrich: Rosenkrankheiten und Schädlinge. Verlag Eugen Ulmer, Stuttgart 2000, 4. Auflage.

Bildquellen

Bärtels, A.; Waake: Seite 203 (unten), 204 (rechts oben, unten), 205, 238

Beck, Manuela: Titelbild

BKN Strobel, Holm: Seite 249

Brumme, Hella; Europa-Rosarium Sangerhausen; Dietze, Peter: Seite 9–182, 253 (alle), 255 (alle)

Didillon, F.; Photo M.A.P.; F-Evry: Seite 190

Fischer, Ellen: Seite 240/241

GBA/Perder: Seite 6/7

Haenchen, E.; Cossebaude: Seite 197

Himmelhuber, Peter; Regensburg: Seite 257, 258, 262, 286

Kögel, A.; Baden-Baden: Seite 184, 219

Mioulane, N. und P.; Photo M.A.P.; F-Evry: Seite 186/187

Reinhard, H.; Heiligkreuzsteinach: Seite 188/189, 192, 195, 200 (alle), 203 (links und rechts oben), 204 (links oben), 208, 209, 217, 221, 223, 225 (oben), 225 (unten), 227 (alle), 229 (alle), 231 (alle), 232 (alle), 234 (alle), 235, 236, 237, 244, 246, 250/251, 256, 264/265, 270 (oben), 271, 273, 274, 275, 276, 277, 278, 279, 281, 282/283, 284, 294/295, 296 (beide), 300

Reinhard, Nils; Heiligkreuzsteinach: Seite 268

Seidl, S.; Altdorf: Seite 210, 211

Strobel, Klaus-Jürgen, Holm: Seite 1, 3, 8

Veser, Jochen; Stuttgart: Seite 287, 288 (beide)

Zeichnungen

Brumme, Hella; Europa-Rosarium Sangerhausen; Dietze, Peter: Seite 252, 254

Halwaß, E.; Nossen: Seite 215, 302–306

Ziegler, Rüdiger; Eckernförde: Seite 260, 267, 269, 270, 272, 273, 274, 275, 276, 278, 279, 280, 285, 289, 290, 291, 293, 297, 299

Register

Die mit * gekennzeichneten Seitenzahlen verweisen auf Bilder ohne Pflanzenbeschreibungen

Bibliografische Information der Deutschen Nationalbibliothek
Die Deutsche Nationalbibliothek verzeichnet diese Publikation in der Deutschen Nationalbibliografie; detaillierte bibliografische Daten sind im Internet über http://dnb.d-nb.de abrufbar.

Wollgrasweg 41, 70599 Stuttgart (Hohenheim)
E-Mail: info@ulmer.de
Internet: www.ulmer.de
Umschlaggestaltung: Atelier Reichert, Stuttgart
Lektorat: Karin Wachsmuth, Grit Weinar
Herstellung: Gabriele Wieczorek
Druck und Bindung: Printer, Trento
Printed in Italy

ISBN: 978-3-8001-5379-4